禅与悟 全集

余 洁·编著

中國三峽出版社

图书在版编目（CIP)数据

禅与悟全集 / 余洁编著. — 北京：中国三峡出版社，2011.5
ISBN 978-7-80223-706-3

Ⅰ. ①禅… Ⅱ. ①余… Ⅲ. ①禅宗—通俗读物 Ⅳ. ①B946.5-49

中国版本图书馆CIP数据核字（2011）第054894号

中国三峡出版社出版发行
（北京市西城区西廊下胡同51号 100034）
电话：(010) 66112758 66118308
http: //www.zgsxcbs.cn
E-mail: sanxiaz@sina.com
ybs5193@163.com

北京嘉业印刷厂印刷 新华书店经销
2011年8月第1版 2012年4月第2次印刷
开本：787×1092毫米 1/16开 印张：23
字数：440千字
ISBN 978-7-80223-706-3 定价：39.80元

前　言

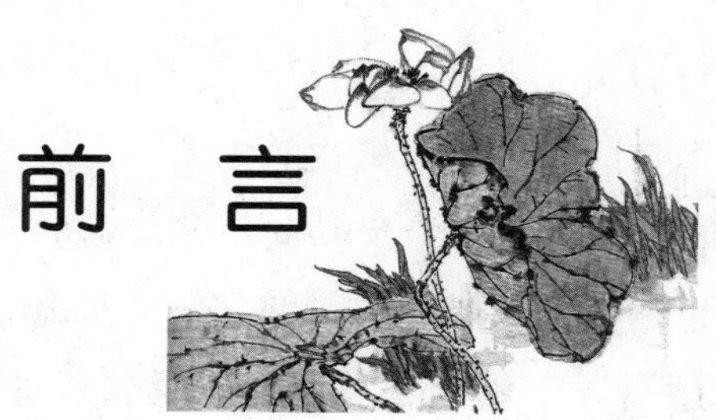

佛理禅学是我国悠久文化中的瑰宝。在当今社会中，一方面随着社会经济的发展，人们的生活水平不断提高，对我国传统文化的求知欲越来越强烈，另一方面，现代人的生活、工作、学习压力也在前所未有地增大，人们的迷茫和苦恼也在加深，很多人在面对复杂的人事纷争时，十分困惑，因此，佛理禅学又重新回到了人们的生活中，成为当今的一门显学。

佛理禅学在我国的发展历史已经有两千多年了，是我国固有文化的一部分。佛理禅学所倡导的思想表现在我国的观念文化、制度文化和器物文化中，深深扎根于我们中华民族的心理结构中，并且一直存活在我们的语言词汇中。可以说，不懂佛学，就不能真正理解我国的传统文化。

佛学与儒学杂糅产生了宋明理学，印度佛教与中国传统思想杂糅产生了中国禅宗，随着佛教的传入，佛经在我国被大量译成汉文，这数千卷佛教经典中一部分本身就成了典雅、瑰丽的文学作品，如《法华经》、《维摩诘经》为历代文人所喜爱，有时被人们作为纯粹的文学作品来研读和欣赏。除此之外，唐代文学中的“变文”大多是演唱佛教故事，其内容大多取材于佛经故事。此后的中国评话、评书、戏曲、通俗文学等都深受其影响。

佛教与诗的渊源也很深。佛教的传入为诗歌创作提供了丰富的新内容、提供了新的境界，而且随着佛学的盛行，许多诗人涉足佛教。白居易与鸟窠禅师、苏轼与佛印禅师等的交游都为中国诗坛留下了许多佳话。唐代大诗人王维的诗常常深含佛理禅趣、含蓄隽永、神韵超然。如：“行到水穷处，坐看云起时”，“薄暮空潭曲，安禅制毒龙”等都是字字入禅之

作。诗与禅的关系，正如元好问所说：“诗为禅客添花锦，禅是诗家切玉刀。”也就是说，诗的形式使得禅客谈禅不但花样繁多，而且文采飞扬；而禅的方法则使诗别开生面。

我们可以说，不懂禅，不足以言诗；不懂禅，不足以论书画。我国汉语语言本身的发展也与佛教的传入、发展关系密切。我国知识界吸取梵文，由重视汉字的形象意义转向研究汉语的发音，并从此建立起中国的汉语音韵学，定出了“四声”，编定出依照声音分类排列的新字典。我们当今的日常用语源于佛教者也比比皆是，比如“世界”、“实际”、“平等”、“刹那”、“清规戒律”、“一针见血”、“一尘不染”、“三生有幸”、“百尺竿头”、“入乡随俗”“天花乱坠”、“心心相印”、“不可思议”等都是来自佛教的语汇。

中国古代的书法、绘画和雕刻艺术与佛教更有不解之缘。且不论历代书法家中，不少高手出自佛门，如狂草怀素，“退笔成冢”的智永，或是深受佛教影响的书法名家王羲之等，单是佛理便对中国书法产生了深刻内在的影响。“书圣”王羲之曾说：“夫欲书者，先凝神静思，预想字形，令意在笔前，然后作字。”柳公权也说：“用笔在心，心正则笔正。”这些论断，都深契佛家禅理的宗旨，可见佛理与书道的确有很多相通之处。

佛教对中国古代绘画的影响首先体现在壁画上，即出现了佛教石窟壁画艺术。魏晋南北朝以后，由于佛教盛行，也由于各朝统治者的信奉与扶持，动用了大批的民工、石匠，开掘了许多石窟，这些石窟中，有大量的佛教本生故事、菩萨、罗汉、天王、飞天等壁画。在绘画风格上，我们可以看到一种熔中国传统与外来艺术于一炉的画风。壁画是中国古代绘画极其重要的一个方面，不懂得壁画就很难理解中国古代的绘画；而中国古代的壁画自魏晋后，大都与佛教有关，或是在寺庙才有壁画，或是作品内容取材于佛教，或直接出自佛门中人之手。因此可以毫不夸张地说，撇开佛教壁画，中国古代的绘画乃至中国古代美术将顿然失色。

我们现代人在日常生活中，如果运用禅的思维，学些佛理，就能更容易地解除或减轻生活中的困惑和压力，减少与人交往中的心理障碍，使得我们的社会、家庭、工作关系更加融洽，同时，精神上也会更加充实，道德上也会更加趋向完美，心灵也会更加安宁纯静。佛经禅理是我们重要的

文化遗产。

关于佛学禅宗的书籍浩如烟海，我们花费了大量时间为读者们精心选取了一些有关参禅和佛理的小故事，主要是历代著名的禅师的一些非常有名的禅话、语录、公案以及禅师本人的轶事等，这些故事虽小，但每篇都是因事说理，从日常小事阐明深奥的佛理，正是“一花一世界，一沙一乾坤。”从这些生动有趣，通俗易懂的小故事中，我们可以管窥到华夏文化深刻蕴藉的智慧，同时对我们现代人具有极大的启发性。在每一个故事后，都附有简洁的短评，希望能够抛砖引玉，引起大家的共鸣。

我们希望这本小书能给您带来有意义的生活启迪，从而帮助您更好地认识人生，认识所处的环境，使我们内观自省，走上自信自强的成功之路。

是为序。

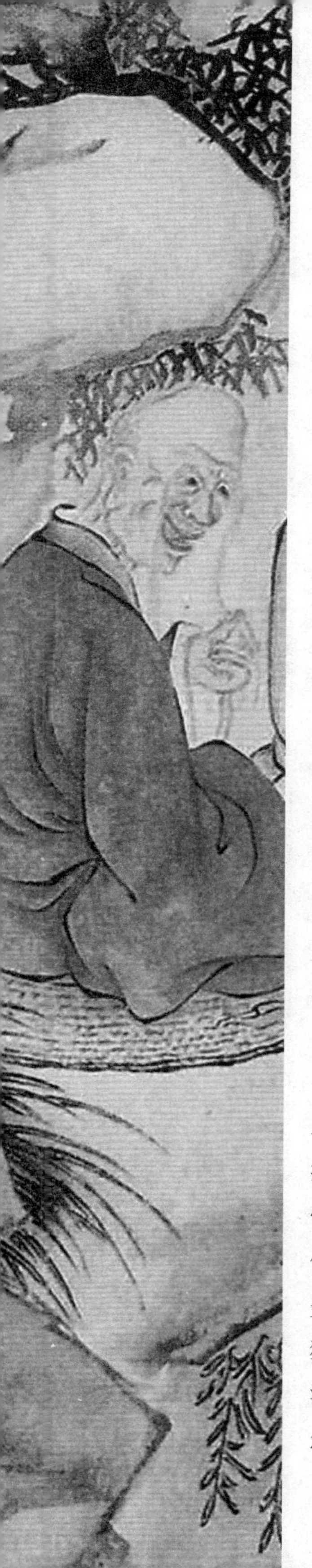

目 录

第一篇　禅是出入得宜的智慧

第二篇　禅是怡情养性的指南

第三篇　禅是达观处世的态度

第四篇　禅是执着追求的精神

第五篇　禅是励志修身的妙语

第六篇　禅是慈悲为怀的仁心

第七篇　禅是自强不息的坚忍

第八篇　禅是戒贪自重的修为

第一篇 禅是出入得宜的智慧

对影狂吠的大黄狗

《说法经》中有这样一个故事：

有一条大黄狗，主人家待它很好，总是给它肉骨头吃，所以，它养得膘肥体壮，大家公认它是条百里挑一的漂亮公狗，它也自命不凡，眨巴着宝石般闪亮发光的大眼睛，晃动着身上黄灿灿的狗毛，粗尾巴翘得高高的。它骄傲地走来晃去，好像国王巡视他的国土疆域一样。

一天午后，大黄狗啃完猪棒骨，香甜地睡了一觉，伸了伸懒腰，然后主人给它喝了口水，它精神抖擞地出门溜达了。它今天特别有精神，哪里有新奇的事物，它都要走过去嗅一嗅，抖威风地高声吠几声。不一会儿，它溜达到一口井旁边，觉得以前没见过，新奇得很，就"汪汪！"地吠了几声。大黄狗是第一次见到"井"这个新鲜事物，它好奇地围着这口井转了一圈又一圈，兴奋不已。它围着井台东嗅嗅，西抓抓，不停地寻找这件新鲜事物的可疑之处。可是，转了好几圈也没有发现什么，它就直起腰来，两只前蹄紧紧抓牢井边，伸头向井里张望。它吃惊地发现，井里竟然有条狗！那条狗也在朝自己张望着。大黄狗吃了一惊，本能地冲着井里那条狗狂吠起来。

大黄狗平日里养尊处优，谁都让着它，可是，这回，井里的那条狗真不识趣，竟然也冲自己狂叫，大黄狗就是咽不下这口气，再说，关键是自己先发现这口井的，岂能容忍别的狗占据这口井？想到这里，大黄狗气愤填膺，它翘起尾巴，瞪圆了眼珠子，冲着井里的狗狂叫："滚开！快滚！这是我先发现的！"

没想到井里的狗并没有被它的气势吓倒，也有样学样地冲着大黄狗狂叫："滚开！快滚！这是我先发现的！"大黄狗吠得越凶，井里的狗也吠得越起劲儿。大黄狗没想到居然还有敢和它叫板的狗，它霸道惯了，哪里受得了这窝囊气！大黄狗气得狂吠不已，围着井转了一圈又一圈，怎么也压不下去自己的怒火。

大黄狗想："绝对不能让这家伙占了上风！不然的话，我在狗界还有什么威信？我宁可跟它拼了！"说时迟，那时快，大黄狗窜上井沿，恶狠

狠地向井里的狗扑去，只听“噗通！”一声，大黄狗掉进了井水里，冰冷的井水灌进了肚子里，它不停地打哆嗦，狂吠声戛然而止。

第三天，焦急的主人终于寻到这里，在井里打捞出了它已经僵硬的尸体。

井中的狗是虚幻的，并不是真实的狗，大黄狗认识不到那就是自己的影子，就疑心重重，猜忌不已，还硬要跟对方一争高下，真是愚蠢之极。生活中屡屡发生这样的事，有时候，人们拼命反对或追求的事物，也许都是虚幻不真实的，是自己假想出来的，并没有现实的依据。

比如，邻人盗斧的寓言故事家喻户晓，故事讲述一个人的斧子不见了，就怀疑被邻人偷了去，于是，他看人家说话、行动都像是偷斧子的，怀疑的心绪就像春天的杂草在心头疯狂地生长着。后来有一天，斧子找到了，他这时再看邻人的言行皆不像偷斧子的。

我们判断事物不能凭着自己的主观感觉来臆断，而要有理有据，有事实的支撑，否则，就会闹出类似的笑话。

佛思禅悟：

我们普通人不是千眼佛，在认识事物时都会有自身的局限，受制于各种因素，但我们要采取一切可能的办法去追求事物的真相，尽量使我们的判断接近真相，接近真理，这样我们在人生中就可以少走弯路，少做错事、蠢事，千万不能盲目冲动，完全相信自己的主观判断。

管住自己的舌头

从前，在一个有山有水的南方山林中，有个和尚勤于修持，律己甚严，可是，他的师弟却很懒惰，总是睡到日上三竿还不愿意起床。有一天早晨，这个和尚叫师弟起床，怎么喊也喊不动，这个和尚灵机一动，就用些新鲜事逗引师弟，他对着师弟说："别睡啦！你看啊！太阳多好！连乌龟都慢悠悠地爬到池塘外晒太阳呢！"

刚好有个人砍柴路过寺庙，他的母亲身体很弱，听人说，乌龟汤大补，就想挣钱买几只给他母亲补身体，所以上山打柴。现在一听和尚这样说，就忙走到池塘边观看，果然有几只乌龟爬出来了，这个人心中大喜，嘴里不住说道："这真是想什么有什么，我真有福气啊！"他抓走了全部正趴在太阳底下晒太阳的乌龟，并把它们做成了乌龟汤。这人倒是不忘感谢这个和尚，给和尚也端来了一碗，和尚这才明白原来是因为自己的话才使这些乌龟命丧黄泉，这个和尚心中懊丧极了，他恨自己的舌头惹出事端，造了孽。于是，他发誓以后再也不开口说话，免得再惹祸遭报应。

又过了一段时间，这个和尚早早地起床，洒扫庭院，收拾完毕后，就在寺庙门前的池塘边打坐。远远地来了一个人，步履蹒跚，走得很慢，并且拄着一根竹竿，好像是个盲人。这个和尚想，出家人以清净为本，不要多管闲事，就静坐在那里一动不动。这个盲人一直向前走着，已经走到池塘边了，还没有察觉。再往前走，就会失足落水，这个打坐的和尚心里为他捏了把汗。

盲人继续走着，他幸运地走在了池塘边的小径上，并没有落水。可是，忽然对面来了辆拉货的马车，盲人虽然看不见，可是听得真真切切，于是，他赶紧躲避，不料他一躲避，就掉进了路边的池塘里。这个和尚看到眼前发生的一切，深深后悔自己过于拘泥于不说话的誓言，一味地保持沉默，又差点儿害了一条性命。最后，马夫与和尚两人合力才把盲人救了上来。

佛思禅悟：

人人会用舌头说话，可是说话要说得适当就很难，懂得什么时候该说

话，什么时候不该说话就更难。语言是表达思想的工具，是人类交流的工具，我们之所以要慎重使用这种工具，是因为语言可以造就人，也可以害人。社会上有影响力的人即使是撒谎，听其话语，相信的人也很多。而同样是语言，如果运用得当，则能起到“良言一句三春暖”的效果，成为治疗苦恼的医师和灵魂的安慰者。佛祖释迦摩尼是最会说话的人，他用自己的说教使无数的人们以恒久坚强的意志，笃志奉行佛教的戒规。

自满是智慧的尽头

我们在生活中会看到这样的现象——学问渊博的人，懂了还要问；学问浅薄的人，不懂也不问。无论哪个领域都是谦虚好学的人得到了更多的知识，最终取得了成就；而没有真才实学的人，处处不忘吹嘘夸耀自己，可是最终迎接他的是失败，得到的是人们的冷笑。

南隐禅师是日本明治时代的一位著名禅师，广受人们的敬重，向他求教的人络绎不绝。

有一天，一位大学教授慕名而来，向南隐禅师请教禅学问题。盘腿坐定后，这位大学教授侃侃而谈，他不愧是受过高等教育的知识分子，一谈起来滔滔不绝，并且有理有据，把论点分析得很透彻。不一会儿，口干舌燥，饮了杯中的茶水，

南隐禅师看见客人的杯子空了，就又给客人续上一杯茶，他慢慢地把茶水倒入大学教授的杯中，杯子满了，可是，南隐禅师还是不住手，茶水随即溢了出来，他还在不停地往里倒。南隐禅师好像并没有注意到茶水已经满溢出来了，丝毫没有停止的意思，这位大学教授不禁纳罕起来，开始他不好意思提醒主人，觉得自己是客人，不能太多嘴，可是眼睁睁地看着茶水溢出杯外，实在忍不住了，就打破沉默，开口提醒道：“禅师，杯子已经满了，够了，再往里倒恐怕就溢出来啦！”可是，南隐禅师好像没听见似地，继续悠悠地往杯子里注入。这位大学教授终于问道：“禅师，杯子满了，水太多了，已经溢出来了，您为什么还一直不停地往里倒水？”

南隐禅师听到这个问题，才停住倒水。

大学教授忙问：“请您赐教！这倒水里边有何禅机？”

南隐禅师不紧不慢地回答：“我刚才听你一番言谈，觉得你就像这个杯子，已经注满了水，注满了你固有的想法和观点。如果你不想办法努力把自己的杯子倒空，怎么叫我对你解说禅的道理？”

这位大学教授恍然大悟，拜谢而去。

南隐禅师的确是一位很会教导人的一代宗师，他把杯子当做教学释禅的道具，用生动形象而又简明的方式讲明了深刻的哲理。

虚心使人进步，骄傲使人落后，这句话虽然很多人都知道，可是真正做到虚心却很难。有的人稍微获得一些知识和才能，就得意自满起来，变得目中无人，行事狂妄、嫉贤妒能，最终落个惨败的下场。历史上著名的孙膑和庞涓的真实故事就说明了这个道理。

我国战国时期，战争频仍。有两个学生，一个叫孙膑，一个叫庞涓，他们是同学，孙膑年龄稍长，两人都跟着鬼谷子学习兵法。他们之间经常切磋学问，同学情谊甚笃，还曾结拜为兄弟。

有一年，魏惠王张榜求贤。他花了好些金钱招徕天下豪杰。庞涓听说了这件事，耐不住偏僻深山里求学的寂寞，又以为自己已经学有大成，就决定辞别老师和师兄，出山寻求富贵。而孙膑想法不同，他觉得自己仍然才疏学浅，兵法还学得不够扎实，打算继续在老师鬼谷子这里安心求学。

庞涓求见魏惠王，向他讲了些富国强兵的道理。魏惠王听了挺欣赏他的才能，就拜庞涓为大将。要说庞涓还真有点本领。他天天操练兵马，先从附近几个小国下手，一连打了几个胜仗，后来连齐国也给他打败了。打那时候起，魏惠王更加倚重庞涓。庞涓从此自以为是了不起的能人。可是心里清楚，他的同学齐国人孙膑，本领比他强。据说孙膑是吴国大将孙武的后代，只有他知道祖传的《孙子兵法》。魏惠王也听到孙膑的名声，有一次还跟庞涓说起孙膑。庞涓就派人把孙膑请来，跟他一起在魏国共事。哪儿知道庞涓心存不良，背后在魏惠王面前诬陷孙膑私通齐国，是个潜伏的大特务。魏惠王不分青红皂白，一怒之下就把孙膑办了罪，在孙膑的脸上刺了字，还剜掉了他的两块膝盖骨。幸好齐国有一个使臣到魏国访问，偷偷地设计把孙膑营救了出来，带回了齐国。

齐国大将田忌听说孙膑是个难得的人才，就把他推荐给齐威王。齐威王也正在图谋富国强兵，所以渴求人才并不逊于重用庞涓的魏惠王。他与孙膑一番交谈后，对孙膑大为赏识，只恨没早点相见。

公元前341年，魏国派兵攻打韩国。韩国向齐国求救。那时候，齐威王

已经死了。他的儿子齐宣王派田忌、孙膑带兵救韩国。孙膑使用以前他自己创造的“围魏救赵”之策略，解了韩国之围。

庞涓得到本国的告急文书，只好退兵赶回去，齐国的兵马此时已经进魏国了。魏国发动大量兵力，由太子申率领，抵抗齐军。这时候，齐军已经退了。庞涓察看一下齐军扎过营的地方，发现齐军的营盘很大，他叫人数了数做饭的炉灶，足够十万人吃饭用的，庞涓吓得哑口无言，沉默不语。第二天，庞涓带领大军赶到齐国军队第二回扎营的地方，数了数炉灶，只剩下够供五万人用的了。第三天，庞涓的军队追到齐国军队第三回扎营的地方，仔细数了数炉灶，只剩下两万人用的了。庞涓这才放了心，笑着说：“我早知道齐军都是胆小鬼。十万大军到了魏国，才三天工夫，就逃散了一大半。”他吩咐魏军没日没夜地循着齐国军队行军的路线追上去。一直追到马陵，当时天快黑了，马陵道又十分狭窄，路旁边都是障碍物。庞涓恨不得一步赶上齐国的军队，就吩咐大军摸黑往前赶去。忽然前面的兵士回来报告说：“前面的路给木头堵住啦！”庞涓上前一看，果然见道旁的树全砍倒了，只留下一棵最大的没砍，他细细瞧去，那棵树的一面还刮去了树皮，露出一块白树瓤来，上面影影绰绰还写着几个大字，因为天色昏暗，看不清楚。于是，庞涓就叫兵士拿火来照。有几个兵士点起火把来。趁着火光一瞧，那白树干上面写的竟然是：“庞涓死于此树下。”

庞涓大吃一惊，醒悟过来，连忙吩咐将士撤退，可是为时已晚。四周埋伏的齐国军士见到火光，立即万箭齐发，无数箭只冲魏军射来。一时间，马陵道杀声震天，到处是齐国的兵士。

原来这是孙膑设下的计策，他故意天天减少炉灶的数目，引诱庞涓追上来。这就是历史上著名的“减灶诱敌”之术。孙膑算准魏兵在这时辰到达马陵，预先埋伏

了一批弓箭手，吩咐他们只等树下有火光，就一齐放箭。庞涓走投无路，只得拔剑自杀。这个自大自满的人得到了应有的下场，庞涓也成为历史上一个不顾同学之谊，存心陷害学友的坏典型。而孙膑战功卓著，他写的军事理论著作《孙膑兵法》一直流传到现在。

可见，浅薄虚浮的人可能得志一时，但是毕竟才疏学浅，在严酷的现实中经不起真正的考验。

佛思禅悟：

骄傲来自浅薄，狂妄出于无知。许多人稍微掌握一点某个领域的皮毛知识，就以为自己已经是专家了，甚至不可一世地批评攻击别人。殊不知骄傲就是跌跤的前奏。只有虚心求学，智慧才会随着勤奋与日俱增；而骄傲自大、听不进别人有益的忠言的人，则总是容易做蠢事。

一事当前先替别人着想

在一间寺庙里，一尊历经几百年光阴的弥勒佛，因年久失修，渐渐残破了，寺里募集善款，请来佛工，为这尊弥勒佛做修缮。

佛工在修缮前，需要检查一下破损程度，朽坏严重的地方要模仿原来的样子重新制作。当佛工一步步检查，并打开弥勒佛雕像腹部的时候，在场的僧侣们一下子惊得说不出话来，原来，佛工从大肚弥勒佛的肚子里发现了十二个陶俑，男女老少都有。

寺庙的僧侣们无不动容，同声跪谢弥勒佛赐教。

我们都很熟悉弥勒佛的楹联："大肚能容容天下难容之事，笑口常开笑天下可笑之人。"可是，弥勒佛的爽朗笑声并不仅仅是因为他有容人的雅量，还因为他遇事总是想着别人，心中装着大家。弥勒佛肚子里的十二个男女就象征着众生，需要超度的芸芸众生，这才是弥勒佛笑口常开的真正原因。

在生活中，自私自利，从不顾及他人利益的人总是觉得不快乐，因为心中的贪欲永不满足，而大公无私的人处处时时能够感到幸福和快乐，因为他人的快乐就是他的快乐。

老一辈无产阶级革命家任弼时的女儿曾经记得他父亲当笑话讲给她的一件事。

一段时间，中央机关住在王家湾，任弼时和周恩来的窑洞是里、外间。清晨任弼时起得早，常去营房和马号附近转转，为了让周恩来多睡一会儿而不受惊动，他不走过道，小心翼翼地打开自己窑洞的小窗，从窗口跳出去。

一天早上，他又从窗口跳出去了。又过了一个时辰，周恩来醒来，看看窑洞门没开，以为任弼时还在被窝里睡觉，便蹑手蹑脚地穿衣下炕。突然，嗓子发痒，要咳嗽了，怎么办？周恩来紧皱眉头，用手紧捂着嘴巴，三步并作两步地走出门去，直到距窑洞十几米处才低低咳出声来。不想，咳罢抬头，正见任弼时从远处往回走，两人相对一愣，会心地笑起来。可见，伟大的周恩来总理和老一辈革命家任弼时都是一事当前，先替别人打算的人。

周总理在十年浩劫中曾经引用佛家哲理“我不下地狱，谁下地狱？”来表示自己为人民鞠躬尽瘁、死而后已的决心。正是因为他在文革中心中装着老百姓，力挽狂澜，在政治风暴中保持了清醒的头脑，凭借智慧惨淡经营，才没有使我国的国民经济走向崩溃，为以后国家的经济建设走向正轨、改革开放取得重大成就奠定了基础。

佛思禅悟：

在人生中，并不是自己拥有越多越快乐，生活富裕而不快乐的人比比皆是。去爱人比被爱快乐，原谅人比被原谅快乐，不占有比占有快乐，不计较比计较快乐。快乐就是宽恕，就是向别人伸出友善的手，让对方分享你的快乐。我们常看到生活中的成功者和幸运儿，都是心中装着别人，快乐而满怀希望的人，他们处理事务的时候，脸上总是挂着弥勒佛一样的微笑。

虚荣心就像蔷薇的刺

在古印度，有一个婆罗门，虚荣心很强，喜欢赶时髦，善于作秀以博取人们的赞誉。当时，社会上的人对苦行者很敬重，这个人便声称自己正

在修习苦行。

苦行是为了实现某个精神理想或目标而克制肉体或心理欲望，吃苦修行的修炼行为。有的苦行是为了获取法力或赎罪。苦行包括禁食、保持困难的姿势以自苦，在烈火前或严寒中长久不眠以及屏息等。苦行者心中的圣地是神圣高尚的神界。

然而，这个婆罗门只是看到社会上苦行者得到敬重，有很高的地位，所以才追随这种行为的，他并不懂得苦行的真正意义。

这个婆罗门为了让人们看到他在苦行，就选择在有人过往的大路边修习苦行。当他看到有人走过来了，就马上躺在自己精心准备的蔷薇堆上，蔷薇的刺儿立即扎得他直咧嘴，但他任凭蔷薇刺扎，仍然躺在上边，以示自己苦行的决心。

但只要路人过去了，这个婆罗门马上就一骨碌爬起来，离开带刺的蔷薇，蹲在树荫下歇息。

当他歇息的时候，他还在注意路上是不是又来了行人，一发现好像又走过来人了，他就赶快又躺在蔷薇堆上，装模作样地修习起来，蔷薇刺扎在身上，钻心地疼，可是，他为了虚荣心，为了人们敬重羡慕的眼神，再苦再疼也乐此不疲。

可是，狐狸尾巴总有露出来的时候，这个婆罗门的伎俩不久便被人们看破了，人们对他的虚伪的做法都嗤之以鼻。

有一天，一个人闲暇无事，走过来，看婆罗门又要上演躺在蔷薇堆上苦行的把戏，就揶揄嘲弄这个婆罗门："你这是何苦呢？看我来了，就躺在蔷薇里，蔷薇刺扎进肉中，疼不疼啊？你干脆把蔷薇刺一一掰掉，这样可以身心放松地躺在上边，舒舒服服地睡懒觉，在上边打滚儿都伤不着你。"

这个婆罗门听到这个人对自己的冷嘲热讽，气得脸色铁青，为了向他显示自己是真正的苦行者，便更加不顾疼痛，在蔷薇堆上翻腾起来，翻来

覆去地扭动着身体，于是，蔷薇把他全身都扎得血迹斑斑，他真是疼得打滚儿，但是，为了虚荣心，博得受人尊敬的苦行者的名誉，他脸色苍白，紧咬着嘴唇，由于疼痛，他的嘴唇都被他咬破了。

不知不觉中，从道旁走来了一位真正的修行者，他默默地注视着这个婆罗门的一举一动，心中若有所思。

这个婆罗门看到又有人来了，并且注视着自己，他“修行”得更起劲了，在蔷薇堆上滚得更欢了。

那位修行者想劝阻他，可是，他反而“修行”得更认真起来，大有舍身求道的勇气。

修行人走到这个婆罗门面前，语重心长地说：“在蔷薇堆上滚动这个行为，只是刺伤皮肤而已，可是，沽名钓誉的行为却能刺伤你的心灵，你应该立即醒悟，迅速除掉这个沽名钓誉的毒刺。”

名誉人人珍重，但是，弄虚作假，沽名钓誉，却是可耻的行为。群众的眼睛是雪亮的，糊弄别人一时有可能，但不能糊弄别人一世。这沽名钓誉的人反过来却名誉受损，刺伤了自己。

我们常看到这样一种现象：在一些落后的农村地区，丧葬的靡费程度惊人。一位老人去世了，整个村子都要送礼，再参加吊祭、送葬、吃饭。丧饭两餐，荤素全有，能摆上百桌。这种厚葬风俗主要是显示炫耀死者的儿孙对死者的孝心，以赢得村人的敬重。可是，仔细一打听，村人就会说：“都是讲排场的，儿女在老人生前行孝才是真孝，生前吃喝看病吃药全不管，专在丧事上下功夫，就是儿女自己为了捞取好名声。”

可见，沽名钓誉的人自己以为能够得逞，其实，他们的伎俩就像童话中“皇帝的新衣”一样，明眼人一看就明白是怎么回事。

在官场中，作秀的贪官往往信誓旦旦地向百姓许诺，可是，他们的内心却另有打算。例如，曾经身居人大常委会副委员长高位的成克杰，在广西当政时向老百姓们言辞恳切、声泪俱下地表示：“想到广西还有一千万人没有脱贫，我这个当主席的觉都睡不好。”可是，在这番谆谆的话语背后呢？据调查统计，他伙同情妇李平共贪污了四千多万元。安徽阜阳市原市长肖作新是又一个大贪官，他在公开场合也很会作秀，他嫉恶如仇地说：“反腐倡廉是摆在我们面前的一项长期任务，要坚决惩治腐败现象，严厉查处贪污贿赂、弄权渎职、敲诈勒索、以权谋私等不法行为。”然而，就在说这个话的当天晚上，他却“义不容辞”地“笑纳”了别人为了

升官而给他的“红包”一百多万元。这些人最终都被调查了个底透，身败名裂，并且成为了我们的整个社会反腐倡廉的活教材。所以说，虚伪的作秀最终刺伤的是他们自己的心灵，使他们自身倒在荆棘的刺中，刺得他们鲜血淋淋，甚至丧了命。

佛思禅悟：

一个人有了自尊心，才能明确地引导自己向正确的道路前进。尊严可以促使我们发掘自己的潜能，并促进自己的工作效果。这样，我们才能赢得社会给予我们的荣誉。荣誉是不容易得到的，为了某些利益，或为了虚名，有的人弄虚作假，连尊严也不顾了。虚荣的人所热衷的就是沽名钓誉。而真正的荣誉靠我们克服困难，发挥自己的才干，迫使自己去创业，所得的成就别人谁也拿不走。相反，不肯实干，一味地想着走捷径，作秀捞名誉，这样的人最终无法掩盖自己丑恶的面目。

种瓜得瓜，种豆得豆

在一个寺庙里，信徒们奉献给寺庙的供品很多，为了不糟蹋浪费这些东西，在这些供品腐坏前，一般来说，寺庙的僧侣就会适当地处理掉，比如，施舍给信徒和邻近的穷人，或者作为饭食让僧侣们吃掉。

有一天，这个寺庙的老方丈照常从佛龛上撤下了一些水果，照例要分给需要的人，其中也包括寺庙的僧人。可是，奇怪的是，这一天，有的僧人一个瓜果也没有分到手。

一个僧人仗着胆子问道：“我为什么就没分到瓜果呢？大家都有份啊！”

老方丈早就料到会有人问，就不紧不慢地说道：“你正月初五下大雪的时候，起床晚了，没有跟大家一起扫雪。”

另有一个年纪稍长的僧人问道：“我有什么错？我怎么也没分到瓜果？”

老方丈说：“你参禅悟道是很精进勤奋，可是，你对新来的小沙弥没有尽心尽责地照应，还有，对一个信徒提出的问题没有认真解答，敷衍了事，这样就辜负了他们对你的敬仰和尊敬，有失出家人的修养。”

众僧们听了老方丈的话，都羞愧难当，虽说是说其中的两个僧人，但

实际上是老方丈借分瓜果的机缘开示他们，为了汲取教训，他们就把当供品的瓜果叫做“因果”，就是想提醒自己，有什么因就有什么果。

佛思禅悟：

许多人在生活中遇到挫折时就抱怨他人和外部的因素，而没有深究内在的必然的因素。我们只有正确认识因果关系，才会真正觉悟，洞察人生的所以然。大千世界，因果关系是普遍存在的。佛教认为世间万事万物都是充满因果的，每一事物的发生都有它的前因后果，不是孤立的，没有无因之果，也没有无果之因。因果并不是专属佛教，不只是佛教本身的看法，是世间一切事物的本质。佛说：“假使百千劫，所作业不亡，因缘会遇时，果报还自受。”一旦产生了因，就不会消亡，无论时光过多久，机缘一到，果就必然兑现。

务正业才能够获得人们的敬重

从前，在日本有一个热衷于赶经忏的和尚。

经忏是指请僧人或道士念经拜忏、祈福超生的仪式。经忏是为活着的施主消灾祈福，为死去的灵魂超度。这是很好的，但是，有的僧人只是由于贪欲在作怪，把其当作赚钱的工具，因此社会上的人对此有不好的印象。

作经忏是收费的，不再是随缘布施了，因此成了一种盈利手段。更有甚者，有的在家居士也到处赶经忏营利，把经文忏词当作戏文来唱念，玷污了佛法的普度众生的初衷。对佛教事业的发展极其有害。

这个日本僧人就是这种不认真修行，专门赶经忏做法事牟利的人。他为了赚钱，经常忙到到三更半夜，才踩着月光回到寺庙里。

有一天晚上，他刚赶完一堂经忏，回寺庙的路上，路过一户人家的门口，院子里的狗不断地向他汪汪汪地狂叫着，他感到十分狼狈，就加快了赶路的步伐。

他一边走，一边听到屋子里传来女人的声音：

“快出去看看，是不是有贼？”

继而听到屋子里男人的声音：“不就是那个老是赶经忏的秃鬼嘛！”

这个和尚听那个男人这样说他，心中火气升腾，心想：“怎么给我起这么难听的名字呢？我为亡者念经祈福，他们却把我叫做秃鬼！真是岂有此理！”这时候，正巧下起了雨，他便跑到桥下避雨，雨下个不停，他便打坐养神，盘腿而坐。

这时来了两个真的鬼，一个鬼说：“咦？这里怎会有一座金塔？”另一个鬼说：“听说金塔内有佛舍利，我们快顶礼膜拜，以求超生善道！”于是，两个鬼便忙不迭地顶礼膜拜。

这个出家人坐了一会儿，觉得腿痛，于是，放下一条腿来，改成单盘。一个鬼见了就说：“怎么金塔忽然变成银塔了呢？”另一个鬼说：“不管是金塔还是银塔，皆有佛舍利在内，顶礼膜拜的功德肯定是一样的。”于是，二鬼继续膜拜。

过了一段时间，这位和尚，感到腿痛难忍，於是把另一条腿也放下来，随便散盘而坐。

这时两个鬼见状，齐声大叫：“怎么银塔变成土堆了呢？竟敢戏弄我们，真是可恶！”

和尚听到二鬼生气了，立刻又把双腿收起来，双盘而坐。两个鬼又惊叫起来：“咦？土堆又变成了金塔，一定是佛在考验我们的诚心，赶紧继续叩头啊！”这二鬼虔诚地膜拜不已，和尚觉得这二鬼愚蠢得可笑，可是，仔细一想，又若有所悟。

这时雨停了，这位和尚自忖：我结双盘，就是金塔；结单盘，就是银塔；可是，随便散盘坐的话，就变成了土堆，这禅坐修行的功德真是不可思议！

从此之后，他再也不赶经忏了，只管专心参禅，悟道修行，不久便智慧大开，大彻大悟，他自号“鬼逼”，因为他认为是被人骂作“秃鬼”，又遇二鬼逼而成就的修行。后人称他为鬼逼禅师。

“知耻近乎勇”，鬼逼禅师曾经误入歧途，当了“经忏专业户”，整日忙忙碌碌，赶经忏牟利，却不务正业，不专心参禅悟道，弘扬佛法。是骂他“秃鬼”和“土堆”的人使他猛然惊醒，原来世上人这样敬重佛法，这样崇拜佛陀，而自己却弃正业而搞副业，只惦记着创收而忘了参禅悟道、教化众生的正事啊！

佛思禅悟：

在生活中，我们都见到这样的现象：学校里教书育人的教授讲师，有的不务正业，教学上不下功夫，备课不认真，却到处授课兼职；国家事业单位的演职员，不在专业上提高自己，却到处走穴；医院里的医生，不把治病救人当成天职，却私下收红包，对病人区别对待等等，这样的人都是不走正道、不务正业的人，他们玷污了自己所从事的神圣事业，为人们所不齿。自己的人生之路是自己的脚踏出来的，一个人的每一步行动都在书写自己的历史，我们一定要不断警醒，以免导致自己的事业功败垂成。

抑制怒气的价值

从前，在日本，有个容易发怒的有钱人，虽然有很多钱，可是，因为他脾气太大，谁见了他都怕，没有人愿意跟他亲近，因而他并不觉得幸福。

有一天，他请一个人喝酒，那人借故推辞了，这个富人气得眼睛都瞪圆了，那人见状，加快脚步溜走了。这个有钱人挠着头，想："怎么才能把怒气压下去，变成慈眉善目、人人喜欢的好脾气的人呢？"忽然，他灵机一动，想到了大家敬仰的一休和尚，或许一休和尚有办法，有钱能使鬼推磨，我就花些银两从他那里买智慧。

主意已定，这个有钱人就跑去找一休和尚了。他问一休和尚："我来请教您抑制怒气的智慧，长期以来，我一直不得法，怒气一触即发，如果您能授我良方，我愿意用金钱报答您。"

一休眼珠一转，笑眯眯地说："制怒的确有个法子，就是'小怒数到百，大怒数到千'。你就按照我说的办吧。"

这个富人诧异地问道："就是数数，没有别的了？"

一休说："就这十个字秘诀。"

这个富人犹豫了一下，问道："那您要多少钱报酬？"

一休说："一字十两银子。"

这个富人一听，怒火一下子升腾起来，他高叫道："你这佛门净地，原来却是骗子窝！"

他骂骂咧咧地走出了寺院，一文钱也没给。他是生意人，怎么会吃这种亏？

当他气咻咻地回到家中，已经是漆黑的晚上，他从窗外往里看，屋里灯还亮着，透过纸窗，影影绰绰有两个成年人在床榻上。孩子们早已经在别的房间熟睡了，除了妻子，还有谁呢？

他疑心大起，是不是自己的妻子趁自己不在的时候，跟别人在干苟且的勾当？他本来就一肚子怒火，这时更控制不住了，未走进卧室，先去厨房拿了把菜刀。当他走进卧室，的的确确是有两个人在并头睡着，一个是妻子，另一个靠里边，辨认不清。这个有钱人头都快气炸了，竟然趁我不在勾引野男人！当他正要举刀就砍时，忽然想起一休和尚今天的话，决定试一试。他耐着性子开始数数。当他数到十五的时候，那个睡在里头的"奸夫"忽然醒了，转过头，看见儿子手里拿着菜刀兀自站着，一动不动，吓得惊叫起来："儿啊！你这是做什么啊？"

原来，这个富人今天出远门，迟迟不归，儿媳妇就叫婆婆来聊聊家常，聊着聊着，看天色已晚，儿子还没有回来，就在这里睡下了。

这个有钱人认出是自己的母亲后，惊出了一身冷汗。幸亏刚才依照一休和尚的话在数数，要是怒气全发，一刀砍过去，母亲就一命归西了。看来，一休和尚的秘诀是无价之宝啊！

第二天，怀着深深的歉意和由衷的感谢，这个有钱人又去拜访一休和尚了。

佛思禅悟：

不善于控制自己的怒气的人，常在怒火全发之后留下深深的遗憾与悔恨。易怒是一种卑贱的品质，是没有涵养的表现。人在发怒时会失去理智、失去友情、伤害别人的同时也使自己陷入痛苦的深渊。过后一想，实在没有必要，可是，当时却难以控制。怒火烧心，后果严重，所以，加强

自己在这方面的修养，是至关重要的。

严于律己的佛陀侍者

阿难陀是佛教史上一个重要的人物，他于佛成道日诞生，是白饭王次子，提婆达多的亲弟弟。佛成道以后，曾有舍利弗、目犍连侍奉过佛陀。由于佛陀渐渐年纪大了，身体不免老弱，就需要一个常随侍者。于是，他把弟子们叫到一起，要大家推选出一个合适的人选来。

舍利弗、目犍连认为做佛陀的侍者需要接待很多人，处理很多事，要求侍者精力旺盛、善于待人接物，协助佛陀回答信众的问题，阿难陀年轻，思维敏捷，记忆力强，担任此职最合适，就一致推举阿难陀。

阿难陀知道这个职位位低权重，是很重要的职位，他对佛陀充满敬重，为能侍奉佛陀而自豪，但是，他担心别人会猜疑他为了名誉地位和私利才担任这个职务，就提出约法三章：一、佛陀的衣服，无论新旧，我不要穿。二、如有信众请佛陀应供，我不侍奉前去。三、不该见佛陀的时候，我不去见。

舍利弗、目犍连把阿难陀提出的约法三章转告佛陀。佛陀非常高兴，无限感慨地说："阿难是一个难得的品性高洁的人，他提出这些条件是为了避嫌，怕引起议论，他担心别人说他是为了吃穿享受，才侍奉我的。"

公元前513年，佛陀五十三岁时，十九岁的阿难，在竹林精舍正式被选为佛的侍者，从此侍奉佛陀二十七年，一直跟在佛陀的身后，到各地弘扬佛法。阿难在僧团中深受人们的尊敬，他待人谦逊诚恳，在与人相处时，从不扬己之长，显人之短。他总是尽力为别人着想，尽可能地为人提供方便。

有时和外道谈论佛法，阿难也只是显正而不破邪。如在翟师罗园，他感化了旃陀外道，使之奉行佛法。他并不以滔滔的雄辩来征服对方，而是像和煦的春风一样，使冰块慢慢地溶解。

在二十七年侍者生涯中，当比丘、比丘尼和在家信众来参拜佛陀时，阿难总是安排适当时间，尽力满足各人的愿望。对远道而来的比丘，阿难更是照顾备至，问寒问暖，使其安乐无忧。

阿难这种一心一意为佛陀做侍者，为信众服务的精神，赢得了人们的

敬仰。他严于律己、只贡献不求回报的品格，也为我们树立了榜样。

佛思禅悟：

要传扬佛法、导人向善就要传法者自身以身作则，坚守一份道义与良知，而不做伪君子，玷污纯洁的佛法，阿难在协助佛陀传法的道路上就是一个纯粹的人，他是一心一意立志为传法奉献和服务的。正因为有一颗纯粹的心，他才能尊重每一位信众，满面春风地接待他们，爱护他们，用真诚的心，去为信众提供方便。倾听和理解客户的每一个需求，为佛陀、为信众提供热情、高效、诚信的服务。当今社会的人民公仆不正应该以阿难的服务奉献精神作为楷模吗？一个人拥有了这种无私奉献的精神，才能一身正气为民执政，一尘不染、清清白白地做人做事。

德高为师，身正则教谕行

玄琬是隋唐时期的著名僧人，玄琬守戒坚定，威服四众，受到了朝野上下的广泛尊敬，威望非常高。

当玄琬还是小孩子的时候，就对大道有所领悟，有些佛教的戒律他能够自然遵守。家里人觉得这孩子与众不同。有一次，家人送玄琬到一个亲戚家暂住几天，亲戚为招待这个小客人，就要把家里养的一头猪杀了。玄琬毕竟是小孩子，不知道亲戚在做什么，就在旁观看戏耍。他看见大人们把猪追到一个角落里，捉住后用绳子捆住，拿着明晃晃的利刃捅向猪，猪发出声声撕心裂肺的惨叫声，他吓得气都不敢出，远远地避开了。当亲戚把炖好的猪肉端上桌时，玄琬只觉得腥气扑鼻，胃里如翻江倒海一般作呕。小玄琬端坐着，一脸严肃地对亲戚说：“猪也是一条命啊，人知道疼

痛，贪生怕死，猪也一样，我实在吃不下去，我怕这猪怨恨我，我将来就难免下地狱。”

亲戚无奈，只好把猪肉端下去，换上素食，玄琬面对西方，合掌忏悔后，才肯吃饭。

玄琬十五岁出了家。玄琬投师后，专学律藏。先跟从昙延律师学十诵律。在学此律时，玄琬边学边以此律来检查自己的言行，每当他觉察到自己的言行有违律教时，就马上忏悔，恳请师父惩处。

一天，玄琬手捧经卷认真研读。突然，他感到脸上一阵奇痒，就下意识地用手摸了一下，可是，就这一下，一只蚊子身首分离了，手上留下一点蚊子血。玄琬后悔不迭，当即放下经书，把这件事跟师父说了，并要求师父给予惩戒。昙延律师对弟子的诚心悔过感到很欣慰，心知他是无心的，就对他安慰了几句，没有做任何惩戒。玄琬内心为了此事惴惴不安，夜不成眠，就跪在佛像前默念佛祖，请求宽恕。正在他专心念佛时，玄琬忽然感到大殿忽然明亮起来，佛像也变成了真佛。真佛安详地对玄琬说：“你对世上的生灵这样爱惜，的确是我的真徒。我是弥勒佛，你的悔过我已经接受了，请起吧。”

随着话音落地，真佛隐去，佛像恢复了原样。玄琬只觉得心中畅快，周身安泰无比。从此玄琬律师持律守戒更加严格。

在他所处的时代，有些僧人持律不严，行为举止，往往不合戒律。但是，玄琬严于律己，从不放松对自己的要求。

玄琬律师自修苦节，赢得了极高的德望。他的教谕成为出家和在家弟子的行为规范。王公大臣到下属小吏，从玄琬受戒的达三千多人，受玄琬影响而受戒者有二十多万人。不仅如此，他的思想甚至对朝廷制订各项政令都产生了作用。他劝皇太子要大行慈善、减少杀生、顺时气、奉戒，皇太子都答应完全照办。

皇太子回信答应照办，并且表示自己的决心：“我要将您的教诲牢记在心，作为我行事的准则。借重难得之业因，求得皇天的保佑。”由于玄琬律师的大力倡导，唐太宗下诏，从三月到五月，禁止杀生。后来，玄琬又上书请求将禁杀期延长，唐太宗又将禁杀期限延长至年尾。

正是因为玄琬律师戒行坚定，一生只求有利于众生，无欲自刚，才树立了威望、赢得了广泛的支持，才做出了这样大的成就。

佛思禅悟：

学高为师，身正为范，只有对自己严格要求的人，才会赢得他人的尊敬，才有感召力。在生活中，我们看到有的管理者其身正，不令而行；而有的管理者其身不正，虽令不从。身正的人，心灵纯洁高尚，为人处世不做任何对不起自己良心的事情，严于律己，正因如此，这样的人教谕人的时候才有人听从。

弘一大师的清苦饮食

弘一大师是我国近代天才的艺术教育家，也是一代高僧。

有一天，他的老友夏丏尊来拜访。当他看到弘一大师吃饭时，只有一道咸菜时，就忍不住问道："只有这咸菜下饭，太没滋味了吧？"

"咸有咸的味道。"弘一大师好像在品尝着咸菜的个中美味。

吃完饭后，弘一大师倒了一杯白开水喝。

夏丏尊又关心地问："不是有茶叶吗？只喝白开水多平淡啊！"

弘一大师微笑着解释说："白开水虽淡，淡也有淡的味道。"

叶圣陶先生曾经这样描述弘一大师与友人一起进餐时的细节："因为弘一大师是过午不食的，十一点钟就开始聚餐。我看他那曾经挥洒书画弹奏音乐的手郑重地夹起一荚豇豆来，欢喜满足地送入口里去咀嚼的那种神情，真惭愧自己平时的乱吞胡咽。"即使在赴宴时，弘一大师也只吃两样：白菜和萝卜。别的菜不伸筷子。几样素菜，干净爽目。

弘一大师出家前工作过的学校的两个贫苦工友曾经得到过弘一大师的帮助，后来，弘一大师辞职出家，他们很想念弘一大师，就一起去寺庙看望弘一大师。他们看到弘一大师在院子里提水浇花，见到两个工友就尊称他们为"居士"，自称"小僧"，要两个工友坐，并亲自送茶水，留他们吃素饭，菜里没油，那么苦，两个工友都为弘一大师的苦行僧生活难过得哭了，而弘一大师吃得有滋有味，在工友们眼里弘一大师待人宽厚、律己甚严，就是一位活菩萨。

佛思禅悟：

弘一大师能够以清淡的生活为乐，是因为他有博大的爱心。正如他在护生诗中所述，各种动物与人一样，有喜怒哀乐，知道冷暖炎凉，所以，人们应怀着慈悲的心，不要杀戮他们。正如他诗中所说，“不食其肉，乃为爱物。”弘一大师的“爱物”，表现在他的惜福和知足，白开水能够解渴，菜蔬粗粮能够满足体力所需，他就满心欢喜地享用，再无奢侈之想。在他极其平淡的生活中，我们感受到的是大德大爱。

弘一大师讲“律己”

弘一大师是中国近现代文化史上一位不可多得的艺术全才，在书画、诗文、戏剧、音乐、艺术、金石、教育各个领域都有极深的造诣。他于1918年出家，从此精修佛教律宗，又成为佛门一代高僧，人们都以得到他的开示为荣幸。

有一天，几个信徒请求弘一大师讲开示，弘一大师很爽快地答应了，他讲的开示题目是“律己”。弘一大师说：“学戒律须要律己，不要律人。有些人学了戒律，却总是拿来律人，这就不好了。”他接着停顿了一下，面带微笑，好像沉浸在往事中，缓缓地说：“记得我年少时住在天津的时候，我的老表哥常教训我学道理。有一天我好像说了别的小孩子的什么不是，他就用手指指着我的小鼻头说‘你先说说你自个儿’。这句话是北方的土话，意思就是先管管自己，先检查一下自己有没有错儿。现在想来，这就是‘律己’啊！”

弘一大师接着说：“知道现在我还记得，所以应当感激我的老表哥。大凡喜欢律人而想不到律己的，总是看着别人不对，看不见自己有什么不对的地方。北方还有句土话说‘老鸦飞到猪身上，老鸦只是看见猪一身黑，看不见自己也黑，其实，它们俩一样黑。”

有信徒提问，问他如果别人指责自己，诽谤自己时，应该采取什么态度，弘一大师沉思片刻，说：“何以止谤？曰：‘无辩’，如果遭到了别人的诽谤，千万不要辩解，因为越辩解，诽谤越深。譬如一张白纸，在上

边误染上了一滴墨水，这时你不要再动它了，它也就不再向四周溅污。如果你想要这张纸立即变干净，一个劲儿地擦拭来擦拭去，那么这一滴墨水就会展拓成难看的一片，这张纸也全毁了。”

弘一大师在开示的最后叮嘱信徒们不要律人，严格律己，为了强调这一点，他一连说了十几个“慎重，慎重，慎重又慎重。”

弘一大师就是这样一位“方以律己，圆以待人”的道德楷模，他爱护学生和信徒，关心他人，对人总是像春天的阳光一样温暖，但弘一大师律己甚严，对自己严格要求。他讲课浅显易懂，深入浅出，使大家容易理解，并且内容翔实生动，这是因为他讲课前备课极认真的缘故，他曾说：“我研究了二十多年的戒律，这次开讲头一课，整整预备了七个小时。”

佛思禅悟：

律己的人必有一颗宽容的心。允许别人有自己的判断，耐心而毫无偏见地容忍与自己的观点或公认的观点不一致的意见。宽大有气量，不计较或不追究别人的言词。人在社会交往中，吃亏、被误解、受委屈的事总是不可避免地发生，面对这些，最明智的选择就是学会宽容。宽容需要一个人内心有胸襟、坚强和力量。一个不知宽容、只知苛求别人的人，其心理往往处于紧张状态，心中缺少爱的阳光和宁静。

尽职尽责看管好自己

无德禅师门下有一个学僧叫静道，虽然精进苦学，可是，在禅悟上进展缓慢，总是不得要领。

静道是个要强的人，他不愿意落在别人后边，他想，要修禅就要修出个名堂。有一次，他看无德禅师刚忙完手头的事，闲了下来，就赶紧走上前来请教开示。静道问：“弟子在禅林苦修多年，仍然不得开悟，实在是空受奉养，有愧施主。我怎么每日用功精进，还是无所得呢？请禅师慈悲开示，我每天在修持、作务之外，还有什么课程是必修的呢？”

无德禅师回答说：“除了看管好两只鹫、两头鹿、两只鹰、约束好一条虫外，别无他法。同时，你还要看护好一个虚弱的病人，不断地与一只

熊斗。”

静道听了，不解地问：“禅师，弟子来此学禅，跟什么鹫、鹿有什么相干呢？怎么看管它们呢？修禅学道与这些动物、病人有什么瓜葛？”

无德禅师微笑着说：“你还没有抓住参禅的主旨，我说的两只鹫，并不是外物，就是指你的一双眼睛，你要时刻警醒，做到非礼勿视；两头鹿说的是你的双腿，把管制双腿，不要走错道路，做到非礼勿行；两只鹰说的是你的双手，双手敏捷灵巧，世上的事都是双手做出来的，因而你要善于管理你的双手，让它们勤于做善事，勿作恶事，这就是非礼勿动。我所说的一条虫是——你自己说说看！”

静道似有所悟，他试探着说：“也许就是口中的舌头吧！”

无德禅师赞许地点点头：“你已经有长进了。这口中的一条虫，如果作恶，危害可致人死命，不可不防，你要谨记，非礼勿言。”

静道问：“那么，熊是什么呢？”

无德禅师回答：“这熊就是你的心脏，你要克制欲望，不可贪图名利，要做到非礼勿想。”

静道问：“虚弱的病人指的是自身吗？”

无德禅师回答道：“对，就是指人的肉身。肉身很容易陷于罪恶之中难以自拔，所以说是虚弱不堪，这也是人要精进修禅的原因。”

佛思禅悟：

佛经里所说的六根就是指眼、鼻、舌、耳、身、意，只有做到六根清净才能修禅悟道。如果这六根被世俗所玷污、被私心杂欲所牵缠，就会造孽为害。人之所以流转于生死轮回的苦海当中，就是由于六根不曾清净，一切罪业，均由六根所造，比如贪色、贪声、贪香、贪味、贪乐境等，烦恼也由此而来，永无出离苦海的日子了。有鉴于此，我们应从身心的两

方面着手，一是修身，一是修心。所以，必须谨慎管理自身，在一定意义上，修身就是治天下，独善其身之后才能兼济天下。

抱怨他人不如改变自己

在生活中争吵的双方都认为自己这一方有理，各不相让，并且都认为自己是对的一方，对方应改变错误看法或行为。

从前，有一个寺庙的小沙弥，在出外化缘的时候，与一个农妇吵了起来。这个小沙弥先是被这农妇家的狗紧追不放，小沙弥毕竟年纪轻，对狗呵斥恐吓，说话措辞就招惹了这个农妇，农妇又碰巧是撒泼耍赖、强词夺理的人，所以，两个人你一句、我一句，最后，竟然互相撕扯扭打起来，农妇把小沙弥的脸都抓破了。后来人们把两个人劝开，寺庙的僧人把小沙弥领回了寺庙。

老法师问明了情况后，并没有责备小沙弥，而是问这农妇伤着没有，农妇家境如何，并且为她在寺庙的库房里寻找可用的东西，找了半天，终于找到一匹前些日子做佛事剩下的绸布，赶快叫小沙弥跟他一起给农妇送去，以表歉意。

农妇先动手打人，抓破小沙弥的脸，本来是没理的一方，可是，老法师却带了礼物来致歉，这样一来，农妇也通情达理起来，她急急忙忙、满脸羞愧地向老法师说，这个事情都怪自己，小沙弥年纪小，自己不应该动手打人。

小沙弥看到这个妇女不久前还凶神恶煞一般，现在在老法师面前变得慈眉善目，对老法师的处事佩服极了。从农妇家出来，天色已经很晚，两个人摸黑赶路，老法师在前边走，一个不小心，只听“啊！”一声，老法师发出了疼痛的声音，原来他的腿和脚被一块路上的顽石绊住了，老法师一下子摔倒在地，小沙弥赶快扶起他，给他按摩揉搓，坐下休息了片刻，疼痛稍微减轻了一些，打算继续上路，小沙弥此时对着这块顽石“呸！”的一口，骂了一句。老法师借此机会开导小沙弥：“这块石头本来在原地好好的，是我自己不小心碰上它的，我倒是应该向它道歉！”

小沙弥一路走着，寻思着老法师的话，到了寺庙门口，鼓起勇气对老

法师说："法师今日对我的开示我终生不忘。今后我要勇猛精进，在个人修养上努力，不去跟别人计较，这样才能感化他人。"

佛思禅悟：

磕绊是自己找的，生活中的坎坷泥泞都是自己踩上去的。同理，生活中的挫折多是由自身的各种原因造成的。正如我们不能改变天气一样，别人的秉性也是客观存在，很难改变，所以，为了和谐相处，不如先改变自己。忿恨和争斗无济于事，宽恕别人才能化干戈为玉帛。而不会宽容别人的人，是不配受到别人的宽容的。宽容并不是懦弱，而是一种大智大勇。

惜福才能得到福报

我国近代律宗高僧、天才的教育家和书法家弘一大师曾经多次讲过"惜福"这个主题。"惜"就是爱惜，"福"就是我们常人说的福气。即使我们有很大福气，也要加以爱惜，切不可把它浪费掉，糟蹋福气。人的福气实际上都很薄，如果自己再不爱惜珍重，将这福气享受净尽，那就要受莫大的苦，那就是所谓的"乐极生悲"了。

弘一大师小的时候，他的父亲请人写了一副大对联，是清朝刘文定公的句子，挂在大厅抱柱上，其上联是："惜食，惜衣，非为惜才，缘惜福。"以后，他的哥哥经常教他念这个句子，久而久之就念熟了，年幼的弘一大师一到穿衣或是吃饭的时候，都十分注意，就是一粒米饭都不敢把它糟蹋掉。弘一大师的母亲也常常教导他，对于身上所穿的衣服，要时时当心，不可损坏或污染。母亲担心儿子不爱惜衣食，就会损失福报，就会短命。

弘一大师六岁的时候，他的父亲就去世了。那时候，弘一大师才刚刚学写字，写字的纸，都是拿整张的纸瞎写，写坏了再拿一张，一点也不知道爱惜。他的妈妈看到这种情形，就正颜厉色地说："孩子啊！你要知道，你父亲在世时，不要说这整张纸不肯糟蹋，就是连一寸大小的纸条，他也不敢随便丢掉啊！"

弘一大师从此养成了惜福的生活理念。出家后更是节俭。据长期供养

弘一大师的刘质平先生回忆，弘一大师所用蚊帐，他仔细数了数，破洞共有二百多处，有的是用布补的，有的是用纸糊的。刘质平坚决要给大师换个新的，可是，弘一大师就是不肯。后来，实在没法用了，才另外又买了新的。

近代高僧净土宗大师印光也是勤俭节约的模范。有一天，有人给印光法师送来一些白木耳等补品，印光法师自己不舍得吃，都送到观宗寺供养谛闲法师。别人问他："法师，这么好的补品，你怎么不愿意吃呢？"印光法师回答道："我的福气很薄，不堪消受这么好的东西。"

印光法师有一位皈依弟子，是鼓浪屿很有名的居士，这位居士去看望印光法师的时候，印光法师和他一起吃饭，这位居士吃饱了，放下了饭碗，碗里剩下一两粒米饭。印光法师想来耿直，教育人的时候不顾人情面子，当他看到碗里还有米粒，就训斥这位居士："你有多大福气可以这样随便糟蹋这些饭粒！你要赶紧把剩下的饭粒吃光！"

一个人纵然有十分的福气，也不要享受十分，享受二三分就行了。所余的福分，何妨留到后来享受呢？或者大发善心，以自己的福气，都布施给众生一起享受，那就更好了。

佛思禅悟：

朱子治家格言说，一粥一饭，当思来处不易；半丝半缕，恒念物力维艰。对于一碗粥、一顿饭，我们都要想到它来之不易，要珍惜；对所穿衣服，要爱惜，因为生产出来经过好多道工序，很不容易。这正是教育我们要有知恩、感恩、报恩的态度，节制我们的欲望和要求，约束自己的感官。只有从小处做起，从小善开始，我们的心灵才能逐渐得以净化，才能使我们远离罪恶。如果小善不积，相反，常犯下小恶，日积月累，罪业就会大到可以灭身的地步。我们的吉凶祸福，皆由心作，就看我们能不能管住自己的心。人要知福、培福、惜福、再造福，才最有福。

佛和魔同在人的心中

唐代有个很出名的佛教画家，他以给寺庙画壁画为生，因为总是觉得自己画的佛和地狱里的魔鬼还不太好，到底什么才算好呢，生活中谁也没有真的见过佛祖和地狱里的魔鬼，这个画家在创作时抓耳挠腮，想不出好办法，于是，他急于在现实中找一个模特，他想，这样他比照着模特就能画出活灵活现的人物了。

有一天，他正在给一个寺庙画壁画，忽然看见一个和尚出来打水，这个和尚的雍容端庄的容貌长相引起了画家很大的兴趣，这个画家仔细盯着这个和尚看了半天，又叫他过来问了几句闲话，画家心中一阵狂喜。等和尚挑水回来，画家已经打定主意用这个和尚当佛像的模特。这个画家因为画壁画多年，多有积蓄，所以，很慷慨地许诺重金请求这个和尚当佛像的模特。

画家用这个和尚当模特画了一幅又一幅佛像，他的佛像作品不久就名扬四方，观赏他的作品的人纷纷评论说：“这个佛像画得真是栩栩如生！佛祖雍容大度、安详自在的气质仪态都表现出来了。”从此，请他画佛像的人挤破了门槛，画家甚至还被人称赞为“画圣”，这个画家也自然赚得盆满钵满。这个画家兑现了自己的诺言，给了这个和尚一大笔钱。

画家画宗教画免不了画地狱的场景和魔鬼的形象，这个画家画的魔鬼还不够可怕，所以，不能令人满意，因为魔鬼太慈眉善目，就达不到威慑众人、教育信徒改过自新的目的。画家就想到应该也像画佛像那样找个合适的模特。

到哪里去找魔鬼呢？现实世界上抓不住一个妖魔鬼怪，只能找找面相凶恶的人，夸张地画画他们的凶恶的表情而已。这个画家看了不少面相凶恶的面孔，可是，都不令他满意，最后，他想到，监狱里的罪犯应该有合适的，因为那些人杀人放火，打家劫舍，人人见了就躲。于是，他买通了狱卒，到监狱里寻找。终于看上了一个，找魔鬼模特可真是难啊，他看上这个魔鬼模特后，就给了狱卒很多好处费，狱卒才同意打开牢门，让那个罪犯跟这个画家见面商谈。

当罪犯带着脚镣走出牢门，到了接待间，一看到这个画家，就失声痛哭起来，他说："你怎么找魔鬼模特还是找我啊！以前你找佛像模特就是我！"

画家也觉得这事真不可思议，就问他："你怎么落到这个地步啊？那时候你面貌不俗，雍容大度，所以你的面相适合画佛像。"

这个罪犯懊恼地说："就是你把我从佛转变成了魔鬼！"

画家说："这话言重了，我不过是画画的，怎么会有那么大的法力呢？"

这个罪犯哭泣着说："自从你给了我一大笔钱后，我就还俗回家了。父母都不在了，没有人约束我，我就每天寻欢作乐，酗酒斗殴。到后来，钱都花光了，可是，享乐的习惯已经养成，因而就做了盗贼。有一天在抢劫的时候致人死命，所以成了现在的杀人犯。"

画家听了他的叙述，嘘唏感叹不已，金钱的诱惑力真是太大了，这个人由善向恶的转变有画家的罪业在内。于是，这个画家从此搁笔不画了。

佛思禅悟：

人的内心有善的一面，也有恶的一面，所以，很难说谁是善人，谁是纯粹的恶人，同理，也不存在无可挑剔的美人和彻头彻尾的丑人。我们的传统观念认为，相由心生，善人有善相，恶人有恶相，一个人的个性、心思与为人善恶，可以由其面相看出来。傻人有傻相，憨人有憨相，苦人有苦相，恶人自然会有一副凶相。同一个人，如果他的心灵很美，那么他在面相中就显露出善的一面，而如果他的内心充满贪婪和残忍，他在面相上就会显露出丑恶凶残。任何人都是真假、善恶、美丑集于一身的人，只是暂时哪几种品质占主导的问题。我们参禅学佛，就是要防止和制御内心的恶，彰显内心的善。

美声不是贝之力

《长阿含经》里有这样一个故事：

从前，有一个国家的人从来没有听过贝发出声音。当时有一个人很擅长吹贝，他来到一个村庄，拿着贝壳吹了一阵，就把贝壳放在地上，这

时村中男女老少都被这贝声惊动了，都跑来问："这是什么声音啊？这么清脆婉转、哀婉动人！"这个人指着这个贝壳说："就是这个东西发出的声响。"村子里的人们就用手碰这个贝壳，并说："你发出声！你发出声！"贝壳悄然没有声响。这个人又拿起贝壳，吹了一阵放在地上，这时候，村子里的人们说："刚才的美好的声音不是贝壳自己发的，用手、口和气吹，才能发出声音。"

人又何尝不是这样呢？有寿命、有知识、有呼吸，才能四肢屈伸、眼睛视觉、用言语表情达意。如果没有寿命、知识和呼吸，就没有四肢屈伸、眼睛视觉和言语的表情达意。

佛思禅悟：

贝本身是发不出美妙声音的，要想使它奏出美妙的乐声，必须以手持贝，用口吹贝，有气流通过贝身才会发出声响来。学佛修身也是一样，我们都有血肉之躯，这个血肉之躯本身无所谓善恶，一个人之所以为善或者作恶是缘于外在的、后天的东西，如果我们勤于修持，就会奏出善的乐章，而如果任其自由放任地为所欲为，懒惰懈怠，就会从这血肉之躯中发出恶念，做出恶事。

猕猴被害不后悔

从前，有一只猕猴，是菩萨的化身。他的力量和能力出类拔萃，智慧过人。它常常怀着慈悲心普度众生，解人危难。有一天，这只猕猴正在深山里攀爬树枝，采摘果实，忽然看见山谷中有个人被困在那里不能动弹。那个人无法逃生，已经哭嚎了好几天，整日喊叫老天爷睁眼，救他一条小命。猕猴听到了他的哭嚎，感到那个人非常可怜无助，流着同情的眼泪说："我一心求佛就是为了普度众生，今天要是我不搭救他，他算是死定了，我应当想办法下到悬崖下山谷中把他救出来。"猕猴就披荆斩棘、一路坎坷地下到了谷底，终于找到了被困在那里的人。猕猴就背起落难的人，一路抓着杂草好不容易才攀爬了出来，猕猴把这人稳稳地放在了平地上，并且给那人指示道路，说："我只叮嘱您一件事——您以后无论到了

哪里，请一定不要再有恶念，做恶事。”这个被救出的人已经好几天没有吃东西了，一直在哭嚎挣扎，所以，现在被救出后，心情大为放松，倦意袭来，就打起盹来。那个人自言自语地说：“在谷底我真是饿扁了肚子，现在出了谷底，还是没得吃，有什么不同呢？不还是得饿死吗？”他的头脑中闪过一丝恶念，心想：眼前这个猕猴不就是一顿美味吗？把它杀了，来救我自己的命吧。说干就干，这个人恶狠狠地拿起一块大石头向猕猴的头上砸去，这个猕猴还没反应过来是怎么回事，就脑浆四溅，血流满地。猕猴的身体痉挛地跳了一下，就无力地倒在了一棵树旁。

猕猴心中此时并无愤恨之情，它不怨恨这个无情无义的人，只是为了这个人怀有这样的恶念而伤心，在疼痛难忍、生命顷刻间就要消失的时候，猕猴自言自语地说：“我今生是没有能力来度这个人了，我希望这个人在来世受到诸佛的教化，能够走上向善的道路，我希望世上再也没有这样的恶人了。”

佛思禅悟：

极端自私自利的人因为不向善的方向修行，就会以怨报德，不思报恩，却恩将仇报。人的本性有善恶两面，有的人本来很善良，可是如果不向善的道路修行，任由恶的荆棘疯长，就会堕落成坏人。相反，有的人纵使以前罪恶深重，只要一心向善学佛，佛也会接引走向善。心中有佛，行为上就会表现出善的一面。

渔夫设计害自己

从前，有一个小渔村，小渔村里有个渔夫，有一天带着儿子去小渔村附近的一个水塘去钓鱼。他投下鱼钩，静静地蹲在水边等着鱼上钩，儿子则在水塘边玩耍。他试探性地拉起鱼钩时，却发现鱼钩已经被水底的什么东西紧紧咬住，怎么拉也拉不起来了。这个渔夫心中暗喜：今天我真走运，一出门就钓到了大鱼！这条鱼得有多重啊！我拉都拉不动。这时候，他心中又想到了另外一层：要是渔村里的人都知道了这个水塘有大鱼，那都会跑来在这里钓鱼，还可能抢我这条大鱼啊！至少也会要求分割这条大

鱼，这怎么能行？

这个渔夫灵机一动，有了主意，他叫来正在不远处玩耍的儿子，如此这般地给儿子讲了一通，说：“赶快回去，告诉你妈我们钓到了一条大鱼，还没弄到手，让她设法跟邻居吵闹一场，这样村人都去看热闹，就没人来这里钓鱼了。”他儿子对父亲的心思心领神会，知道父亲的用意是争取在村人到来前把大鱼弄到手，悄悄拿回去，不让村人知道这里有大鱼，在还没有把大鱼弄到手之前，他妈妈一定要设法在村里大吵大闹一场，吸引村人的注意力，使他们无暇来这个水塘钓鱼。

这个渔夫把儿子打发走之后，就用力地拉鱼竿鱼钩，可是，任凭他使出吃奶的力气，还是拉不动鱼钩。他担心再使劲可能会弄断鱼竿，就决定下水塘用手抓鱼。他把衣服脱了，放在水塘边，自己跳进了水里。这时候，附近一个游手好闲的懒汉趁他不备，拿走了他放在岸边的衣服。这个渔夫下水摸鱼，在深水中，撞到了一根树桩上，把眼睛都撞瞎了。

当这个渔夫忍着剧痛，跌跌撞撞地爬出水塘，摸索着衣服时，他的妻子正在想着怎么跟邻居吵一架，引起大家的注意。他的妻子的做法是在一只耳朵上挂一片棕榈叶，手中牵着家中一只汪汪叫的狗，又在眼睛上涂了一圈黑烟灰，打扮得很怪里怪气，手中牵着的狗更是汪汪叫着见人就咬。

一个女邻居看她这个怪样子，还要来她家串门，就说：“你怎么耳朵上挂一片棕榈叶？是行什么巫术？牵着这么凶的狗到处串门，谁待见你啊？”

“你怎么这么说话？这是人话吗？你怎么无缘无故地出口伤人？你无端寻衅闹事，咱们到村长那里去评评理，我要他罚你八个金币！”

两个人吵吵闹闹，进了村长家，村长问清了吵架的来龙去脉，就判这

个滋事的女人有罪。这时候，全村人都被惊动了，都出了家门来看热闹。渔夫的妻子因为无端滋事，被人们捆起来，用鞭子抽打，并被要求拿出罚金赎罪。

这时候，旁边的树神看到了这个情景，这个树神正是菩萨的化身，他看到渔夫和他妻子因为贪恋水中的大鱼所遭受的苦楚，不禁叹道："人啊！你们在水中和陆地上都犯了罪，所以才会两头都受了惩罚。"

树神留下了这样一首偈语："眼瞎衣服丢，老婆耍无赖。水中和陆地，两头都落败。

佛思禅悟：

我们也许会嘲笑这个贪婪的渔夫为了一条大鱼机关算尽却没有捞到好处。然而，在生活中，这样的人并不少，一些贪官为了掩盖自己的丑行，费尽心机，可是到头来，"天网恢恢，疏而不漏。"最终还是没有逃过被惩罚的下场，算来算去，还是不做坏事，只做本分事好。任何时候都要取舍有道，贪欲如果没有止境，终将自取灭亡。

怎样去除心灵上的杂草

一位著名的禅师自感身体日渐衰老，将不久于人世，于是，他把弟子们召集到自己的身边，弟子们围拢过来，等待着老禅师的开示。禅师沉吟良久，突然开口问道："你们说说看，荒地的杂草怎么除去呢？"弟子们没想到禅师问这么简单的问题，纷纷争着回答这个容易的问题。

一个弟子说："那还不简单，用铲子铲掉就行了。"禅师听完，微笑着点点头。

另一个弟子说："可以等到冬天，草都干黄了，再一把火把草都烧掉。"

禅师仍然只是微笑作答。

又一个弟子回答道："把石灰撒在草上，草就不长了。"

这时，另一个弟子抢着说："不行，他们几位说的都不行，那些方法都不能除根，要斩草除根，必须把草根都挖出来。"

禅师听完，做了个总结，他说："你们说的方法都很好，这样吧，寺

庙后头就有一块荒地，长年荒着，长满了杂草。我把这块地分成几份，分给大家，我自己也分得一份，从分到地的时候开始，咱们就分头按照自己的方式除去杂草。明年的这个时候，我们再在那块荒地上相聚，再讨论这个问题。”

冬去春来，转眼过了一年，弟子们各自按照自己的方法整理的荒地仍然是杂草疯长，不管是拔根，还是用铲子铲都没效果，石灰也没什么大作用，只有老禅师打理的那块地种了麦子，麦穗已经金黄了。麦子长得齐刷刷的，哪里有杂草生长的空间和养分？

弟子们终于悟出了一个道理：要想不让荒地长杂草，一定不能让荒地荒着，要在上面种上好庄稼。

弟子们围拢在一起，欣喜地看着满眼的庄稼，等待着老禅师开示他们，可是，老禅师就在那时带着满足的微笑坐化了。

佛思禅悟：

一块地有一块地的地力，如果不种上好庄稼，地力就会往杂草上使，杂草就会疯长；一个人也有一个人的精力，如果没有好的方向努力，那么，这人就会“无事生非”，干起坏事。人的坏习惯也像地里的杂草，去除的最好方法就是养成一个新的好习惯去取代它。人的心灵也是如此，要想让心灵纯净，只有去除杂念，修养美德，不断完善自身。

弘一大师的礼仪风范

弘一大师就是李叔同先生，是我国近代著名的艺术教育家和律宗大师。有一天，弘一大师与朋友和弟子们相聚，弘一大师告诉朋友和弟子们他与印光法师约好见面，谁愿意去可同去。印光法师是近代净土宗的大师，大家当然都想拜会。于是，弘一大师决定带着七八个友人一同去。

几个人为了省钱，就不坐人力车，决定步行。弘一大师拔腿便走，他是赤着脚穿着一双布缕缠成的鞋，步履轻捷，大家不由得羡慕起他那双线条优美的脚，独特的健康的脚，七八个同去的友人中大多比弘一大师年轻，可是，却落在了他的后边。

到了印光法师所住持的寺庙，寺役去通报时，弘一大师从包袱里取出一件大袖的僧衣来，他平时穿的是平常的长衫袖。大袖的僧衣是他为了见印光法师特意预备的正式衣服。弘一大师恭恭敬敬地穿上身，眉宇间异样地静穆。

身材高大的印光法师已经上了年纪，背有些驼，刚洗过脸，行动缓慢，有些笨拙。寺役通报后，弘一大师头一个跨进去，一进门就对印光法师屈膝拜伏，动作严谨而周详。随后，弘一大师和印光法师并肩而坐，亲切叙谈。弘一大师合掌恳请道："同来的几位居士都喜欢佛法，还有曾经看过禅宗的语录的，今日来见法师，请有所开示，慈悲，慈悲。"

弘一大师所用的敬语"慈悲，慈悲"具有深长的意味。"慈悲"在这里的意思是请印光法师不吝赐教，给居士们讲解一下佛法，帮助解惑。

当印光法师回答完居士们提出的问题后，弘一大师又恳请印光法师，希望对于儒说佛法会通之点给各位开示。

印光法师说，儒和佛法二者本一致，无非教人父慈子孝兄友弟恭等等，不过儒家说这是人的天职，人若不守天职就没有办法。而佛家用因果来说，那就深奥得多，行善便有福，行恶便吃苦。

印光法师是中国近代佛教界的领军人物，地位很高，人们对他非常敬仰。许多信徒恳求他的指示，仿佛他就是往生净土的导引者。

弘一大师第三次用"慈悲，慈悲"恳求印光法师时，是说印光法师这里有言经义的书，请求印光法师让同来的居士们"请"几部回去，这里"请"是"拿走阅读"的敬语表达，实际上就是居士们打算买走这些书。佛教经典是至高无上的，所以，直接说"花钱买"很粗鲁。

当印光法师给他们每人分了书之后，弘一大师又屈膝拜伏，辞别。印光法师点着头算作还礼。等几位友人都走出印光法师的房间时，弘一大师伸出两手，郑重而轻捷地把两扇门都拉上了。

当走出寺门，弘一大师随即脱下那件大袖的僧衣，就人家停放在寺门

内的包车上，方正平帖地把它摺好包起来。

弘一大师就是这样，在一举一动中持戒，严格要求自己，言谈话语中对人有敬重，持礼一丝不苟，使同时代的人和后来人都望尘莫及。

佛思禅悟：

弘一大师出家前是当时的社会名人，著名的艺术教育家，但是，他没有架子，在年长的印光法师面前，表现得谦恭有礼，他的动作的每一个细节都很周到地体现了礼仪，他在服装穿着上换上郑重场合穿的衣服，在语言表达上也非常得体地使用敬语，临走时不忘替印光法师关上门，这些细节都体现出了弘一大师的修养，值得我们学习。

自然就是真正的禅境

一个炎热的夏季，突然下了一场暴雨。暴雨过后，阳光格外强烈，佛陀感到很饥渴，于是就叫侍者去前面不远处看看，有没有水喝。

侍者于是拿着盛水的容器去了。走了没多远，他就发现了一条小河。等到走近一看，河水污浊不堪，水面到处漂浮着一些杂物。于是他就转身回去了，告诉佛陀说："河上漂着许多杂物，那水太脏了不能喝，我还是再找找看吧。"

佛陀说："这条小河离我们最近，我现在口渴难耐，你不要再去找了，再去一趟刚才的那个小河看看吧。"

侍者心里非常不高兴，他想：我刚才已经都看过了，水那么脏，即使拿回来也不能喝，不是让我白跑一趟吗?

佛陀早已看出了他的心思，于是对他说道："你去了就知道，这次肯定不会白跑的。"

侍者只好又去了那条小河旁，这次再来，竟然大不一样，河水变得无比清澈、干净，侍者高兴地装了满满一大容器回去了。

侍者捧着装满水的容器，来到佛陀面前说："刚才还是污浊不堪的河面，这次竟然变得那么清澈，太神奇了！"

佛陀说："世上的事物就是这样，任其自然，真正禅境。"

这个世界没有任何东西是永恒的，顺其自然，总能得到你想要的东西。

福州罗山道闲禅师有一次去拜会石霜禅师，便问道说："心灵的知觉已现，却往往会被一大堆纷乱的念头束缚住。在这种起伏不定的时候，我该如何用功呢？"

石霜禅师回答说："最好是正视它，直接把各种念头抛弃掉。"

道闲觉得这个回答不是他想要的结果，于是又拿这个问题去请教严头禅师。

严头禅师说："那狂妄之心该止时便会止，顺其自然好了，管它干吗！"

佛思禅悟：

佛说，诸行无常，一切顺乎自然。很多事情并不以个人的意志为转移。现代人心绪起伏不定，纷乱复杂，愚者总想改变一切，智者却能够顺其自然。

心乱只因心在尘世

南岳和尚出参六祖的时候，六祖问道："你从哪里来？"

南岳和尚回答说："我从嵩山来。"

六祖又问："来的是什么东西？"

南岳和尚没有明白六祖的问题，就没有回答出来。

后来，南岳经过长时间的真心参禅后，终于悟出六祖慧能所指的"东西"。他回答慧能说："说似一物即不中。"意思是：你要说它像什么，那你就会马上偏离它。

六祖听后又问道："是否还需要自我修正呢？"

南岳答道："我不敢说不可以修正，但我可以说决不会污染它。"

慧能听后心里暗自喜悦，于是就对南岳说："这个不会污染的，正是我们要留心护持的。"

佛法本来平常，南岳回答的"决不会污染它"即是要保持一颗平常心。

尘世间的一切妄念不过是生命中的烟云。心乱只因心在尘世，心静是因心在禅中。决定人生的不是别的什么，而是心境。心灵纯净，就不会被

外物所左右。

有一个学僧到法堂请示禅师道："禅师！我常常打坐，时时念经，早起早睡，心无杂念，自忖在您座下没有一个人比我更用功了，为什么就是无法开悟？"

禅师拿了一个葫芦、一把粗盐，交给学僧说道："你去将葫芦装满水，再把盐倒进去，使它立刻溶化，你就会开悟了！"

学僧依样画葫芦，遵示照办，过不多久，跑回来说道："葫芦口太小，我把盐块装进去，它不化；伸进筷子，又搅不动，我还是无法开悟。"

禅师拿起葫芦倒掉了一些水，只摇几下，盐块就溶化了，禅师慈祥的说道："一天到晚用功，不留一些平常心，就如同装满水的葫芦，摇不动，搅不得，如何化盐，又如何开悟？"

学僧："难道不用功可以开悟吗？"

禅师："修行如弹琴，弦太紧会断，弦太松弹不出声音，平常心才是悟道之本。"

学僧终于领悟。

世间事，不是一味执着就能进步的，读死书而不活用，不能获益。留一点空间，给自己转身；余一些时间，给自己思考，不急不缓，不紧不松，那就是入道之门了。

佛思禅悟：

尘世间的一切妄念不过是生命中的烟云。心乱只因心在尘世，心静是因心在禅中。决定人生的不是别的什么，而是心境。心灵纯净，就不会被外物所左右。保持一个从容淡定的心态，有利于人们更加清醒深刻地认识自己。

随意生活，自在洒脱

曾经有一个叫桃水的和尚，在禅林寺任住持的时候，认为禅并非只有在寺里才能修得。他对于修行有一套自己的看法和见解，为了打破寺里的形式主义，他决定跟乞丐一起生活，行踪不定，世人都不知道他何去何从。

一天，在一个破旧的小草房里，一个人拿着一张如来佛像匆匆赶来。他对桃水和尚说：“你作为和尚却不参佛，这是说不过去的，我从庙里求来一张佛像，你快好好参拜一下吧！”

桃水接过佛像道了声谢，便把佛像挂在草屋的墙上，并用毛笔在佛像下面写了几行字：“如来佛啊，你这匆匆过客，你就在我这里暂时留宿一会儿吧！请别介意我的草房破旧和窄小，更不要因为我进天国之事烦扰了你。”

别人都是请神拜佛，对神无比的恭敬，不敢怠慢一点，而桃水和尚却随心自在的祭拜佛像，而毫不害怕别人的非议，这才是真正的随意自在的生活状态。

有人问，什么样才算是自由自在的人生呢？

一个和尚问衡州华光院范禅师：“牛头法融未见四祖时如何？”

禅师回答说：“自由自在。”

和尚又问：“见到四祖之后呢？”

禅师仍旧回答说：“自由自在。”

这两个“自由自在”其实包含了两层意思。前一个“自由自在”是指内心原始的本真状态；后一个“自由自在”是指牛头法融见四祖道信后，经过四祖的点拨后，抛开了一切的烦恼和束缚，内心真正被关照，从而大彻大悟，获得了心性的大自在和大解脱。

佛思禅悟：

不自在是因为不懂得生活的真谛，世间的一切烦恼和束缚都是自己强加给自己的，人生应该像天上的云朵去留无意，水中的鱼儿自在洒脱。随意的生活，才是真正的生活。遇事时有随性随遇随缘的心态，就不至于心灰意冷，自信与从容才能促使我们重新出发。

我不入地狱，谁入地狱

从谂禅师是唐代著名的禅师，他认为“金佛不度炉，木佛不度火，泥佛不度水，真佛内里坐”。意思是说，只有通过自身的修炼领悟的真理，才是真正的佛。

有一位骁勇善战的将军很是推崇从谂禅师的教诲，但却一直没有得道。

于是他亲自去拜见禅师，他问道：“大师，我死后是进入极乐世界，还是入地狱？”

禅师答道：“入地狱。”

将军又问：“那么您呢？”

禅师答道：“老僧最先入地狱。”

将军听后感到不解，于是又问：“我驰骋疆场，杀人无数，本该入地狱，而您修行一生，怎么也入地狱呢？难道大师的修行都白费了吗？”

禅师教化道：“我如果不下地狱，又有谁来教化你呢？”

禅师说“老僧最先下地狱”，又说“我如果不下地狱，又有谁来教化你”。“教化你”什么呢？自然是“以我的视死如归告诉你众生平等”。

在佛家看来，地狱是极其黑暗和恐怖的，在地狱里的人饱受严寒酷暑、大小刑法。日复一日，没有人关心，生死轮回，没有穷尽。但无数佛家子弟却甘愿付出他们最大的爱心，到地狱里去，为的是要拯救那里面的众生。这种救世的精神，可谓是太伟大、太难得了。

“我不入地狱，谁入地狱”，是一种最伟大的德行，体现了佛家对芸芸众生的责任感，淋漓表达了佛家济世救人的精神。

据佛经记载，最早誓愿“入地狱”的是地藏菩萨。

地藏菩萨曾是一位婆罗门女。她在如来塔前发过大誓愿说：“愿我尽未来无量劫，要度尽那些有罪苦的众生，使他们都能获得解脱。”

地藏菩萨也曾是一位长者的儿子，在如来前发誓说：“我将在未来一切的时间中，为那些罪苦的六道众生，广设方便，使他们都能得到解脱，而我自身要在他们成佛后方成佛道。”

地藏菩萨还做过国王，并以国王身份发下誓愿：“我若不先去救度那

些罪苦众生，使他们得到安乐，终不愿先他们成佛。”

以地藏菩萨为代表的佛家能以广博之心，毅然地舍身为众，历经地狱之劫难，拯度那些受难众生。全然代表了无穷无尽的佛心，也代表了佛法无尽的光明。

佛思禅悟：

“我不入地狱，谁入地狱！”是大悟之人才有的胆魄和勇气，这是将个人得失、荣辱生死置之度外。体现了佛家对芸芸众生的责任感，淋漓表达了佛家济世救人的大无畏精神。

忍得花开见明月

寒山禅师曾问拾得禅师：“世人谤我、欺我、辱我、笑我、轻我、贱我、恶我、骗我，该怎么办？”

拾得禅师说：“只是忍他、让他、由他、避他、耐他、敬他、不要理他，再待几年你且看他。”

寒山云：“除此之外，还有其他方法能解决吗？”

拾得云：“我曾看过一首弥勒菩萨偈，这首弥勒菩萨偈说的是争不能止争，仇不能息仇，以怨报怨只能使事情激化，导致更大的仇怨。”反之，忍之、耐之，使人不能与之争，使人无法与之怨，就能很好地缓解人际关系的矛盾和紧张，进而促进问题的顺利解决。

高僧白隐禅师就曾以德化怨，以忍耐来保全他人。白隐禅师曾在一个小村庄修行的时候，经常为那里的村民传法讲经，村民们对白隐禅师很是爱戴，称他为圣者。白隐禅师的住处旁边是一家三口，一对老夫妇和他们的女儿。这对老夫妇开了一家杂货店。突然有一天，老夫妇发现自己的女儿怀孕了，便逼问女儿是谁的孩子。女儿在无奈之下竟然说出了白隐两个字，老夫妇感到非常愤怒，于是气势汹汹的去找白隐禅师问清楚，但白隐禅师只是说了这样一句话：“是这样吗？”

孩子生下来以后就送给了白隐。因为此事白隐禅师名誉扫地，但他自始至终都没有为自己辩解，只是尽心尽力的照顾好婴儿。

一年之后，邻居的女儿终于吐露出实情，原来孩子的亲生父亲是邻村的一名青年。于是她的父母立即带着他们的女儿到白隐禅师那里。他们向白隐禅师赔礼道歉，并想把孩子带回去。

白隐禅师仍然只说了一句："是这样吗？"便把孩子交给了他们。

"是这样吗？"一句简单的话，却体现出了白隐禅师的心胸之宽广。为了让邻居女儿免受不必要的伤害，他忍受了别人加诸己身的侮辱，为了养育无辜的孩子，他忍受误解和诽谤，这种不在乎世俗毁誉，一心为他人着想的行为，正是佛家"大度包容"的最好诠释。

佛说："若不能忍受侮辱、恶骂、毁谤、讥评，如饮甘露者，不能名为有力大人。"在侮辱、恶骂、毁谤、讥评面前，忍耐并不是消极，也不是退让；而是前进，是负责，是大仁大勇的动力。

毋庸置疑，白隐禅师就是这样的人。他那种忍耐的智慧，他那种面对误解、面对侮辱的坦然，他那种以德报怨的风范，都是我们学习的对象。

生活中，常常会遇到各种各样的误会。面对误会，很少有人能够默默忍受，而是拼命为自己辩解，这样做不但不能消除误会，反而会越描越黑。

佛思禅悟：

一个能够忍受误解，不为自己辩解的人，必定是一个胸襟宽广的人，这样的人不会对他人加诸己身的烦恼、侮辱产生怨恨、报复，实在令人尊敬，也让人爱戴。

原谅那些无心之过

从前，有一个穷苦的老人和他的儿子，父子俩相依为命，过着贫苦的生活。后来经过佛陀的指点，父子俩都出家了，父亲做了比丘，儿子做了一个小沙弥，两人成为了师徒。

有一天师徒二人出去化缘，不知不觉走了好远，竟然天黑了还没有化到缘，由于师父年迈体衰，走了一天也走不动了，徒弟就搀扶着师父往回走。

天越来越黑了，当他们经过一片树林的时候，天已经黑得什么都看不

见了，树林里很安静，能够听见两个人的走步声和树叶的沙沙声，还有远处野兽各种凄厉又恐怖的吼叫声。

小沙弥心想这个树林肯定经常有野兽出没，所以紧紧地拉着师父的手臂，连扶带推地快步向树林尽头走去。

师父由于筋疲力尽，上了年纪，再加上看不清楚道路，在小沙弥情急之下一推，竟然跌倒在地，不巧磕到一块石头上，一下子就死去了。

小沙弥看到师傅跌倒在地，赶紧把师父扶了起来，可是却见师父没什么反应，再仔细一看师父已经死了，小沙弥心里一惊，继而大声痛哭。

等到天亮以后，小沙弥才独自一人回到寺庙。

寺里的比丘们很快就知道了此事，他们纷纷责怪都是小沙弥害死了自己的父亲，说小沙弥是个不孝顺的儿子。

小沙弥的心里感到非常的痛苦和自责，于是就去找佛陀诉说心事。

佛陀语重心长地对小沙弥说：你不要自责了，你父亲的死是不能怨你的，因为你也是为了你父亲，出于好心的。

小沙弥听了以后仍然是双眉紧锁，闷闷不乐。

佛陀看到小沙弥如此，微笑着对小沙弥说，我给你讲一个故事吧。

从前，有一对父子，家里很贫穷，他们住在一个茅草房里。突然有一天父亲病重，儿子很着急，到处求医问药为父亲治病。每天他服侍父亲吃过药后，就让父亲上床躺下睡个好觉。可是他们住的屋子又潮湿又阴暗，所以引来许多蚊蝇，整天嗡嗡地飞来飞去，不能让父亲很好的休息。儿子见父亲在床上睡不着，就找来苍蝇拍到处追打蚊蝇，却怎么也打不完。儿子感到非常生气，情急之下竟然捡起一根大棍子挥舞着，对着空中的蚊蝇拼命追打。没想到恰巧有一只蚊子落在父亲的鼻子上，儿子一时没看清楚，慌忙打过去，父亲就这样被棍子重重揍了一下就死去了。

佛陀停了一会儿说，孝顺的儿子在无意中将父亲打死了，只能算是一

个意外，不能责怪儿子，因为他确实是无心的，他是为了父亲着想。

小沙弥听得很认真，似乎有所感悟。

佛陀就问道："你推你的师父，是怕师父遭到野兽的袭击，想赶快离开树林，并不是故意要伤害他的性命，是吗？"

小沙弥点头称是。

"我讲的故事虽然和你所经历的事有些不同，但却是同样的道理。佛法是慈悲的，你就安心修行吧！"

小沙弥听了佛陀的话，心里终于获得了安慰，从此更加勤奋地修行了。

佛思禅悟：

如果一个人是因为出于好心好意而把事情做错了，那么是可以理解和原谅的。做错事的人也不要过于自责和愧疚。当然，在做事情的时候还是要尽量避免好心办坏事的后果。

心有多大，世界就多大

有一对老夫妇，非常贫穷，连住的地方都没有，而且还体弱多病，只能依靠乞讨过日子。他们只好在废弃的牛棚里面过夜。他们唯一的财产是身上那件又脏又破的衣服。

一天，老夫妻听说佛陀带着很多弟子到当地来接受供奉。两人都觉得如此难逢的因缘，绝对不能错失，总要凑一点儿东西去供奉。老先生病态的脸庞露出难得的笑意。

老婆婆忧虑地说道："可是我们什么都没有，拿什么去供奉呢？"

老先生忽然想起来什么似地说道："我们身上还有一件衣服呀，就把这件衣服拿去供奉佛陀吧。"

老婆婆听了以后，觉得不妥，她说："我们的衣服又脏又破，怎么能给佛陀供奉这么破旧的东西呢，再说如果我们把衣服拿去供奉，以后怎么出去乞讨呀？"

老先生说道："今生我们如此贫穷，是因为过去不知道结缘布施。纵然因为施舍了这件唯一的破衣服而忍饥挨饿，也要种下一些因缘的种子，

以便来生脱离苦海。”

于是，老先生便拿着自己破旧的衣服，羞涩地来到精舍。恰巧遇见佛陀和他的弟子们在用斋，老先生在门口踯躅着不敢进入。

佛陀慈祥地招呼他进来：“老人家，你不必害怕，到我座前来。”

老先生跪在佛陀的座前，恭敬地用双手把衣服呈献给佛陀，并说道：“慈悲的佛陀，请您接受弟子卑贱的供奉。”

“老人家，我满心欢喜接受你诚恳的供奉。你今日的布施将会和恒河沙数的七宝供养功德一样深厚。”

老先生听了佛陀的话，开心的回去了。满座的弟子闻到衣服所散发的难闻气味，都无法继续吃下去。

佛陀叫目犍连将老先生的衣服拿到江边去清洗。目犍连刚把衣服丢入江水之中，突然波涛汹涌，溅起千丈高的浪花，衣服如一叶扁舟在浪中载浮载沉。目犍连大吃一惊，于是立即运来须弥山，希望能够镇住惊涛骇浪。但是当目犍连尊者把须弥山投在江中，不仅没有平息翻滚的波澜，而且须弥山就像一颗小石头一样在水里翻腾。

目犍连赶忙跑回去向佛陀请教解决的方案。佛陀挑起一粒米饭交给了目犍连，轻描淡写地说：“你把这粒米饭丢在水中，看看结果能怎样？”

目犍连感到非常疑惑，但又不便询问，只好依照佛陀的指示将米粒丢在涌动如沸汤的江水中。霎时，江涛突然静如止水，仿佛一面明镜。

佛思禅悟：

佛法认为，世界上大的也不一定是最大，小的也不一定是最小。重要的是，在做事情的时候，要有一颗虔诚的心，才能换来虔诚的回报。

第二篇 禅是怡情养性的指南

害别人就是为自己招祸

释迦摩尼佛是印度迦毗罗卫国人，净饭王太子。姓乔达摩，名悉达多。因为他是释迦族的大圣人，故称释迦摩尼。

释迦摩尼当初开始弘扬佛法的时候，遇到了很多阻力和困难，有时候还会遇到人身攻击和挑衅行为。然而，释迦摩尼凭借自己的智慧、机智和人格的力量一次次战胜了困难，克服了阻力。

有一天，佛教的开创者释迦摩尼正在大街上散步，一个婆罗门恰好也在街上，他望见释迦摩尼便按捺不下心中的愤怒。

在古代印度种姓制度下，印度人由高到低被分为四个种姓：婆罗门、刹帝利、吠舍和首陀罗。婆罗门地位最高，是祭司贵族。它主要掌握神权，主管占卜吉凶祸福，客观上垄断了文化领域。这位婆罗门眼看着由于佛教的发展，自己在民众中的权威地位受到威胁，因此，非常嫉恨佛教，把释迦摩尼更是视作眼中钉、肉中刺。这一天，当他在街上看见释迦摩尼后，心中怒火升腾，他趁释迦摩尼还没注意到他，就迅速地抓了一大把沙土，向正在街上行走的释迦摩尼头上投了过去。可是，就在这位婆罗门把那把沙子投出去的一瞬间，一阵微风吹向了这个婆罗门，他投出去的沙土转而向他迎面撒来，他的头上、脸上撒满了自己的那把沙土，狼狈不堪，一时尴尬万分，气咻咻地溜走了。

看到这一幕的街上行人对这位所罗门的行为很不耻，对佛法更增添了敬仰之心。释迦摩尼弄明白了刚才发生的事，平静地对大家传法："假如企图使得洁净的东西变污秽，心存陷害之心，邪念充斥心灵，他的罪恶会使他自身受到伤害。"

佛法的真理性和永恒性在人们的日常生活中不断得到印证。

佛思禅悟：

我们做人做事要有起码的良心，不应无故加害于人，不应有恶意和害人之心，生活中"恶有恶报"的事不胜枚举，有的坏人可能一时猖狂，但最终逃不出被惩罚的下场。所谓："善有善报，恶有恶报；不是不报，时

候未到。”

释迦摩尼否定无知者无罪

释迦摩尼很会讲故事，他总是一团和气地说话，而不是板着脸训诫众生。他能够深入浅出地把深刻的佛理讲清楚，用生动的、浅显易懂的小故事做譬喻，使人们更容易理解佛法。

有一天，释迦摩尼在讲说完佛法后，有意留出了一段时间，他的目的是想让弟子们有时间独立思考，并向他提问。

过了片刻，有个弟子开口问道：“世尊，人们常常说‘不知者无罪’，这句话对吗？您怎么看？”

释迦摩尼听了弟子提出的这个问题，并没有马上作答。释迦摩尼平静地做了一个比喻：“有一把火钳子，现在我们把它烧到火烫的程度，但如果不知道这火钳子刚烧过的话，这火钳子烫手不烫手肉眼一下子看不出来，可是如果要你去用手抓这把火钳子，是知道它烧过，手烫得严重，还是不知道这把火钳子烧过，手烫得严重？”

弟子略微沉思片刻，回答道：“弟子推测应该是不知道火钳子烧过时，手烫得更严重些。因为那样的话，心毫不设防，一点心理准备都没有，所以会被烫得更厉害。”

释迦摩尼赞许地说：“你的回答是合乎道理的，如果一个人事先了解到火钳子被火烧过，就会心怀戒心，小心翼翼，就不会去抓火钳子烫手的部分，而会十分防范，认真寻找不烫手的火钳把手部分，以避免火烫的火钳子给自身带来的伤害。”

可见，“不知者无罪”是愚人、懒人的思想，是不学知识，“无明”的人，到头来是自己自食恶果。据释迦牟尼分析，众生之所以轮回于六道受苦根源就在于“无明”。“无明”就是“迷失”，无明是对于自己、对于我们本人、我们环境，对于本人环境的真相不了解不明白。无明就是不明了。

对于宇宙人生的真相，错误的认识，错误的看法，错误的行为等，迷惑不解，并且不修自身，坠落迷失，这样的人，最终会受到莫大的伤害，

所以，学知识，不要为自己的无知开脱，要追求真理，通过各种途径获取知识，而不要怠惰，迷失于愚昧顽冥之中。

佛思禅悟：

人活在世上，有很多事情需要我们去做，不能以“无知”做借口，开脱自己应担负的责任和义务。智慧是人人可求的，并不是知识分子的专利专权。大家都知道日本松下电器和它的创始人松下幸之助，他幼年丧父，小学都没毕业，可是，他在求知的路上却从未放慢脚步。他在挫折潦倒时想起乡下人洗甘薯，颖悟到桶中甘薯的上下浮沉，恰是人生的写照，因此受到极大的鼓舞，于是发奋图强，终于成就了不凡的事业。可见，人生在世，所谓“智慧周旋常遍转”，不论到了何种境地，我们都不可落志，要永葆求知心。

酥油换水的启示

印度酥油是一种做菜用的半流体黄油，是用水牛的乳制成的，清澈半流质的黄油，主要用于印度食品。我国酥油主要产于西北地区和藏区。酥油是似黄油的一种乳制品，是从牛、羊奶中提炼出的脂肪。藏区人民最喜食牦牛产的酥油。产于夏、秋两季的牦牛酥油，色泽鲜黄，味道香甜，口感极佳，冬季的则呈淡黄色。羊酥油为白色，光泽、营养价值均不及牛酥油，口感也逊牛酥油一筹。酥油滋润肠胃，和脾温中，含多种维生素，营养价值颇高。在食品结构较简单的藏区，能补充人体多方面的需要。

《大庄严论经》中讲述了一位印度老婆婆拿一坛子酥油换来一坛子水的故事：

很早以前，有一个勤劳又节俭的老婆婆，终日劳作，希望过上好日子，吃上鲜美的珍馐，穿上别人羡慕的绫罗绸缎。

有一天，她不辞辛苦地赶到了很远的集市上，卖了自己家的鸡下的蛋，换回一坛子上好的酥油，她高兴万分地往家走，背上背着一坛子酥油也不觉得累。

她一想到家里人见到酥油的高兴劲就倍感愉快，虽然上了年纪，她的

脚步可跟年轻人一样轻快，这样连续走了一个小时，终于支撑不住了，毕竟老胳膊老腿，不如年轻人了，她一屁股坐在路边的石头上，歇息了一会儿。她回家心切，不想耽搁太久，很快就又上路了。然而，体力毕竟有限，她感到又饿又累，饥肠辘辘。不禁一边走，一边东张西望。

忽然，她发现路旁有棵庵摩勒树，非常高兴，这庵摩勒果是大戟科植物油柑的果实。此种果实含大量维生素C，生津，止咳，解毒。是水果，也是药物的一种。老婆婆此时看到果实累累的庵摩勒树，顾不得劳累，攀爬上去摘了一串，津津有味地吃了起来。

吃了几颗庵摩勒果后，老婆婆心满意足，就是觉得想再喝口水。

于是，她来到一口井旁边，可惜她没有打水的桶。她正在发愣，看见有个人过来打水，就开口求助："好心人，我是走远路经过此地，能不能给我一口水喝？"

那人想都没想，马上就用水瓢盛水给老婆婆喝。老婆婆由于刚才吃了庵摩勒果，余味犹存，现在喝着这新鲜的井水，就觉得这井水格外甘美，她活了这么多年，还从未喝过这样甜蜜可口的水。

老婆婆心想，家里人如果能尝到这样甘美的水就好了，这真是宝物啊！她心血来潮，就对打水人说："好心人啊，这水真是太甘美啦！我用我这坛子酥油，换你一桶水行吗？"

打水人还以为是自己耳朵出了毛病，听错了，他疑惑地问："老婆婆，您说什么？"

老婆婆再次说了一遍："我打算用我这坛子酥油，换你的一桶水。你看，行不？"

打水人暗自觉得好笑，立即答应了老婆婆的请求。

老婆婆兴高采烈地背着这桶水回了家。

回到家里，老婆婆想到刚才井水的甜美滋味，情不自禁地又从水桶中倒出了点水，尝了一口，仔细品位一番。可是，怎么也找不到刚才在井边

喝的那口水的感觉了，只有淡淡的水的味道，与普通井水无异。老婆婆不甘心，又喝了一口，还是一样，平淡无奇。

井水就是井水，淡淡的，没有什么甜味。刚才老婆婆在井边感觉到的甜味实际上是庵摩勒果的余味，可是，老婆婆不知道这一层，还以为是自己的味觉出了问题，她想："怪了！刚才在井边喝的时候，的确是甜美无比，现在一回到家怎么就变得平淡了呢？"

于是，她叫来家人过来品尝。家人一一品尝过后，都说，跟自己家的井水一样，没什么特别的。可是，老婆婆就是不相信。第二天，老婆婆又要求家人一一品尝，可是，因为这桶水经过路途上暴烈的日晒，又放了一夜，水质已经不新鲜了，所以，家人品尝完毕都抱怨不迭地说："这水好像有一股烂草绳的腐烂味，又臭又浑浊，我们再也不喝了，您老糊涂了吧，怎么把这样的水当宝贝带回家？"

老婆婆听了家人的抱怨，心中烦闷，又不甘心，就自己又舀了口桶里的水，仔细品尝，确确实实如家人所说，有一股子烂草绳的味道，没有丝毫的甜味。

这下她才终于明白了，是自己一时冲动，赔上了辛苦挣来的上好的酥油，得到的却是一钱不值的臭水。

老婆婆心理上很受打击，一连好几天都平静不下来，她逢人便说："我怎么那么傻呢？我怎么会一时冲动，竟然拿上好的酥油，换来一桶臭水呢？"

判断事物不能草率，凭一时冲动就轻易下结论，必然会犯错误，造成不必要的损失。不能轻信自己的主观感觉，对商品不加以验证，就草率选择交易，吃亏的最终是自己。

我们都会感慨这个老婆婆的错误选择，可是，在生活中，人们在做出选择的时候，往往会犯类似的错误。

人的一生面临众多的选择，在无数的选择之中，生命长河也源源不断地流过，从小到大，面临太多的选择，从小时面对"抓阄"的选择和做考场上的选择题，到我们长大以后择偶、择业，又到投资上的选股，在一次又一次的选择中，我们成长着，不断地成熟着。在人生的道路上，错误的选择会成为前进的绊脚石，而正确的选择会使我们的事业如虎添翼。

在选择时，关键是不能凭感觉，而是要真正懂得你要选择的东西。

佛思禅悟：

人生的选择不能凭感觉，要真正懂得你要选择的东西，不能盲目冲动。比如投资股票，如果不懂得价值投资，不懂得股市涨跌的内在原因，只是盲目地追涨杀跌，到头来非但赚不到钱，还可能把本钱都赔进去。珍惜你现在拥有的，不要总是看着对面山坡的青草更绿。

希冀不劳而获将一无所获

有一个贫穷的农民，他十分厌烦辛苦的农业劳动，整天唉声叹气，埋怨自己命不好，梦想自己能一朝发财致富，摆脱艰辛的劳动。

有一天，他在农田干活的时候，忽然有一个念头闪现出来：与其这样每天在农田里苦干，不如到寺庙里去求神灵保佑，祈求天上的神灵赐给我财富，赐给我足够今生今世享用的金钱。只要我心诚，感动了菩萨，我就可以一劳永逸啦！”

想到这里，他一阵狂喜，为自己的好主意得意起来。说干就干，他立即把自己的弟弟叫了过来，把家业都托付给了弟弟，他叮嘱弟弟好好干活，并给弟弟讲怎样管理好田里的庄稼，怎样耕耘、怎样施肥才有好的收获，还吩咐弟弟照顾家人。交代完毕，觉得自己已经再无后顾之忧，就打点行李，不辞辛苦地找到了一个寺庙。他用自己做农活挣来的钱为寺庙的神灵大摆祭品，买来很多鲜花来供养各位神灵，并且，住在寺庙中，不论是白天还是黑夜，不断地跪拜祷告。他这样祈祷神灵：“各方菩萨啊！我种田太辛苦了，终年劳作仍然不得富裕，请菩萨大发慈悲，赐给我现世的安稳和财富，我有了财富，会终生供养你们！”

一个菩萨听到了这个穷人的祷告，就在思忖他的话，就怀疑这个人是懒惰的家伙，想不劳而获，谋求巨大的财富。这个菩萨认真查看了这个人的功劳簿，可是，查来查去，发现这个人在前世没有布施的记录，也没有累积别的什么功德，心中对这个人大不耐烦，就说：“你与佛祖没有半点因缘，想要从佛祖那里得到好处，不是缘木求鱼吗？不管你怎么样苦苦哀求，也是没有用的。”

这个穷人痛哭起来，他不断忏悔自己过去是瞎了眼，不知道佛祖的恩德，从今往后，一定改过自新，天天念经修持。

菩萨心肠很软，经不住这个穷人软磨硬泡，心想，若不给他一点好处，他以后会怨恨我的，不妨借此开示他一下，让他懂点儿道理。”

于是，菩萨就化作这个人的弟弟，也来到了这个寺庙，跟这个人一起同跪祷告。此时，哥哥正一心幻想着菩萨赐福，没注意到弟弟也来了，也学他的样子在菩萨面前长跪不起。

他的弟弟这样祷告：“大慈大悲的菩萨啊！请您让我像哥哥一样衣食无忧！即使我不勤力耕种，仍然五谷丰登。”

弟弟祷告的声音惊动了哥哥，他回头一看，弟弟也来拜菩萨了，不禁火起，厉声斥责他：“你这个不争气的混账东西，我不是嘱咐过你吗？你不在家照看父母、不播种施肥，怎么跑来这里？”

弟弟委屈地说：“我也想像您一样参禅拜佛，求佛祖保佑赐福！”

哥哥大骂道：“放屁！你不在田里播种，怎么有收获？农田不耕耘除草，不久就杂草丛生了，你赶快给我滚回去！”

弟弟见哥哥这样骂他，反而不慌不忙地问道：“哥哥，您刚才怎么骂的？再说一遍我听听。”

这个人就气急败坏地又说：“好好听着！不播种，休想有收获，不要傻呆在这里！”

这时，菩萨现了原形，对这个人说：“诚如你自己所说，不播种就没有收获，这是天理。你过去从来没有播下因的种子，今天哪里能收获善的果实呢？你现在为了不劳而获，白白得到大笔财富，来假惺惺地供养我，这是自寻烦恼，你将一无所获。倒不如从此善加修持，努力行善布施，多积善德。一切都是由业力引起的，只要肯布施，肯奉献，肯持戒，就是在积累善因。只有善业才能得到善果。”

佛思禅悟：

一个人要想获得财富，首先应当向社会贡献他的财富，尽他自己的所能创造价值，而不是一味地向社会索取。财富应当用正当的手段去谋求，应当慎重地使用，应当慷慨地用以济世，这样才能为自己积累善业。任何个人财富都转瞬即

逝，不能成为个人最终的生命价值。我们生命的价值在于施舍和贡献。对贪婪和懒惰的人来说，攫取的财富就像海水，饮得越多，渴得越厉害，永远没有满足的时候。

水车的原理合于禅道

无际禅师为传法、做法事经常出门远游。有一天，他来到了一个小村庄，这时候，骄阳似火，无际禅师由于走了远路，口干舌燥，就坐在一块路边石头上歇歇脚，正巧，一个村民正在用水车浇地，无际禅师口渴得很，就跟他要了一瓢水喝。

水车又称孔明车，是我国最古老的农业灌溉工具，是先人们在征服世界的过程中创造出来的高超劳动技艺，相传汉灵帝时华岚造出雏形，经三国时孔明改造完善后在蜀国推广使用，隋唐时广泛用于农业灌溉。

据《兰州古今注》记载：水车“遇旱则水落而半空悬，遇涝则水涨而车漂转。袖川上下，至五十余里，约千余顷地，皆可得自然之利”。

简言之，水车就是古代劳动人民利用河水和机械原理制造的灌溉工具。

这个村民见是一位出家人到了面前，便羡慕又怅惘地说：“我也有出家的心，我的梦想是跟你一样出家参禅，佛理佛法无边，我非常想有朝一日悟道成佛，脱离尘世苦海。”

这个村民看到无际禅师奔波疲惫的样子，接着说：“不过，我要是出家当和尚，我就找个清净点的寺庙，专心参禅打坐，对尘世就再无牵挂了。不想像您这样奔波不定，吃苦受累。”

无际禅师微笑着说：“那你什么时候打算出家呢？”

这个村民沉思片刻，犹豫地说：“我虽然一直想出家悟道，可是，我们这一带的田地灌溉都靠我的水车，只有我知道怎么使用水车，别人都摸不到门道。全村的人都靠我这水车打粮食吃饱饭，我要是出家，一定得找个合适的人替代我。那样我才能无牵无挂地参禅去。”

无际禅师对这个村民顾及他人的思想表示赞许，就兴趣盎然地继续与他对话。

无际禅师问：“你最了解水车的原理，那请你说说看，水车要是全部淹没在水中，或者完全脱离水面又会怎样呢？”

村民对水车非常熟悉，想也没想，就说道：“水车在水里，是靠水车的下半部受水流冲击带动转起来的，如果把水车全部沉入水中，那么，水车不但无法转动，甚至还会被水流很快冲走，冲到哪里都难说。水车要是完全脱离水面，就根本失去了作用，一滴水也抽不上来了。那水车就毫无用处，根本没有存在的价值了。”

无际禅师启发他说：“水车和河水的关系与个人和尘世的关系一样，如果一个人完全入世，汲汲于名利，永不满足，难免会被尘世的浊浪卷走，而假如完全出世，超然世外，过与世隔绝的生活，则人生就失去了动力，毫无用处和价值。一个出家修道的人，要把握好出世和入世的度，既不能对众生的苦视若无睹，超然事外，又不能追逐名利，随波逐流。因此说，出家人既要看破红尘，又要普度众生。”

这个村民听了无际禅师的一席话，大获启发。他对出家的认识再也不局限于远离人世、过清净日子的幼稚认识了。

出世在古代是一种对世俗之事不关注的思想，尤指佛教所指脱离世间束缚。也指对尘世无所眷恋，面对万丈红尘而不乱心。入世就是到人居住的地方去体味凡心。出世与入世是佛法哲理，不过是假名，都归一心。

出世是佛法，入世是世法。出世是空，入世是有。然离开入世，亦无出世。

佛思禅悟：

只有入世才能出世，而只有出世才能更好地入世，两者的关系是辩证的。如果出世为僧的人都超然物外，对这世界再也不管不问，恐怕佛教早就胎死腹中了，世上哪里会容得下它的发展？正是因为佛教的爱众生、普度众生的博爱思想和慈悲为怀的济世态度以及广做善事的慈善行动，才使佛教广受信徒的拥戴。作为普通人，从中可以领悟到，太执着于入世会使人迷失，走上自我灭亡之路，而片面理解和追求出世，会使我们消极处世，成为对社会毫无贡献的无用之人。所以说，一味强调入世或出世，都落边际，有失偏颇。

后退原来是向前

唐末五代后梁时期，一个寒冷的冬天的早晨，天刚亮，奉化长汀有个叫张重天的渔夫，在江里撑竹排打夜鱼，早晨满载而归，忽然，在不经意间他望见从岳林寺那边漂来一块薄冰，冰上安坐着一个七八岁的小男孩，滴水成冰的寒冷天气，他身上却只系着个小肚兜儿，眼睛笑眯眯的，胖头胖脑的，小手小腿像藕节一样，胖嘟嘟的屁股下还垫着个青布袋。张重天一直没儿子，见到这个可爱的小孩心里喜不自胜，就把他抱回家里，当了自己的养子，给他取名契此。

转眼十年过去了，小契此长大成人。他的相貌像小时候一样胖乎乎的，很有趣，他光脑门，凸肚皮，茶盘脸，大嘴巴，见人总是笑哈哈的。又加上心地善良，为人勤快，乐于助人，村里人都喜欢他，给他起了个绰号叫“欢喜和尚”。后来，他果然立志出家当了和尚，常背一个布袋云游，性情豪爽，广结善缘。人称“布袋和尚”。布袋和尚圆寂时端坐在一块大磨盘石上，说偈语道：“弥勒真弥勒，化身千百亿；时时示时人，时人自不识。”说完，溘然长逝。人们这才悟到，原来这位胖大和尚就是弥勒佛的化身。以后人们便按照他的模样塑成了中国式的大肚弥勒佛，供奉在天王殿中，取代了佛教中正统的弥勒佛而名扬四海。关于他的传说颇多，这当中，有一首他作的偈语至今流传。

偈语云：手捏青苗种福田，低头便见水中天，

六根清净方成稻（道），后退原来是向前。

“手捏青苗种福田”是描写农夫插秧的时候，一棵接着一棵地往田里插秧苗。“低头便见水中天”是指低下头来看到倒映在水田里的天空。“六根清净方成稻（道）”是说稻子靠清澈的水的滋养才会结果实，也用“稻”与“道”的谐音，暗喻当我们身心不再被外界的物欲玷污的时候，才能与道相契合。“后退原来是向前”，这句话也有两重含义。过去没有插秧机，插秧是农民手工插的，农民在水田里边插秧苗边后退，这里引申出哲学意义，就是说正因为他能够退后，所以才能把秧苗插满田，所以正是有了农民插秧时的“后退”，才有了插秧工作的向前进展。

这首偈语其实我们：后退也可以当作进步。我们在追求个人的目标时，也要领悟这种辩证关系，学会变通和曲折前进的灵活策略。诗中说："低头便见水中天"，就是要我们虚怀若谷，低下头来，真正认识自己，认识大千世界。我们看丰满成熟的稻子，头是垂下的，我们要想认识真理，就要把头低下来。

在一个幽静的寺庙里，一位学僧闲来无事，便在禅院里的石桌上作起画来。

他颇有些绘画才能和想象力，因而他作的画吸引了众多学僧的观看和叫好。无德禅师刚从外边回来，看聚了一堆人，就走过来，只见这位学僧正在运笔挥毫，画意正浓，众人也聚精会神地观看着，不时品评一番。这位学僧画的龙高高盘踞在云端，老虎在山头作欲下山之状，这位学僧大体上已经作完了这幅画，可是，还在描来描去，总觉得还不够有气势，但又不知道问题在哪里，旁观的几个学僧指指点点，但都说不到点子上。此时，学僧看见无德禅师过来，赶忙请教，请他指点迷津。

无德禅师仔细观看了这幅画，平静地说道："你画的龙和虎的形状是对的，可见你造型能力不错，但龙和虎的精神特征表现欠佳。龙在发起攻击前，龙头必然向后缩，龙头向后缩得越厉害，它往前往上冲的动力越足；而老虎要一跃而起向前扑去的关头，它的头一定是低低的。虎头越低，靠地面越近，它跳扑得越有力。"

这位画画的学僧听了这一席话，佩服得五体投地。他说："怪不得呢，我把龙头画得太向前伸，而把虎头的画面位置画得太高了，所以，就怎么看怎么觉得动感不足，没有蓄势待发的气势。"

无德禅师借机开示大家："禅的道理何尝不是如此啊！退却一步，实际上就是在往前进了一步；低头反省，谦卑自律，反可以一飞冲天。"

我们都知道，狼是狗的祖先。狗是被人驯化的。我们怕狼，可是很少人怕狗。辨别狼与狗的秘诀在两者的尾巴上——狼尾下垂，而狗尾上卷。狼尾的下垂，是自然的；而狗尾的上卷，就是不自然的，是狗对人类的驯服、呵斥的一种本能的反应、反抗、防备。狗总是动不动就翘起尾巴"汪汪汪"地大叫一番，以示威风和微小反抗，可是，实在没什么可怕的。

而狼的桀骜不驯和凶恶，人类已领教数千年了，可是，狼平日里总是夹着尾巴，尾巴耷拉着，没有狗尾巴的神气，但我们对夹着尾巴的狼，什么时候也不敢掉以轻心，随时都要防备狼的突然进攻。所以说，力量要向内里寻，而不要在表面上做文章。

佛思禅悟：

一般人总以为人生向前走，才是进步风光的，实际上，向前的方式有很多种，有时候，退一步，更利于向前走。古人说："以退为进"，正是这种辩证法的体现。在功名富贵之前退让一步，省却诸多争端，是何等的安然自在！在人我是非之前忍耐三分，是何等的悠然自得！这种谦恭中的忍让才是真正的进步。人生不能只是往前直冲，有的时候，若能退一步思量，往往面前会展现出海阔天空。我们要登高山险峰，是寻不到直着上到顶峰的路的，即使有，上到半路摔得粉身碎骨的可能性也很大，而九曲回肠似的盘山道才是进步攀登的正确道路。

到底什么是人世间最珍贵的

缘起缘灭，缘浓缘淡，不是我们能够控制的。我们能做到的，是在有缘的时侯好好珍惜那短暂的时光。

很久以前，有一座圆音寺，四面八方的人都来这里上香求佛，虽地处荒僻深山之中，却远近闻名。

佛祖也听说了这个寺庙的鼎盛景象，就亲自光临了圆音寺，想一探虚实。当他来到寺庙，看到果然名不虚传，这里的确香火甚旺，信徒甚众，欣喜万分。

他在离开寺庙的时候，偶然发现寺庙横梁上有个蜘蛛，这个蜘蛛成年累月在横梁上结网，天天听和尚念经和禅师传道，更是听了不少信徒向佛陀的诉苦和求助，这蜘蛛便有了悟性，佛祖看见它的时候，它已经有了一千年的修炼。

佛祖对蜘蛛说："今日我们相见，也算有缘，我看你修炼了一千年了，必有一番过人的真知灼见。我来问你一个问题，你肯不肯回答我？"

蜘蛛忙说："遇见佛祖是我前世修来的福分，我怎么能拒绝呢？请您赐教！"

佛祖问道："我只问你一句：世间什么是最珍贵的？"

蜘蛛思索了一会儿，缓缓地说："我蜘蛛在横梁上听信徒的忏悔和祈愿，已经听了一千年了，来拜佛的信徒都是对已经失去的表示惋惜，后悔不已，而又对得不到的日日记挂在心，寝食难安，求佛保佑实现这不能实现的和挽回已经失去的。因而据我对世间人和事的观察和思考，世间最珍贵的莫过于'已失去'和'得不到'这两样东西。"佛祖听了，略微点了点头，嘱咐它继续修行下去，就驾鹤西去了。

又过了五百年光景，蜘蛛依旧在横梁上结网，一天，佛祖又来到这座寺庙，此时蜘蛛已修炼得更有灵性了，还没等佛祖开口，就央求佛祖开示它佛理。佛祖微笑着说："五百年前的那个老问题，你可有新的见解？"

蜘蛛想了想说："要说世间最珍贵的是'得不到'和'已失去'，好像有些片面，因为我结网之余也亲眼看到不少信徒欢天喜地地感谢佛祖，他们好像没有该得到的得到了，失去的也没放在心上。这是我的愚见，请佛祖开示！"佛祖只是说："你再思考思考吧。"

蜘蛛就这样又结网结了五百年，有一天，忽然狂风四起，蜘蛛在横梁上被风吹得快掉了下来，它立定脚跟，定眼一瞧："咦？"不禁发出一声惊叹，原来，刚才的狂风竟把一滴干露吹到了它结的蜘蛛网上，那甘露晶莹剔透，宝石一样闪着绚丽的光芒，蜘蛛一下子就被甘露的美迷住了，怔怔地凝视着这滴甘露，体味着前所未有的幸福和满足，这是它有生以来最美好的幸福时刻。

正在蜘蛛痴迷地盯着甘露左看右看的时候，又一阵狂风吹过，转眼间，甘露被风吹走，无影无踪了。蜘蛛一下子觉得刚得到的又失去了，好不伤心，不觉难过起来，蜘蛛这两千年来都在听来拜佛的信徒们讲述悲欢离合、爱恨情仇，蜘蛛总是在横梁上看人们那么痛苦，那么想不开的样子，有时候暗自发笑，笑世人太痴迷执着，还不如它一个小蜘蛛过得单纯自在。可是，今日，自己也有了爱欲，有了得失，才知道要超脱不是那么容易的。

蜘蛛平日在横梁上总是听老禅师讲富贵荣华都是过眼烟云，在爱欲里挣扎不如一心向佛，可是，今日，蜘蛛为了一滴甘露却痛苦得形销骨瘦，连蜘蛛网都没心思结了。

正巧，佛祖这一天又来到这个寺庙，看到蜘蛛萎靡不振的样子，就问明了缘由。蜘蛛苦着脸对佛祖说："这世间的确是'得不到'和'已失去'最珍贵啊！我爱那一滴甘露，可是它忽然间消失了，我简直痛不欲生！"

佛祖沉思片刻，说道："既然你抱定这样的认识，就到人世间走一遭，亲身经历一番吧，不先入世，是不可能真正懂得出世的。"

蜘蛛在恍惚间，已投胎到了一家官宦人家，成为一位官宦人家的千金小姐。她一出生，父母就为她取名叫蛛儿，转眼间，蛛儿出落成了一位亭亭玉立、顾盼生姿的美少女，不但拥有惊人的美貌，而且，知书达理，待人接物处处显出大家风范。

有一年，皇帝举行选拔进士的科举考试，新科状元是一个叫甘鹿的年轻人，皇帝阅过状元的应考文章，措辞表达处处得体，很合皇帝的心意，皇帝龙颜大悦，遂决定在皇宫后花园里举行宴会，让群臣都见识见识自己选拔的人才。蛛儿的父亲也是达官显贵，于是，那天晚上，蛛儿也接到请帖，跟着父母去出席宴会。

席间来了很多国中名媛，她们窈窕妩媚，举止得体，都想亲眼看看今年的新科状元郎，她们的父母也希望女儿能够找到才高八斗的如意郎君，连皇帝的女儿长风公主也袅袅婷婷地过来了，毕竟是公主，气质非凡，艳压群芳。状元郎在席间应诏作诗，歌颂今晚的歌舞升平的太平景象和皇帝的丰功伟绩，状元郎的诗气势宏伟，感情澎湃，感动了在场的所有人，状元郎随即还弹起了琴，琴声事儿幽怨缠绵，时而高扬欢畅，好像一对恋人互诉衷情，大家都深深为状元郎的才艺所折服，这所有人中也包括了长风公主，她对状元郎一见钟情，含情脉脉。可是，又不好意思表达，就去皇帝那里求情去了。

蛛儿也被状元郎的多才多艺吸引住了，她仿佛觉得这个叫甘鹿的状元郎在哪里见过，似曾相识，或许是在梦中，佛祖曾经说过，要赐予她一段姻缘，新郎叫什么"甘露"的。眼前这个状元郎不就是佛祖赐予她的"甘露"吗？要不，世上哪里有这么巧的事，这个状元郎的名字就叫甘鹿，不是上天所赐又怎么解释呢？

时光荏苒，转眼又过了三个月，蛛儿心中念念不忘这个状元郎，心事重重，就拉着母亲到郊外的一所寺庙上香许愿。正巧，状元郎也陪他的母亲来求佛，两家大人拉起了家常，蛛儿便和状元郎攀谈起来。蛛儿见到日思夜想的心上人，心花怒放，但是状元郎甘鹿好像不解风情，只是出于

礼节在应酬。蛛儿急切地对他说：“你可曾梦见佛祖吗？很久以前，我好像是一座寺庙横梁上的一只蜘蛛，因为喜爱甘露才被佛祖降到人间的，如今，我就要如愿以偿了，我终于找到了甘鹿啊！”蛛儿心中欢喜，顾不得羞涩，拉了拉状元郎的手。

然而，状元郎甘鹿被她这番爱意的表达弄得莫名其妙，想到男女授受不亲，就赶快抽回自己的手，并正色说道：“蛛儿小姐，您是名门闺秀，又长得出水芙蓉一样，一定会找到如意郎君的。我今日还有事，恕我不多陪了。”状元郎说完，就和母亲匆匆离开了。

蛛儿失魂落魄地跟母亲回到家，心中充满怨怼，埋怨佛祖在梦中为自己安排的这段姻缘只对她显现，而对方竟然懵懂无知，佛祖也许是老糊涂了，安排这样不周，让她今天很尴尬。她一个女孩家，向一个心仪的郎君求爱，竟遭婉拒，蛛儿想到这里，又气又伤心，终日愁眉不展。

几天后，一个晴天霹雳再次降临到蛛儿头上——皇帝下诏书说，命长风公主下嫁新科状元甘鹿，择日完婚。满朝文武都备了厚礼祝贺，国中百姓也欢喜得如同过节，唯有蛛儿一下子病倒在床上，起不来了。

蛛儿整天卧床不起，不吃不喝，这下子可急坏了父母，女儿是他们的心头肉，他们慌慌张张地到处求医问药，宫中的御医也被请来了，可是，蛛儿小姐的病情丝毫不见好转，反而日益加重，生命危在旦夕。太子芝草听说了这件事，风风火火地赶到蛛儿家，一见到蛛儿小姐，就动情地说：“蛛儿，你可不能死啊！那天在后花园中父皇请宾客吃饭，你还记得吗？我对你一见钟情，正打算向父皇提及此事，你怎么能这时候撒手人寰呢？”芝草太子一边说一边泪如雨下，他拿出了宝剑，从剑鞘中抽出了宝剑，宝剑的寒光映照在他的脸上，他的神情显得格外冷峻。芝草太子守着奄奄一息的蛛儿小姐，看着蛛儿气若游丝的样子，料定蛛儿不久于人世了，就举起宝剑打算自刎。

蛛儿小姐此时正梦游在太虚世界，遇见了佛祖，正要上前责问佛祖说话不算数，佛祖却阻止了蛛儿，对灵魂快要出窍的蛛儿不紧不慢地说道：“蜘蛛，你还记得，当年你爱上甘露的时候，一阵狂风刮走了甘露的事吗？那日的风就是今日的长风公主啊，姻缘前定，你不要固执己见，甘鹿状元是跟长风公主有缘的，甘鹿不属于你，求也求不到，反而是‘多情却被无情恼’，所以，不要自寻烦恼。芝草太子就是当年圆音寺前的一棵小草，千年后修炼成了芝草，他两千年来一直守望着你，陪护着你，你却从

来没有低头注意过他，这是何等无情啊！人们之所以沉沦于恩爱情仇中受苦，就是因为这种心灵上的迷惑和不能分辨。”

蛛儿小姐听佛祖一番良言，细思量，自己的确是自寻烦恼，爱自己的人就在眼前，就在身边，而自己何苦为一个不爱自己的人烦恼呢？即使为那人死去，那人也无动于衷、觉得毫不相干啊！

蛛儿小姐是何等聪明，她一下子悟了出来佛祖此番来意，对佛祖的精心安排佩服得五体投地。佛祖看她若有所悟，就问她：“我且问你那个老问题：世间最珍贵的是什么？”

蛛儿小姐爽快地回答：“弟子明白了，世间最珍贵的不是‘得不到’，也不是‘已失去’，而是现在拥有的幸福”。

佛祖听完，一阵风似地驾鹤西去了。蛛儿小姐的灵魂复归本位，睁眼看见芝草太子正要举剑自刎，惊叫一声，太子听到惊叫一怔，蛛儿小姐趁机夺过他手中的宝剑。蛛儿小姐经佛祖开示，已经大彻大悟，她与芝草太子从此相依相伴，再也没有心思想那得不到和已失去的感情了。

世上有多少痴情人，整日为了得不到的感情苦恼，做着种种无用的努力，又有多少痴情人，为了已经失去的感情，长年以泪洗面，忧忧愁愁，悲悲切切，活在过去的感情里，眼中看不到眼前的既有的幸福。

我们明白人一定要把握眼前的幸福，过去的一风吹过无痕迹，将来的遥不可及，只有现在才是生活的正念场。

佛思禅悟：

世间最珍贵的东西，人人都想拥有，而只有极少数人真正得到了。最珍贵的东西不是遥远的不可及的幻梦，不是无法实现的目标，而是平凡得犹如饥渴时的甘泉和面包一样实在的、唾手可得的东西。关键是我们要知足，要现实，母子情深，父女之情、舔犊之情，无不在一种满足与安详之间。幸福还在于如何品尝，在热水杯的表面撒上茶叶，匆忙就喝，是喝不出茶味的，而慢慢地泡茶，才能泡出味道；细细地品茶，才能品出滋味。

禅道佛理是当代一剂重要的解毒药

当今社会，战争、地区冲突、各种争端不断，世界上的人们都迫切希望寻求济世的良药，以达到和平安宁的理想。因此，传扬佛法成为了更艰巨更宏大的目标。有一位越南和尚，在世界各国传法，在世界上产生了举足轻重的影响，他就是大名鼎鼎的一行禅师。

一行禅师于1926年出生于越南，在十六岁的时候出家当了一名禅宗和尚。美国越南战争爆发后，他看到世间苦难深重，放弃了与世无争的寺院清修生活，积极地投身到救助战争受害者的活动中去。与此同时，他积极向外界表达越南人民渴望和平的愿望，并创立了青年社会服务学校、梵行佛教大学等互助团体。

1966年，他应和平联谊会的邀请访问美国，向美国人民讲述了默默无闻的越南下层人民在战争中所遭受的痛苦以及他们强烈的和平愿望。在此期间，他曾与数百个团体组织和个人进行了会晤，宣讲和平的珍贵和战争的罪孽。在欧洲，他还会见了教皇保罗六世。后来他定居法国，并在那儿建立了一个小小的禅修者活动团体——梅村。

越南战争结束后，一行禅师和他的巴黎越南佛教和平代表团的同仁们，想方设法通过合法途径，把救济金分送到饥饿的越南儿童手中，但是没有成功。第二年，代表团又到达马来西来和新加坡，试图为骚乱的暹罗海湾的船民们寻求安全保护，但是他们的努力遭到各国政府的反对。

由于不知道该如何进行下去，一行禅师开始了一段时间的静修生活。在长达五年多的时间里，一行禅师一直在梅村坐禅、写作。1982年，他应邀参加了在纽约召开的关于尊重生命的会议，在会议期间，他发现美国人对于禅修有极大的兴趣，于是就着手在美国组建禅修活动中心，并指导美国的禅修学生进行禅修。通过多年来的不懈努力，一行禅师在欧洲和北美组建了许多正念静修中心，为佛教界人士、艺术家、心理医生、环保主义者和孩子们提供了大量的帮助，取得了卓有成效的成绩，从而使佛教在西方世界产生了越来越大的影响，一行禅师也因此名扬四海。

1967年，一行禅师被美国著名的黑人人权斗士马丁·路德·金提名

诺贝尔和平奖，马丁·路德·金博士说："我不知道还有谁比这位温良的越南僧人更配得到诺贝尔和平奖。"美国著名的社会活动家和诗人托马斯·默顿也动情地评价一行禅师："比起很多在种族血缘上相近、国籍相同的人来说，一行禅师更像我的兄弟，因为他和我看待事物的方式是完全一样的。"

一行禅师为了世界和平和传扬佛法，不仅勤于宗教实践和社会活动，而且，著述不辍，著作甚丰。一行禅师不但热心向信徒传法，而且在越南教育过两代出家人，他用简洁的、诗一般的语言来表达最深奥的佛法，教学深入浅出。因为他经历过战争，并且敢于直面我们这个时代的现实，因此，他的教导也就涉及到痛苦、调解以及和平的主题，并且具有非常浓厚的生活气息和现实指导意义。一行禅师著作的英文编辑这样评价一行禅师的作品："他的教导，对于我们繁忙的生活以及人类本位主义的理解方式来说，是一剂至关重要的解毒药。"

佛思禅悟：

马丁·路德·金是基督教牧师和美国黑人人权偶像，可是，他却对佛教界的一行禅师赞誉有加，这正是因为他们有共同的理想——维护和平。和平是当今世界的主题，没有和平，就不可能有社会的发展和民众的幸福。1967年提名一行禅师为诺贝尔和平奖候选人的马丁·路德·金博士在1968年被美国反和平的极端分子暗杀了，这震惊世界的惨剧更证明了和平的珍贵和一行禅师为传扬佛法所做的努力的珍贵。

仁恕之心感化强盗

一天，七里禅师正在禅堂的蒲团上打坐，一个强盗突然闯了进来，手拿一把尖刀对着七里禅师的脊背，厉声说："把柜里的钱快拿出来！不然，就要你的老命！"

七里禅师镇静地回答："钱在抽屉里放着，柜子里没有。"

这个强盗就在抽屉里乱翻一通，七里禅师用叮嘱的语气缓缓说道："你自己拿去用，但要留下一点，寺里现在米已经吃光，要是不留点买米

钱，明天都得挨饿呢！”

那个强盗怎么会听进去这等话，他理所当然地拿走了所有的钱，临出门的时候，七里禅师对他谆谆教导说：“收到人家的东西，应该说声谢谢啊！”

“谢谢！”强盗嗫嚅着，向七里禅师笨拙地鞠了一躬。他不由得为自己的行为感到羞愧，他转回身，心里十分慌乱，这种从来没有的感觉使他失去了以往的凶恶蛮横，他思索了一下，才想起不该把全部的钱拿走，于是，掏出一把钱放回了抽屉。

后来，这个强盗又继续在别处作案，终于被官府捉住了。根据他的供词，衙役把他押到七里禅师的寺庙取证。

衙役问七里禅师道：“多日以前，这个强盗来这里抢过钱吗？”

“没有，他没有抢我的钱，钱是我给他的。”七里禅师说，“他临走时，还说了声谢谢，这我还记得。”

这个强盗被七里禅师的宽容感动了，他咬紧嘴唇，眼泪在眼睛里直打转，一声不响地跟着衙役走了。

这个人并没有因为七里禅师的庇护而获释，他因为长期偷盗被投入了监牢。在服刑期满后，便立刻去叩见七里禅师，执意求禅师收他为弟子。七里禅师当时没有答应，这个强盗就长跪三日，七里禅师终于收下了他。

佛思禅悟：

人之初，性本善。一个人走上犯罪道路是有多种诱因的，也是可以改造好的。我们不能因为一个人犯过罪就把他看死了，认为他不可能回头。以仁恕之心对待犯过错误的人，感化他们，引导他们走向光明，会使我们的社会更加和谐。

印光大师的家庭观

印光大师（1841——1940），字印光，陕西郃阳县赵陈村人，俗姓赵氏。从小喜欢研读儒学著作，科举成绩优异，深研程朱理学书籍，还曾批

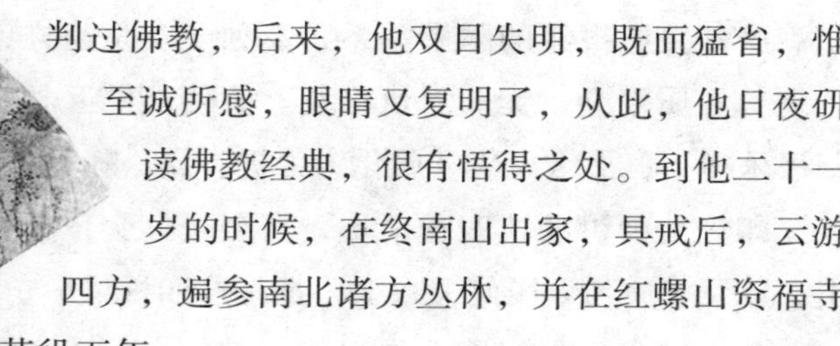

判过佛教，后来，他双目失明，既而猛省，惟至诚所感，眼睛又复明了，从此，他日夜研读佛教经典，很有悟得之处。到他二十一岁的时候，在终南山出家，具戒后，云游四方，遍参南北诸方丛林，并在红螺山资福寺任苦役五年。

印光大师在世时，正逢乱世，战争不断，国家很不太平，他以出世名贤住持法道几十年，裨益世教，格正人心，功效显著。正续编《文钞》，洋洋数十万言，风行海内外，皆阐扬佛理，发明因果之作，受感化的人很多。

印光大师曾说，世上人大多认为学佛是消极避世，还有的糊涂人斥责佛法无用，他们不知道实际上医世之良药，莫过于佛法，因为佛法能医人心，只是可惜世人愿意服这一剂药的人太少了。

印光大师在谈到家庭中夫妻子女间的关系时，深刻地指出：“一个人生儿子，大概有四种原因：一种是报恩，一种是报怨，一种是还债，还有一种是讨债。”

第一种是报恩。因为父母对于儿子的过去世有恩惠，为了报恩，就来做他们的儿子。这样的儿子服劳奉养，生事死葬，都称父母的心意。世上的孝子贤孙，都是属于这一类的。

第二种是报怨。因为父母对于儿子的过去世有亏负的地方，为了报怨，就来做他们的儿子。所以怨恨小的，就忤父母；怨恨大的，甚至为非做歹，闯下大祸，祸及父母。这样的父母，活着的时候，不能得到儿子的奉养；等到死了，还因为儿子的不争气，带着羞耻到九泉去。这是报怨的一种。

第三种是还债。因为儿子在过去世欠父母的钱财，为了偿债，就来做他们的儿子。欠债欠得多的，父母就终身由他奉养；若是欠得少的，就不免半路死去。像读书才得了些功名就丧命的，做生意才得了些财利就身死的，就是欠得少的。

第四种是讨债。因为父母在过去世欠儿子的资财，为了讨债，就来做他们的儿子。小的债，不过损失些学费聘金；等到债还清了，父母虽想望他成事立业，而他忽然夭亡，再也不留片刻。若是大的债，那做父母的损失，可就不止此数，必定倾家荡产，家破人亡才罢！

这种报恩报怨的因果关系，不独子女是这样，就是夫妻也是这样的。总之，眷属聚会，无非恩仇报复。假使能够互相感化，大家念佛修行，同归极乐净土；那么恩仇眷属化为菩提眷属，就完美到极点了。

印光大师讲的这四种情形，在当今社会依然存在。父母与子女的关系上，以及丈夫与妻子的关系上，都是这四种情形。

儿女对父母是报恩还是报怨，其实，取决于父母和社会对孩子的教育是否得当。比如，如果父母对子女从小就严格要求，督促其认真读书，倾尽家中所有，让儿女接受高等教育，成为国家栋梁之才，这样的子女以后每每感恩于父母的正确引导和心血浇灌，就会成为报恩的子女。“父慈子孝”就是说的这个道理。抱怨的子女为什么会对亲生父母充满怨恨并加以报复呢？这里边肯定有父母的原因。有的父母，在子女成长过程中，任其自由发展，不管不问，连孩子上几年级都不清楚，成绩单也看都不看，整天醉心于喝酒跳舞打麻将，这样的父母自然得不到子女的敬重，子女将来因为没有成才，求职艰难，对父母自然就充满怨恨。

同理，子女对父母是讨债还是还债，也取决于父母和社会在子女成长过程中所起的作用。如果父母以身作则做人，含辛茹苦地供给子女读书，子女有感于父母养活自己的艰辛，觉得欠了父母的，就会在将来还债。如果父母自私自利，不舍得花钱供孩子读书，不舍得花时间跟孩子在一起沟通感情，这样的子女内心充满怨很，长大以后，父母也很难指望他们养老。还有一种子女为了自己的前途，不断向父母提出这个要求那个条件，自己能力学业一般，可是，逼着父母给钱出国留学，这样的孩子也是讨债关系，因为他们自己不努力去争取奖学金，却要父母为他们作牺牲，父母如果不能满足他们的欲望，子女就怨恨父母。夫妻之间也是这样，都是互相作用的关系，而不是一方的对或错。

社会上现在流行的一个现象就是“啃老”，成年的子女没有自立能力，只好依靠父母生活。报端曾有这样一个消息：25岁的女儿大专毕业后一直待在家里无所事事，家人帮她联系的工作她看都不看，父亲张先生忍无可忍，将“啃老”女儿起诉到法院，要求其搬走居住。

这位张先生的女儿固然不是好女儿，但培养出这样的女儿，张先生难道没有责任吗？从小不培养其自立能力，溺爱娇惯，现在要法院判决，可是，女儿的自立能力不是一朝一夕就长出来的。

佛思禅悟：

万事都有一个因果关系。世间赏罚，约人情为定。就是说，人与人相处，大家心里都有一杆秤。子女心中如果没有感恩的心，他认为没有受到多少父母的恩情，就很难有报恩的心。所以，既然为人父母，就要担当起教育引导子女的重任。报怨和讨债这些事，都是从恶业招致得来的；而报恩和还债都是从善业所获得的。正如佛家所主张的：今世所享受的，是前世所作的果；而今生所造作的，又为来世苦乐的因。所以作怎样的善，得怎样的福；作怎样的恶，得怎样的苦。

吃完粥就洗钵去

唐代时，河北赵州观音院远近闻名，不少参学禅法的僧人不远千里，到这里参学学法。一天早饭后，一个参学的僧人来到赵州禅师面前，向他请教道：“禅师，我刚刚开始这里的修学生活，请您指导我，请谈一下，到底禅的本质是指什么？” 赵州禅师问：“你吃粥了吗？” 僧人答：“吃粥了。” 赵州禅师说：“那就洗钵去吧！” 从赵州禅师这简洁明了的话语之中，这位僧人有所省悟。 赵州禅师的“洗钵去”，就是向参禅者开示，一个人要体会到禅法的奥妙处，必离不开日常生活。这些日常的喝茶吃饭，与禅宗的精神密切相关。

佛思禅悟：

参禅学佛必须从日常生活入手，在日常生活中修行。比如，时时刻刻都注意观察周围每一个人，一发现谁遇到了困难就立刻主动上前加以援手，尽自己最大的力量为人排忧解难，助人为乐，这样的佛教徒比只知道钻研佛经和玄妙哲理的佛教徒更容易找到悟道的门径。学佛就是要培养人们的慈悲心，使人们懂得佛祖的智慧，使人脱离生死轮回的苦难。

佛祖度好人也度坏人

曾经有一个小沙弥满怀疑惑地去问师父："师父！您说好人坏人都可以度，可是坏人已经失去了人的本质，怎么算是人呢？既然不是人，就不应该去度化他。"

师父没有言语，而是拿起笔在纸上写了个大大的"我"字，但这字是反写的，如同印章上的模样，左右颠倒。

"这是什么？"师傅问。"这是个字。"小和尚回答说。

师父问他："这是什么字呢？"

小沙弥连想都没有想，就说："'我'字！"

师父步步紧逼地问道："写反了的'我'字算不算字？"

小沙弥犹豫着说："好像不算。谁知道呢。"

师父又说："写反的字既然不算字，你为什么说它是个'我'字？"

小沙弥似有所悟，大声说："算字！"

"既然写反了也算是个字，你为什么说它写反了呢？"师父又问道。

小和尚怔住了，不知怎样作答。师父耐心地解释说："正字是字，反字也是个字，你说它是'我'字，又认得出那是反字，就是因为你心里认得出'我'字；相反，如果你本来根本不识字，就算我写反了，你也无法分辨，恐怕当人告诉你那是个'我'字，你记住了，然后再遇到正写的我字，你倒要说写反了！"

师父继续说："世间事是同样的道理，好人是人，坏人也是人，关键在于你须识得人的本性。如果认识到人的本性，当你遇到恶人时，你仍然一眼便能见到他的'天质'，并唤出他的'本真'，本真既明，便不难度化了！"

佛思禅悟：

世界上根本没有纯粹的好人和坏人，我国经书《左传》中有这样的话："人孰无过？过而能改，善莫大焉。"就是说，凡是人，都可能犯下过错，一个人知错能改，就是好事。如果有了错误而不改正，天长日久，

就会堕落成坏人。佛祖倡导要给予坏人改过自新的力量，善意劝导，使坏人的思想、行为逐渐向好的方面变化。佛经云：诸恶莫作，众善奉行，自净其意，是诸佛教。

小蝌蚪的放下和舍弃

一个小沙弥到河里去挑水，他无意中发现河边有小蝌蚪在游动，圆圆的脑袋，长长的尾巴，可爱极了。

恰好寺庙里的老禅师散步来到河边，看见小沙弥正盯着蝌蚪出神，就说："你要是喜欢，就抓两条放在玻璃缸里养几天吧。等养大了，再放生也行。"

于是，小沙弥欢天喜地地把两个小蝌蚪带了回来，从此，弄水草水藻换水忙得不亦乐乎。老禅师也童心大发，隔三差五地来观赏玻璃缸里的小蝌蚪。过了几天，蝌蚪的眼与鼻孔相继出现；头下有吸盘，吸附在水草上。蝌蚪的尾大而扁，帮助蝌蚪在水中轻松地游泳。又过了几天，蝌蚪生出了后腿，还分化出5个小脚趾，又从鳃盖部位长出前腿。小沙弥每发现一个新变化，都觉得惊奇。渐渐地，蝌蚪尾部收缩，口部也有显著的改变，逐渐发育成两栖的小青蛙了。

老禅师也在观察这两个蝌蚪的变化。又过了几天，蝌蚪彻底变成了小青蛙，老禅师就叮嘱小沙弥道："把它们放归大自然吧！它已经完成了转变，成为青蛙了。"

小沙弥去河边挑水时，就把小青蛙放生了。回来的路上，正遇上老禅师从山上走下来，后背上还背着一捆树枝。小沙弥觉得很奇怪，就问老禅师："寺里还有很多柴禾用，况且有专门负责砍柴的和尚，您怎么亲自上山砍柴呢？"

老禅师微笑着解释说："我不是砍柴，我是去护树，给山上树木超度去了。树木不像蝌蚪，尾巴能自行消失。树木的'尾巴'要人用手砍去，只有这样树木才能长得更快更好！"

小沙弥猛然醒悟，原来老禅师让自己养蝌蚪是有深意的，就是要让自己懂得万物成长的佛理啊！小蝌蚪的尾巴消失就是成长，树木多余的枝杈

被砍去才能长得更好，在事物发展过程中，必然有舍弃和剪裁，在这个基础上才有发展。

佛思禅悟：

在生活中，要学会舍得，有舍才会有得。当“鱼和熊掌不可兼得”的时候，当自身的发展需要的时候，为了自己的最终目标，得学会舍弃一些东西。成长和成功是要付出代价的。一个企业的发展也是一样，不符合市场需求的产品要舍弃，不再适应企业发展的冗员也要裁撤，企业内部随着发展的需要结构重组势在必然。万事万物的发展都是这样一个舍和得的过程。

自救才能救人

寺庙坐落在一个半山腰里，远处山林突然起火了，火势随着风势不断蔓延，过不了多久，就会烧到这座寺庙，住持定一法师望着火势，眉头紧皱。

他细细观看了风势和火势，马上召集僧众，组织僧人们把寺庙周围的可燃物清除，主动点火烧掉可燃物，围绕寺庙清理出一条5米宽的隔离带，并让僧人们储备了充足的水，把毛巾、身上的衣服等都弄湿，以备烟尘袭来时捂住鼻子和掩盖身体。定一法师紧急召集僧众说：“现在有隔离带，想必大火过不来了；万一大火袭来，要看好火苗延烧的方向，逆风逃生，不可朝顺风的方向跑。要做决死的拼搏果断地迎风对火突破包围圈。”

在定一法师有条不紊的指挥下，寺庙僧众井然有序地应对着突如其来的灾害，这场山火烧了几天几夜，谁也扑灭不了，把周围的几座山都烧光了，这座寺庙所在的山头也未幸免，可是，唯独这座寺庙依然耸立，并没有毁于这场大火。

火灾时，山下的人们都担心寺庙和和尚们恐怕都烧成了灰烬，当时，浓烟滚滚，人们很难上山营救僧人们。火灾过后，人们对这座寺庙余烬中独存感到不可思议，议论纷纷，说什么的都有。有的人说，这是菩萨保佑；有的人说，寺庙的和尚早占卜预知了这场大灾，做好了应对等等。

定一法师在大火过后，立即投入了绿化荒山的工作。他带领僧众将寺庙里的树苗移栽到荒山上，把花草的种子撒在山野的角角落落。在僧众的

努力下，这座山不久又披上了绿装，郁郁葱葱了。

附近的人们渐渐领悟到寺庙僧人们的做法的高明，也纷纷到山上栽树撒种，没过几年，周围的群山就跟大火前一样，山花烂漫、果树满山了。

佛思禅悟：

在突如其来的灾害面前，首先要运用一定的自救常识和技能，保存自己的实力，这是从现实出发的靠自己的解决方案。外界的帮助固然重要，但是，关键还是自我解救。而且，最大限度地减少损害本身就是在给社会做贡献。所以，遇到困难时，不要只想到寻求别人的帮助，自己可以办到的事，要想办法尝试，很可能问题就这样迎刃而解了。

地狱和天堂只隔一念

李汝珍在《镜花缘》里曾说：“世间孽子、孤臣、义夫、节妇，其贤不肖往往只在一念之差。”

的确如此，一念成魔，一念成佛；世间很多人在犯了罪之后深悔自己是一念之差，世间很多大损失也是一念之差带来的。而当记者问到舍己为人的英雄，他们也会说：当时来不及多想，就是想救人。

日本江户时代有个武士叫信重，有一天去拜访白隐禅师。白隐禅师是日本临济宗的中兴祖师，名望很高，但他淡泊名利，众生都在一个乡村小庙里参禅悟道。

当信重武士辗转找到那个小庙，就急切地向白隐禅师请教：“真有地狱和天堂吗？是杜撰的还是真的？要是真的，您能不能带我走一遭呢？”

“你是做什么营生的？”白隐禅师淡淡地问。

“我是一名武士。”信重武士昂然抬头回答。在日本，武士受到广泛的尊敬，地位很高。

“你是一名武士？现在的武士，到处招摇撞骗的多！”白隐禅师提高了嗓门，继续不屑地说，“哪个愚蠢的主人会要你做保镖？你看你这副嘴脸，简直像一个流浪的乞丐！”

“你说什么？”信重武士再也受不了了，他从来没有受过这种侮辱，

他不由得伸手抽出腰间的宝剑，宝剑的闪光使他的脸显得更加冷峻。

白隐禅师对这位武士的动作毫不理会，继续火上浇油地说："你的宝剑太钝了，嗨，那也叫什么宝剑，只能当装饰品，砍不下我的脑袋！"

信重武士此时已经怒火难抑，他一句话也说不出来，把寒光闪闪的利剑对准白隐禅师的胸膛，就要刺进去。

白隐禅师脸不变色、心不跳地看了一眼信重武士，说："这一剑下去，地狱之门由此打开！"

一听这句话，怒火中烧的信重武士领悟到了白隐禅师的佛理，自己是来向白隐禅师求教的，竟然这样鲁莽无礼！于是，他连忙收起宝剑，向白隐禅师鞠躬道歉，请求禅师原谅。

白隐禅师面带微笑地对信重武士说："你看，天堂之门由此敞开！"

一善发动即是天堂，一恶发动即是地狱。

佛思禅悟：

古人云：地狱无则已，有则恶人入；天堂无则已，有则善人登。教育的目的就是使人明辨善恶是非，并使人倾向于善。善和恶只是行为，而人并没有善人和恶人之分。在我们每个人的血液中，都有善和恶两种因子，我们勤修苦行，就是为了抑制恶的因子，发扬善的一面。我们要审察自己有无过失，不要过于关注别人的是非过失。善恶之报，祸福之临，都是自作自受，没有真正的"祸从天降"。

念诵带来的身心快乐

唐朝盛世，一个富贵人家有三个儿子，父母对他们寄予了厚望。在宽敞明亮的书房里，这三个儿子正在那里凝神诵经，他们都对世俗的功名利

禄没有追求的欲望，却对佛教经书发生了浓厚的兴趣。三个孩子中，有一个孩子神态安详，全部的身心都投入到所读的经中，他不时地露出微笑，仿佛在体会经书中某种令人陶醉的东西。

这三个儿子从小就仰慕僧人，都想出家求佛，爱子心切的父亲不想让他们出家，但又不能完全阻止，就想了一个主意。他让三个儿子一起背诵一部佛经，谁先背完谁就可以出家。这三个儿子凝神诵经就是在竞争出家的机会。他们从早晨开始背诵，现在已是将近黄昏，那个神态安祥的儿子把经书合上，深深地吸了一口气，快步跑出书房，一边跑一边喊："我背会了，我能出家了，我能出家了！"

这个少年就是后来著名的灵润法师，灵润十三岁时初听涅槃经，一听就悟出了经中的道理，在自己读经时，灵润把以前所学的佛经融会贯通于涅槃经中，体会出许多新的道理。灵润法师登席讲法时，条理清晰、内容完备，使众僧佩服之至。

灵润法师从听经、诵经中得到了很大的身心快乐，这在科学上也是有道理的。朗读是一种极为理想的气功锻炼过程。一个人在全神贯注琅琅诵读时，巧妙地配合深呼吸运动，动中有静，静中有动，而且做到了节奏快慢分明，次序均匀井然，就在无形之中稳定了情绪，调节了精神，陶冶了情操。

关于念诵与身心健康的关系，近代高僧印光大师曾指出："念佛，亦养气调神之法，亦参本来面目之法。何以言之？吾人之心常时纷乱，若至诚念佛，则一切杂念妄想，悉皆渐见消灭；消灭则心归于一，归一则神气自然充畅。……念之久久，业消智朗，障尽福崇。"（《印光大师文钞菁华录）故念佛诵经之高僧，大都健康长寿。

佛经哲理是至善美文，反复诵读有益于身心健康，而终日沉湎于贪嗔痴中，汲汲于功名利禄和一己之私的人，则难以找到生活中的快乐，在争名夺利中锱铢必较，很容易损害自己的健康。

佛思禅悟：

人之所以痛苦，在于追求错误的东西；灵润法师的快乐正是因为他追求的是高尚的佛法经义，因此他丝毫不觉得苦，反而在晨昏诵读中感觉快乐无比。佛教经义使他懂得了佛法护佑众生的真善美，使他有了传法的人生奋斗目标，所以，他在悟道的路上感到永恒的快乐。我们普通人在忙忙

碌碌的日子里，也要定一下心神，反省一下自己为什么感觉日子过得不快乐，是否在浪费自己的生命，是否正走在错误的道路上，到了让自己后悔的地方。

罪过只能由自己承担

求那跋摩是刹帝利（古印度四种姓中的第二级）武士贵族，掌握政治、军事权力，在古印度国家是世俗的统治阶级，他的家族世代为王，管辖罽宾国。他的父亲伽阿难，潜身消迹，隐居于山泽。跋摩从小就极懂事，更可贵的是他有慈悲心肠，仁义待人，乐善好施。

他母亲有一次想吃野味，就叫他去山中打猎，他心里十分为难：去吧，他不忍杀生，不去吧，又违背母命。他鼓起勇气对母亲说道："有生命的东西，都想享受生命的快乐，您为一时满足口腹之欲就杀死那些小生命，是罪过啊，这不是仁慈之人所应做的。"

他母亲一听，小孩子说这些没头没脑的话，就斥责他："小小年纪就这样贫嘴！快去！要是招来什么罪过，我就替你承担！"母亲看儿子这样不听话，气得脸色发白。

可是，求那跋摩磨磨蹭蹭，最终也没去。并且，他心里念念不忘找个机会说服母亲。

有一天，跋摩的手指一不小心被热油烫伤了，他咧着嘴、举着手指对母亲说："请母亲代儿子受痛。"母亲看见儿子的手被热油烫得起了泡，心疼得很，一时不知所措。跋摩央求母亲说："妈妈，你快救救我吧！你快代我减少一点痛苦吧！"

母亲说："孩子啊，别说傻话了，我很心疼你，可是我怎能代替你受疼呀！"

跋摩趁机开导母亲说："妈妈这点小事都不能代替我，那我打死猎物，杀生的罪过您怎么能代我承担呀！"

母亲被说得哑口无言，默默地望着儿子，若有所悟。跋摩接着说："妈妈，您想过没有，我到山上去打猎，如果被虎狼撕咬，丢了性命，您会不会心疼呢？"

母亲抚摸着跋摩的肩膀，爱惜地说："我当然非常心痛，我只有你一个儿子啊！"

跋摩说："妈妈，您要我打的野物，个个都是有父母子女的呀，杀了一个，其余的也会痛不欲生啊！"

跋摩的一番话，把母亲完全说服了，她从此再不叫儿子上山打猎。不久她也皈依了佛教，开始吃素。并且，跋摩在二十岁时出家受戒，母亲也没有阻止他。

求那跋摩后来成为一代高僧，后来有了继承王位的机会也坚辞不受，一心向佛，并且到世界各地弘扬佛法。

佛思禅悟：

每个人应为他自己的行为负责，成语"咎由自取""自业自得""自作自受"都是说的这个道理。每个人也都有属于自己的责任，需要自己去担当、去完成，旁人是代替不了的。

赤诚之心感动强盗

在《西游记》中描述了去西天取经的唐僧怎样历经磨难、大功告成的故事，现实版的唐僧就是玄奘大师，去西天取经的艰险和困难一点也不比小说的描写少。玄奘在遥遥征途中，克服了无数艰难险阻，有时甚至是死里逃生。所凭借的，就是他那一颗真心钻研佛法的赤诚之心。

玄奘生活的唐朝贞观年间，政府禁止因私出国。凡出入国境都要事先申请，等待国家批准。玄奘曾经向政府申请出境，遭到拒绝。求佛心切的玄奘，就夹在商人中间混出了玉门关，他孤身一人踏上了西行的征途。过了玉门关，进入了一望无际的安西到哈密之间的大沙漠，有八百多里长，又称八百里流沙。白天热风如火焰上一般，到夜晚温度剧降，寒风刮起来，吹得人透心凉，手指都伸不直了。茫茫黄沙之中，上不见飞鸟，下不见走兽，一点人烟都没有，一片死寂的世界。玄奘孤身一人，疲惫不堪地行走着，他把一堆堆白骨和驼马粪当路标，引导自己前进。玄奘走着走着，身上携带的清水喝完了。怎么办？回去取水吗？不能。玄奘此次出

关，绝非易事，他宁可西进而死，决不东归而生，他下定决心，不到天竺，誓不回头。在滴水未进的情况下，他又走了四夜五天，口干舌燥，终于晕倒在沙漠中了。幸好，晕倒的地方离有水草的一片沼泽不远，到了夜半，凉风习习，把昏迷中的玄奘吹醒了。玄奘的那匹老马驮着他找到了水源，脱离了险境。玄奘西行到了高昌，得到了信仰佛教的高昌王的热情支持。高昌王赠给他许多金银衣物，配备了五十多名向导和随从，写了二十四封介绍信给沿途各国君主，请他们多多关照玄奘。但是，路途上仍旧困难重重。玄奘一行来到了终年积雪的凌山，山高七千米，山上有千年不化的冰河，狂风暴雪袭来，飞沙走石，往往把人埋没或者砸死。玄奘一行人在过冰天雪地的大山时，花了七天，随行人员冻死了十分之三四。

有一天，玄奘正率领众人沿着一条河继续行走。忽然，从河对面驶过几只船，船上跳下一群武装的匪徒，他们把玄奘等人团团围住。只听见领头的那个面貌凶恶的家伙大叫道："站住！哈哈！真是苍天有眼，我正愁找不到祭天的供品，却遇到你们这些个秃驴。快都给我绑上！"玄奘一行人手无寸铁，不容分说，被这群人用绳子捆得结结实实。

原来，这群人是这一带的惯匪，以劫杀路人为业，此时，他们正想杀人祭天。这伙人的头领在玄奘一行人中挑来挑去，挑中了玄奘做为祭天的供品。他们在船上设了祭坛，把玄奘放在坛上。他们打算先把玄奘生吃一部分，然后再用锅把剩下的那部分煮熟再吃。此时，无人能够解救玄奘。

玄奘面无惧色，他轻轻地闭上眼睛，心里念着大慈大悲的佛祖，暗自发誓说："如果我的生命有益于众生，那么就请诸佛解救我；如果我的生命已对弘法无用，那么我命该死。"

同行的众人看见匪徒们就要动手杀玄奘，悲从中来，一齐放声大哭。

就在这时，河岸突然刮起一阵狂风，狂风卷起铺天盖地的风沙，呼啸着吹向匪徒们的船。顷刻间，贼人的船只都翻了，船上的木板也被风吹散了架，匪徒们魂飞魄散。与玄奘同来的人趁机劝导匪徒们说："这法师不辞劳苦，历经磨难，一心去西天求法，不是为了自己的荣华富贵，而是为众生谋永久的福祉。你们如果杀了他，就会有滔天大罪，会受到上天的惩罚，我们愿意替他受死，你们放了他吧。"

贼人听到这话，纷纷扔掉兵刃，以礼相待，对玄奘忏悔自己的罪过，把玄奘等人放走了。

佛思禅悟：

玄奘为求佛法不畏艰险的精神感动着世世代代的人。即使是杀人不眨眼的魔鬼也被他的牺牲精神和纯洁的求法目的所感动，放下了屠刀。在生活中，我们也常会看到，一心为集体的利益做贡献的领导就会受到群众的拥护，就有号召力，而为了自己的荣华富贵的人往往不得人心。

张弛有度的人生

一天，有位禅师正在走路，从远处飘来一阵悦耳的琴声。禅师循声走了过去，看见有个年轻人正在专心地拉琴。

禅师问他："你的琴弦绷紧了吗？"

年轻人回答说："没有。"

禅师又问他："你的琴弦是不是调得很松啊？"

这个年轻人说："不是，太松也不行。"

禅师故意问他："那么，你是怎么调这琴弦的？"

年轻人回答道："不松不紧，才能弹出好听的音乐。"

禅师点化他道："如果大家对待每一件事，都这样松紧有度，就不会出现很多问题了，做事情就可以事半功倍。"

佛思禅悟：

在生活中，有的人分秒必争，连睡眠的时间都用在工作和学习上，结果积劳成疾，反而半途而废；而有的人做事今日等明日，明日又拖延到后天，毫无效率，结果也是一无所成。在人与人之间的关系上也是如此，要求人太苛刻会引起反感，带来疏远和隔膜，而对人过于宽松，等于毫无原则。所以说，"一张一弛，文武之道也"，把握好松紧的度至关重要。

烦恼来自自身的捕风捉影

从前，在印度，有一对年轻夫妇，过着平凡的生活。凡人生活，有苦有乐，夫妇俩有时候也因生活艰难和日常琐事吵架斗嘴。

有一天，丈夫吩咐妻子："你到地窖里给我舀一瓢酒来，我要跟朋友喝酒。"

妻子就到了地窖，打开盛酒的坛子，却见里面有个人影。这个妇人还以为是有人在她后边，回头看看，并没有别人，只有自己。她再定睛看看坛子，里边确实有个女人的影子，影影绰绰，并且很有几分风韵。于是，她醋意大发，三步并作两步，冲到丈夫面前，斥责道："菩萨显灵，你暗藏美貌女子，想瞒过我，可是我看得清清楚楚的！"

丈夫莫名其妙，问明原因后，也疑神疑鬼起来。他亲自到地窖里查看，打开坛子，果然里边有个人影，可是，并不像妻子所说的美貌女子的影子，而是一个男子的身影！这男子正值壮年，魁梧英俊，比他本人的形貌要强几倍！难道妻子背着他偷汉子？想到这里，他不由得怒火烧心，回头把妻子骂了个狗血喷头。

这对夫妇越想越生气，互相指责不休，不但是今日的酒坛鬼影事件，陈年烂谷子的往事都翻捡出来，互相谩骂、指责个没完没了。

一位婆罗门路过这里，听到这户人家吵闹声不断，他就敲门进去调停事端。听完夫妇两人的叙述，又到地窖里查明人影真相。当他打开酒坛时，酒坛里映出一个体面的婆罗门的身影，这位婆罗门心想，这对低贱的夫妇肯定与这位高贵的婆罗门关系密切，主人是为了多结交婆罗门，才制造了夫妻吵架的假想，于是决定不再管这个闲事，撤手不管了。这对夫妇更加疑心坛子里是鬼神显灵，对方对自己的确不忠。

又过了一个时辰，一个比丘尼路过这里，这对夫妇仍然在争吵不休，这位比丘尼就走进去听他们讲各自的是非。等她听明白后，她终于明白了，问题就出在坛子里的影子上。于是，她让这对夫妇带着下了地窖，比丘尼亲自打开酒坛，酒坛里是比丘尼的影子，并没有什么别的影像。

这位比丘尼把这对夫妇拉到酒坛边，说："现在我就把坛子里的鬼影

倒出来。”她举起坛子，把里边的酒泼了一地，这对夫妇再看坛子里边，什么也没有了。这对夫妇这才明白刚才互相指责的事是可笑的，惭愧之余，对这位比丘尼千恩万谢。

佛思禅悟：

人生中会遇到很多假象，因为我们的主观判断随着我们的感觉一直在变化，对事物的认识不容易一下子就看破真相，正如宋朝大诗人苏轼有一首诗中所说“横看成岭侧成峰，远近高低各不同。不识庐山真面目，只缘身在此山中。”如果局限在事物本身，不从多方面进行客观的调查，往往会陷入主观性和片面性，就很难判明事情的真相。要认识事物的真相，必须超越狭小的范围，摆脱主观的成见。所谓当局者迷，旁观者清，局中人不如局外人看得清楚，便是这个道理。

无规矩不成方圆

做和尚而未经受戒，恰似没有领结婚证就做了夫妻，不能算数，不被承认。做了和尚倘若不守戒律，乱说乱动，饮食荤素兼有，那就是野和尚，花和尚。佛教刚传入中国时，人们对出家做僧人这种进口的新鲜事物发生了极大的兴趣，但对出家的手续却是懵懵懂懂。

据说，释迦牟尼在世时，为了约束僧众，订下过各种戒律。因为后来各个教派对戒律的理解不尽一致，所以传下来的戒律也各不相同。戒律的混杂意味着行事的依据难以明确，中国的僧人们也就无所适从。直到唐初的道宣律师出来，专研律学，在终南山创设戒坛，制订佛教受戒仪式，形成风靡佛教界的南山律宗，才真正解决了这种混乱局面。

道宣律师以身作则，持戒甚严。因此，他是影响很大的僧人。当时，连在天竺的僧人都知道中国有位道宣律师，秉持戒律天下无双。道宣律师平时只穿一件粗布袈裟，一天只进一顿糙米饭，出门总是步行，从不坐车或者骑马。他只在蒲团上打坐歇息，从不在床榻上睡眠，虱子在他身上随意爬行，他也不会怒火上来一下子掐死它们。有个叫无畏的印度法师听说道宣律师持戒甚严，将信将疑，便特地来拜访，想看个究竟。

有一天，无畏法师正和道宣律师谈论着中国和西域戒律的得失异同，道宣忽然中断话题，从怀中摸出一只虱子来。无畏吃了一惊，这虱子大概刚咬了道宣一口，肚子吃得胀鼓鼓的，已变成暗红色。只见道宣东张西望，像是寻找什么东西，手里始终拿着那只虱子，没把那小东西扔下地。

道宣不好意思地说："无畏法师，您有没有一小块绸布让我用一下？"

无畏法师不知道他作什么用处，但恰好身上带着一块丝绸手帕，就把自己的手帕递过去。只见道宣接过手帕，轻轻将虱子安放在里面，在地上摊开，然后拍拍手，呵呵笑道："这小东西虽然无知，倒也有情有欲，只怕也有些佛性呢，我怎么敢怠慢它啊。"

无畏法师看到道宣律师对一只小虱子也谨守"不杀生"的戒条，对小生命怀有大慈悲的这一场景，心中大为感动，对道宣律师充满了敬畏之心，站起来连连作揖道："我早就听人说自佛灭后，能够振兴佛法的，只有您这样的大师，今天我看到大师高尚慈悲的善行，才认识到这种说法不虚，如果佛门子弟都像您这样严格笃行戒律，发大慈悲，何愁佛门不精纯光大！"

佛思禅悟：

我国战国时期著名思想家孟子曾指出："枉己者，未有能直人者也。"意思是说，自己的行为处事弯曲邪僻，不能引导别人成为正直的人。只有自律正己，以身作则，才能有号召力量去引导别人走正路。道宣律师没有因为小生命十分微小就践踏戕害，我们在生活中也要这样，不要因为是小事，就放松对自己的要求。规章制度不是给别人看的，是要执行的。人人都贯彻执行，规章制度才有意义，并且，只有严格执行，才会起到应有的效果。

养兰花不是为了烦恼

金代有一位通理禅师，很喜欢养兰花。兰花是中国传统名花，香气清雅，古今名人对它品价极高，被喻为花中君子。可是，兰花美则美矣，养起来可是大不易。兰花很娇气，要土壤

湿润却又不能太湿，要稍微干燥却不能暴晒，要通风却不能寒冷，总之，很难奉养。可是，这位老禅师不怕烦难，在参禅悟道之余热心地照顾着他培育的一盆盆兰花。来寺庙礼佛的信徒们也都非常喜欢观赏这些珍贵的兰花，弟子们更是对兰花爱护得很。

这位禅师有一天要外出，到远处去云游一段时间。他临走前，嘱咐寺庙里的僧人好好看顾这些兰花。僧人们平日里看老禅师对兰花悉心照料，兰花容貌窈窕，风云高雅，都想自己也亲手照料一番。于是，趁老禅师不在，机会来了，有的僧人天天给兰花浇水，有的僧人忙着给花施肥，有的僧人把一盆盆兰花放在太阳底下，让兰花享受阳光的雨露滋润，还有的僧人怕兰花夜间着凉，搬到屋里去。可是，没过几天，这些兰花都变得没精打采了，又过了几天，兰花叶子开始蔫了，僧人们都傻了眼。他们心里甭提多沮丧了，忐忑不安地等待师父回来发落。

通理禅师回来后，一看，兰花叶子都变成干茅草一样了，便召集寺庙僧人开会，问明情况，不但没有说一句责备的话，而且还作了自我批评，说自己没有把养兰花的知识和要领教给大家，所以才造成了这个后果。可是，僧人们仍然觉得做了对不起老禅师的事，心里仍然十分歉疚。通理禅师看出了大家的心思，他借这件事开示众僧说："我之所以热心栽培兰花，一来是为了礼佛供佛，兰花高贵纯洁，是献给佛祖最好的礼物，二来我也是为了美化寺庙里的环境，让信徒居士们来寺庙感受这里的清幽高雅气氛，这有助于使他们在参禅悟道上奋力精进，我可不是为了生气发火而养兰花的，大家不必把这事挂在心上。"

通理禅师的一番话使众僧们受益匪浅，一下子从这件生活小事中领悟到了佛理的本质。通理禅师爱兰，心中却无挂碍，不计较得失，正是因为通理禅师一心向佛的缘故。他对兰花的爱的目的不是为了满足自己的私欲，而是为了更好地导人向善。

佛思禅悟：

行动都有自身的目的，当我们做一件事时，总是在想"为了什么"这个问题。明确的目标使我们步伐坚定，充满力量，也是成功的利器。没有它，就会陷入迷茫无定中，就分不清真正的利害得失，也难以坚持自己的目标，保持长久的热忱。

佛陀播种的是什么

公元前五百多年前，古印度地方有一个迦毗罗卫国，有一天降生了一位王子，名叫悉达多，后来出家修道，成了无上智慧的彻悟者，也成了无量功德的圆满者，所以人们称他为“无上正等正觉”的佛陀。因为他是出生于释迦族的一位圣人，故被尊称为释迦牟尼。

佛陀是一个历史人物，他以人间的肉身，示现完成无上的佛果，虽然是王族出身，但是，生活简朴，待人慈善，对众生的爱护无微不至，对所教化的对象，不分贫富贵贱、种族信仰一律平等相待。

有一天，佛陀托着大钵，在田野上行走，他远远看见有一些犁地的人，就走过去等着施主施舍。管理这些犁地农夫的是一个婆罗门，他看到佛陀乞食，就走过去教训佛陀说：“我带领人们又耕地又播种，还要除草施肥，好不容易才有收获，五谷丰登，吃穿不愁。你也应当做些实际的事务，学会劳动，不劳动者不得食，一天到晚闲逛乞食，不是有尊严的人应当干的事。”

佛陀平静地解释说：“婆罗门，我也耕种，也播种啊！”

那个人听佛陀这样说，就讥笑佛陀：“谁不知道你曾是尊贵的王子啊，你也知道怎么种庄稼？你知道怎么拉犁吗？”

佛陀回答：“信仰就是我播下的种子，理解就是犁，温柔就是我的鞭子，所结的果实就是永生。世上受苦的人们吃了这果实，就不再受痛苦的折磨，而能享受永久的安乐。”

那个婆罗门听了佛陀这一席话，心中大悟，他赶忙给佛陀的大钵里倒了一碗香浓的奶糊，他双手把大钵递给佛陀，并真诚地说：“请伟大的播种者佛陀享用我微薄的不成敬意的施舍。”

佛思禅悟：

有的人想，出家人悠闲自在，佛寺广大庄严，清净幽美，于是羡慕出家人，以为出家人住在里面，有施主来供养，无须做工，坐享清福，其实，这是一种偏见和谬论，出家人有出家人的事情。 出家人过着清苦生

活，但是在弘扬佛理上勇猛精进，导人向善，重德行，修持，使信众的人格一天一天提高，使民众的人生境界得到提高，怎能说是不做事的寄生者呢？出家人是宗教师，可说是广义而崇高的教育工作者，是教育人、培养人的“园丁”。不懂佛法的人说，出家人清闲，或说出家人寄生消费，都不对。出家人功德高大，勤苦修行，甘愿为佛教事业牺牲自己，努力弘扬佛法，是推动佛教的主体。出家人不婚嫁，西洋宗教也有这样制度。有许多科学家、哲学家，为了学业，也坚持独身主义，都是为了免于被家庭琐事所累，为了能够一心一意去为科学、哲学努力。

时时处处有佳境

一休和尚年轻时，参禅打坐，有一段时间，觉得没什么进步，就有些颓丧。有一天，师父看一休和尚打坐参禅后，见了他默然不语。师父看出了一休的心思，就微笑着领他走出寺门。时值初春，寺门之外，冬天的枯黄色已经渐渐退去，鸭黄色的小草露出了萌芽，柳树的枝头已经有了淡淡的绿意，莺歌燕舞，伴随着小溪潺潺的流水声，真是一派大好春光……

一休深深地吸了一口春天新鲜的空气，觉得身心舒畅，心中的郁闷烟消云散，他看师父也陶醉在这大好的春光里，就央求师父一起到山上走走，活动活动腿脚。师父就带着一休上山了。到了半山腰，只见白色的玉兰花开得绚烂，迎春花窈窕妩媚，师父不禁赞叹不已，有感于大自然的造化，师父不断念佛，一休也跟着师父在半山坡上安详地打坐。

过了几个时辰，师父看天色已晚，就起身招呼一休一起回寺，一休就跟在师父后边回寺。师父刚跨入寺门，就反锁上了两扇木门，把一休关在了寺外。　一休莫名其妙，想着师父也许是无心的，就在外边不断拍打，叫喊师父开门。可是，不管怎么叫喊，师父在寺里好像没有动静，一休不明白师父的用意，独坐门外，心中纳闷，对师父这样做的用意百思不得其解。

一休因为急着进寺庙，刚才欣赏大好春光的心思早就没有了。他焦急地等待着，不时地拍打门环，可是，里边寂然无声。

夕阳染红了半边天，远处白色云朵此时成了五颜六色的锦缎一样，可是，一休连看一眼的心情都没有，天色就暗了下来，四周的山冈，树林、

小溪都笼罩在了蔼蔼雾气之中，四周一片死寂，连鸟儿们的叫声都没有了，一休心里开始有些害怕了。

就在这时，师父在寺内朗声叫起一休的名字。一休在门外隐约听见了，赶快答应一声，并赶忙高声说道："师父，您刚才锁了门，把我关在门外了。"

师父缓缓地走到门口，给一休开了门，一休这才进了寺庙，长长地舒了口气。

师父问一休："外面怎么样了？""天全黑了。""还有什么吗？""天黑了，什么也没有了。""不对"，师父说，"外面仍然有新鲜的空气、原野上的嫩绿色、花草的芳香、小溪的潺潺流水声……我们白天见到的美景，一切都还在。"

一休忽然领悟了师父把他关在门外的苦心。

佛思禅悟：

明朝有个叫陈继儒的文人曾经发出这样的感叹："若能随遇而安，不图将来，不追既往，不蔽目前，何不清闲之有？"我们在生活中之所以焦躁不安、慌慌张张，就是因为我们不能定下心神欣赏眼前现成的美景，过度执着于既定的目标，过度忧虑何时才能到达目的地，所以总是没有清闲自在的心境。如果对自己所处的环境和人少一些要求和责难，多一些感恩和满足，心情就会更轻松快乐。

人贵在改过自新

古时候，有一位禅宗的大德，叫做高峰妙禅师。他自从出家修道以来，打坐参禅，非常虔诚，研修佛理也奋力精进。可是，他在盘腿打坐参禅的时候，总是免不了脑袋昏沉、打瞌睡，这可能是因为他过分用功，导致身体疲劳的缘故，这位禅师对自己要求很严，所以，觉得昏昏沉沉打瞌睡妨碍了他在禅功上的精进，非想办法解决这个问题不可。

禅师为了解除头脑昏沉的烦恼，就到高山上的一个绝壁处，坐在山崖上，低头就是万丈深渊，他告诫自己："现在决不能再打瞌睡，不然就有

生命危险。”

开始的一两天，他坐在山崖上，时刻悬着心，担心自己一打瞌睡就掉下去摔死，因此，打坐参禅时神经紧绷，不敢打瞌睡；过了几天，对环境熟了，山崖也看惯了，警觉心渐渐淡薄起来，就又忍不住打起瞌睡了。有一次瞌睡上来，脑袋沉重，只觉头重脚轻，风一吹，身体一摇动，就掉下了山崖，在随着风下落的瞬间，禅师心都提到了嗓子眼，他想：“完了，完了，这一下子真的没命了。”可是，很奇怪的是，妙禅师的身体降落到半山腰的时候，好像有人把他托住了，而且把他安放在山脚下，所以，妙禅师胳膊腿都没有摔断，安然无恙。妙禅师定睛一看，原来是身披铠甲、手执宝杵的韦驮菩萨来救他的命，赶快跪倒在地，感谢韦驮菩萨的护佑。

妙禅师心里想，我修行能感应韦驮菩萨的护持，这可不是一般的出家人都能享受到的，韦驮菩萨可是驱除邪魔外道、保护佛法的护法菩萨，他来相救，可见我现在的禅功已经十分了不起了，想到这里，他便生起一念骄傲心，就问韦驮菩萨：‘在这个世界上，修行佛法禅理的人大都一知半解，不精进努力，像我这样精进用功的人，您还找得到几个呢？”

韦驮菩萨看到禅师生起了骄慢心，就正颜厉色地训斥他说：“世间像你这样用功的人，多如羊毛。你这样骄傲自大的修行人不配我的护佑，我从现在起五百世不再护你的法。”说完这些话之后，韦驮菩萨就一阵风似地不见了。

妙禅师被韦驮菩萨责备之后，心里很惭愧，就责备自己说：“我不应该生起傲慢自大的心，我算什么，刚参禅有了些许进步，就瞧不起别人。”于是，妙禅师又以勇猛精进的心继续参禅，并且不断暗示自己说：“这一次可是真的没有人来救我了，千万别掉下去啊！”

可是，过了半个月工夫，从山崖掉下去的事渐渐淡忘，他又打起了瞌睡，结果，有一天，身子往前一倾斜，脚下一软，又掉下去了。妙禅师这下可真的没命了！但是奇迹又出现了，韦驮菩萨又一阵风地来救下了他。

妙禅师感激之余，想起前些日子菩萨说的五百世不来相救的话，就斗胆问韦驮菩萨说：“您不是说五百世不来护我的法吗？”菩萨回答说：“你生起一念傲慢自大的心，我就五百世不护你的法，但是你后来又生起一念惭愧心，这就能灭除五百世傲慢自大的罪业，所以我再来护你的法。”

听了韦驮菩萨的话，妙禅师深悟傲慢自大之害，更加精进用功，后来成为一位在佛教界贡献卓著的禅师。

佛思禅悟：

俗话说："金无足赤，人无完人。"我们每个人都有自己的弱点和不足，在生活中谁也避免不了犯错误，栽跟头。对待别人的错误，我们应该像故事中的韦驮菩萨那样，本着"惩前毖后、治病救人"的态度，对人晓之以理，动之以情，而不应当不容许别人犯错误，别人一犯错误就让他永不得翻身。生活中存在很多悬崖和陷阱，如果我们不用心提防，就容易遇到危险，遇到危险时，能够救我们的是我们平日的功业。

疑心生暗鬼、隔阂酿事端

在一处深山里，有一座千年古刹，这座寺庙由于历史悠久，高僧层出不穷，所以，在全国都享有盛名。因而来这里研修的行脚僧和拜访的信徒络绎不绝。可是，在这所古老的寺庙中，也有一些传说的秘密和传闻，来这里的僧人和信徒都害怕去一个地方，就是古刹后院的树丛中的一个小屋。这个小屋墙壁上本来到处画着阴间地狱中各种犯罪的人受刑的惨状，是为了教育信徒认识因果报应的，可是，因为年久失修，墙壁斑驳不堪，画面又遭虫咬和风雨侵蚀，已经模糊不清了。这个小屋因为在树丛中，又常年没有人居住，阴冷潮湿，有时候从这里发出怪异的声响，有时候能看到屋里隐约的光亮，因此，很多人都相信这小屋里在闹鬼。寺庙的僧人谁都不愿意住在那里，所以，只好任由这座小屋荒废搁置，住持也没有办法可想。

这座千年古刹名气很大，慕名而来的信徒和行脚僧越来越多，供住宿的僧堂眼看就不够用了，住持就吩咐僧人把那间小屋收拾收拾，作为备用。有一天，一位行脚僧前来投宿，所有的僧堂都住满了，只好让他受点委屈，把他安排在了那间阴森森的小屋。寺庙的僧人一边跟他一起去这间小屋，一边告诉他："实在不瞒您说，这个屋子长年没住人，传闻有时候这里闹鬼，鬼出来吓人的时候，您可要镇定啊！"这个行脚僧走南闯北，游历过大半个中国，他慨然说道："我去的名山古刹不在少数，什么鬼怪仙狐没见过？要是它们真敢跟我过不去，看我怎么收拾他们！"安排住宿

的僧人看行脚僧毫无惧色，就放心地留他在这间屋住下了。

当天傍晚，恰巧又有一位行脚僧来投宿，负责安排住宿的僧人犯了难，所有的僧堂都满员了，连那间闹鬼的小屋都住了人，这可怎么办？转念一想，按规矩一间屋至少住宿两个人，别的僧堂都是这样安排的，那间小屋里放着两个床榻，只有一人住着，不是可以再安排一个进去吗？两个人还可以做个伴啊！”

想到这里，安排住宿的僧人就说：“住的地方有是有，就是不知道你敢不敢住，那里有时候闹鬼。”这个来投宿的行脚僧是个武僧，武艺高强，身体健硕，他拍拍胸脯，哈哈笑着说：“我知道了，要是有鬼出来，我正好跟它较量一番。”

安排住宿的僧人告诉这个武僧，里边已经有一位行脚僧住，进去前先打个招呼。说完，就向这个武僧指了指那个小屋的方位，让他一个人去了。

先住进去的那个僧人此时正在打坐参禅，心中念念不忘闹鬼的事，望着四壁画面上青面獠牙的恶鬼，血淋淋的地狱场面，神经高度紧张。忽然，他听到门上有声响，好像是敲门声，他的心里“咯噔”一下，心想，果然，鬼来闹事了。那后来的武僧轻声敲了敲门，见门没有开，思忖着也许里边的僧人睡熟了，就用力地敲起来，可是，仍然没有人开门。那武僧想到闹鬼的事，忽觉背上有一丝凉意。他毕竟是一个武僧，见怎么也不开门，就开始撞门，打算硬往里闯，里边的僧人感觉来闹事的鬼要把门撞开，就拼命地抵着门，并抄起了一根预先准备好的木棍，准备迎击来犯的鬼怪。到底还是武僧的力气大，他使足了劲，一脚把门踹开了，里边的僧人已经又惊又累，满头大汗，举着木棍来打这个武僧，被武僧一把将木棍夺了过去，武僧一个转身，把先来的僧人按倒在地，两个人扭打起来。

二人一直扭打不停，先来的僧人渐渐体力不支，高喊“救命”，惊动了寺庙里的其他僧人，大家举着火把来看究竟，借着火光，才看明白原来都是僧人，并且，这个武僧还认出了对方原来是曾经在一起学佛的旧友。当住持闻讯赶来，问明情况，给大家当场做了开示，教育大家以后不要再无端地疑神疑鬼了。

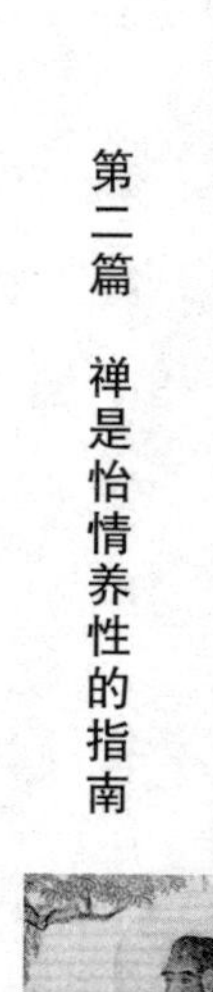

佛思禅悟：

如果人与人之间产生了隔阂，互相产生了疑心，就会造成误会，甚至造成严重后果。消除隔阂的利器就是设法相互沟通，消除猜忌，彼此忠诚，无猜无贰。朋友之间更应该肝胆相照，不宜存半点隔阂之形，不可作一毫暧昧之状。无论是在人际交往中还是在企业管理上，良好的交流和沟通都是一个双向的过程，在工作中，需要与上级、下级、相关部门、尤其是客户进行各种不同层次的沟通，一旦沟通不畅，就可能带来工作的失误，影响工作的效率和业绩。许多问题正是因为沟通不当或缺少沟通而引起的，结果会不可避免地导致误传或误解，可能带来意想不到的损失。

我们的生命有多长

有一天，佛陀带领比丘们到城中乞食，路上，他问大家："弟子们，你们托钵乞食，是为了什么？"

比丘们恭敬地回答："世尊！我们是为了给身体提供给养，以便使生命存续，做普度众生的事业啊！"

佛陀听了这个回答，很满意，就换了个话题，他接着问："那么，你们思考过没有，生命究竟有多长？"

一个弟子不加思索地回答："人的肉体的生命不过几十年而已。有的生命短暂，有的长寿，但活过百岁的寥若晨星。"

佛陀听了，摇摇头说："你们再思考一下，生命在本质上意味着什么？"

另一个比丘想了想，慎重地说："依我看，人的生命就像花草，春天的时候，生机盎然，活力旺盛；到了冬天，枯萎凋零，归于尘土。"

佛陀微笑着说："你说对了生命的一个方面的特征，就是生命的短暂和起落。"

另一个比丘这时踊跃发言："世尊！我觉得生命就像萤火虫一样，几天就消失了。"

有一个年纪大的比丘说："我认为生命就像朝露一样，早上饱满充盈，

闪耀着阳光的绚丽色彩，到了黄昏，就蒸发了，真是来无影、去无踪。”

佛陀欣喜地说：“你们对生命都有了一定程度的认识，但仍然是肤浅的认识，还没有到达彻悟的程度。请你们再多思考一下。”

在佛陀的鼓励和启发下，比丘们的思考积极性被调动起来了，灵感迸发，大家互相争论不休，你一言，我一语，气氛热烈。

一个年轻的比丘说：“我的父亲夜里在睡梦中停止了呼吸，早上我们发现时，他已经死去多时了。看来，生命的存在就在一呼一吸之间。”

他的话语惊四座，佛陀赞许地点了点头。

佛思禅悟：

生命只在一呼一吸之间，只有基于这一点，才能认识人的本质和生命的精髓。人的生命不是永恒的，它在闪耀中现出绚烂，在平凡中现出真实。正因为生命短暂，所以，我们要珍惜生命，希望不虚耗短暂的生命时光。珍惜生命就是珍惜当下的时光，眼前的每一分、每一秒，正如庄子所说：“人生天地之间，如白驹过隙，忽然而已。”有的人意识到了生命的短暂和珍贵，就凡事勤动手，深思考，自强不息。无论学习还是工作，，不论严寒酷暑还是风霜雨雪，都惜时如金，努力奉献；也有一些人，人生价值观消极颓废，想到人生短暂，就得过且过，只顾眼前，没有长远打算。唐朝有个罗隐写的一首《自遣》诗“得即高歌失即休，多愁多恨亦悠悠。今朝有酒今朝醉，明日愁来明日愁。”就代表了这种人生态度。对待生死的态度，对时间和生命的认识，决定了我们每个人的人生道路和成就。

住持以礼相待使乞丐醒悟

有一座深山古刹，虽然地处偏远，远离闹市，可是，长年香火鼎盛。其中一个原因是这个寺庙的僧人做的大饼味道独特，很好吃，来这里的香客品尝后都赞不绝口，很多香客一来是为了拜佛，二来是为了品尝这里的大饼。

有一天，一个肮脏邋遢的乞丐来到了寺庙，叫嚷着要尝尝这里的大

饼。值班的和尚们看他衣衫腌臜，就不愿意接待他，又担心他衣着邋遢，影响寺庙观瞻，别的香客信徒会对寺庙产生恶感，就想把他支走。

可是，这个乞丐执意要吃大饼，并且不给他就高声抗议，嚷嚷个不停，这一下把寺庙的住持惊动了，他走过来察看到底是怎么回事，问明情况，就训斥值班的和尚："出家人慈悲为怀，你们没看见这位施主远道而来、需要吃斋饭吗？"说完，住持进厨房拿了一个大饼出来，恭恭敬敬地送给了这个乞丐，并请他到斋堂用膳。

乞丐在斋堂吃完大饼，用过斋饭，从衣兜里摸出三文钱，双手交给住持，诚恳地说："这是我乞讨得来的，全都奉献给菩萨。"住持郑重地收下了，双手合十送别乞丐，并躬身施礼："施主一路走好！"

寺庙的僧人们目睹刚才发生的一切，不太理解住持的做法，就问住持："给乞丐饭吃，怎么又收他的钱呢？"住持向大家解释说："他远道而来，就是为了尝尝我们这里的大饼，所以，应该给他吃；又因为他懂得处世为人的道理，并不愿意白吃饭，所以，我就成全他，收下他的钱。"

僧人们想，道理虽是这样，但乞丐终究是乞丐，怎么懂得这是对他的尊重呢？

一晃七八年过去了，有一天，一位衣着体面的商人来到寺庙，他是来拜谢主持的。住持一看，正是当年那个衣衫褴褛来吃大饼的乞丐。这位成功的商人为寺庙奉献了一大笔财富，以感谢住持对他的引导和开悟。住持当年对他的尊重唤醒了他的尊严感，他此后从针头线脑的小生意做起，不断奋进，终于有了事业上的大成就，他把自己的成功都归功于从这座寺庙的住持那里获得的尊严和由此带来的前进的勇气。

佛思禅悟：

精神上的尊重是一个人奋进的动力。一个乞丐是以放弃自尊、祈求别人的怜悯为生的，他的内心对自己已经放弃希望，觉得自己没有自立自助能力，只有依靠嗟来之食才能活下去，他的心灵中充满了自卑感，他也已经习惯了别人对他的侮辱和不屑一顾，所以，当寺庙的住持对他以礼相待时，他忽然间悟出了自己生命的价值。随着受损的自尊心的恢复和觉醒，他有了成长的愿望和动力，他那被自卑吞噬的才能得以显现出来，最终成为了一个对社会有益的成功人士。所以，尊重他人、待人有礼是一种美德，是导人向善的良方。

禅门宜默不宜喧

五代时的后汉刘王笃信佛教，对僧人礼遇有加。有一天，他兴致大发，执意礼请云门禅师及其寺内僧众全体到王宫内过夏。佛门虽然是清净地，僧俗两道，但传扬佛法如果有了朝中权贵的支持，就会方便得多，影响也更大，再说，世俗的权贵王侯轻易得罪不得，就只好接受了邀请。

同去的各位法师在宫内传法非常忙碌，宫女们学佛礼佛的热情也很高，不断地向法师礼敬问法，对法师殷切招待，莺莺燕燕，一时热闹非凡。尤其是刘王最是虔诚重法，不管是哪天，什么时辰，只要有法师做禅修讲座，他从不缺席。寺中的权威人物、老法师们也都乐于向宫女和太监们说法。但是，在这热闹场中，唯有云门禅师一人却在一旁默默坐禅，静穆庄严，寂然无声，宫女们远远地看这位禅师定心修禅，怕打扰他，都不敢亲近他，更不敢请示他讲法。

一位值殿的官员，经常看到云门禅师这种闹中取静、专心参禅的情形，心生敬意，就向云门禅师请教佛法上的疑难问题，云门禅师总是默不作声，好像沉默就是答案似的，可是，值殿官员不但不以为忤，反而更加尊敬云门禅师，这位官员沉思良久，终于悟出禅机，他就在碧玉殿前题写了一首诗："大智修行始是禅，禅门宜默不宜喧，万般巧说争如实，输却禅门总不言。"

真正的禅道高人，宠辱不惊，去留随意，即使居住王宫，受到君王倾重，也不为利诱，不为权动，这才是真正的禅境。真正悟道的高僧，如闲云野鹤，一言不发而胜千言，不屑于对众人炫耀自己的高明，以沽名钓誉。

佛思禅悟：

沉默是金，一个学会沉默的的人，离佛祖最近，领会佛的真谛最深。当我们面对是非纷争沉默时，沉默就是最严厉的批评；当我们面对激烈的辩论沉默时，沉默就是最难驳倒的辩论。这是一种以柔克刚的制胜策略。沉默是一种强大的力量，这种力量来自于成熟、智慧和美德。有一段问禅对话最能说明这种无言的力量——问："世间谤我、欺我、辱我、笑我、

轻我、贱我、恶我、骗我，如何处治乎？”答：“只要忍他、让他、由他、避他、耐他、敬他、不要理他，再待几年，你且看他。”

一休袈裟的贵贱

有一位幕府将军非常仰慕一休禅师的智慧，几次三番地邀请他到自己的府里吃斋饭。一休很难推辞，就答应有空一定去，把来隆重邀请他的将军家的下人打发走了。有一天，一休传法路过将军宅邸所在的地方时，按着所说的地址找上了门。

一休那天穿着件破烂的百衲衣，当他来到将军府时，守卫拦住他，不让他进去。一休没办法，只得回去换了一件新的袈裟。守卫一见这体面的新袈裟，就诚惶诚恐地把他请了进去。

将军得知一休来拜访，就赶快准备好了丰盛的菜肴。将军谦卑地说道：“请师父用斋。”一休也不客气，夹了一箸菜就送到衣袖中去了。将军大为吃惊，鼓起勇气说：“师父路上辛苦，在下略备饭食，请师父用斋。”一休又夹了一箸菜放到了衣袖中。

将军迷惑不解，可是，又担心失礼，就沉默着，然后，旁敲侧击地问道：“师父家中还有老母健在吧？生活可有困难？”

一休师父摇摇头，只管往衣袖里夹菜。

将军又思索了一番，问道：“师父，您寺院里的僧众还未吃上饭吧，是不是挂念着他们呢？您放心，我一定再备些饭菜去供养他们。现在就请师父先用吧！”

一休缓缓地开了口，他严肃地说：“你今天并不是请我来吃饭，而是请我的新袈裟来吃饭的。”

将军闻听此言，觉得莫名其妙，不解其意，就请一休解释，一休禅师说：“刚才我穿了件破烂袈裟到您府上，守卫就不让我进来，直到我换了

件新的，才进得这深宅大院。既然您是请这新袈裟来用斋饭的，我就给它敬些菜吧。”

佛思禅悟：

在生活中有很多人以貌取人，以衣冠取人，岂不知“金玉其外、败絮其中”的人比比皆是，而真正有能力、有学识的人是不注重这些华而不实的表面文章的。有头脑的人不单单从事物的表象去判断事物的价值。名声与尊贵，是来自于真才实学的。

培育花草之佛理

在一个大寺庙里，有一位信徒在佛殿拜佛行礼后，走到后院的花园散步。这座寺庙历史悠久，占地很广，所以，寺庙的绿化工作由专门负责园艺的僧人打理。这位信徒闲暇无事，就走过去，在一边观看。

这位僧人正在专心整理花草，他用一把剪子将枝叶剪来剪来，被他剪去的花枝花叶散落一地，这位信徒很不解，都说出家人慈悲为怀，好好的青绿叶子，自然可爱，非用剪子剪去，真是不可思议。这位僧人剪完枝叶，又将一盆盆花草连根拔起，移植到另外一些花盆中，好好的，为什么费这事呢？这位信徒越看越糊涂。只见这位僧人又对一些已经干枯的树枝浇水，小心翼翼，特别照顾。

信徒看到这里，再也忍不住了，他走过去问这位僧人：“花草是任其自然为好，美出自天然，您为什么把好好的枝叶剪去呢？”这位僧人耐心地解释说：“那是一些看似繁茂，实际上杂乱生长，不合规矩的花草，一定要把不合规矩的枝蔓去除，才能节约养分，将来才能成长得更好。这就好比是收一收年轻人的狂妄自负的气焰，去除他的不良习惯，这更有利于他以后的发展。”

信徒又问：“那么，您把长得好好的花草连根拔出来，再移植到另外的花盆中，是怎么回事？也有讲究？”

僧人微笑着说：“居士您观察得真仔细！这就像孟母三迁一样，目的是选择环境、培养良材。我在另外一些花盆中已经预备了更好更有营养

的土壤，移植花草是为了使花草离开贫瘠的土壤，到肥沃的土壤中发育，这就像贫家子弟得到了资助，又像有钱人家的父母把子女送到好学校上学一样，目的是营造一个好环境，有利于接触良师益友、求得更扎实的学问。”信徒听了僧人的解答，获益匪浅。忽然想起刚才僧人给枯枝浇水的事，就干脆打破砂锅问到底，问这位僧人：“那您要是为了培育好花草，为什么给枯枝浇水啊？”

信徒听了他的提问，哈哈笑起来，说：“我怎么会给枯枝浇水呢？”

信徒指着“枯枝”给僧人看，僧人于是解释道：“那不是枯枝，去年冬天天气过于寒冷，这些小树受了寒，所以，到现在没有抽芽发绿，正因为这样，才应该趁天气转暖，多照顾照顾。”

僧人接着说：“园林园艺中也有禅宗佛理，这枯枝多像学校和社会上的不良子弟啊！这些枯枝，看似干枯，不可救药，实际上只要悉心照料，照顾有方，还是能使其走上正轨的。”

这位信徒听了僧人这一席话，觉得受益匪浅，不虚此行，欢欢喜喜地离开了寺庙。

佛思禅悟：

园林工人栽培花草，并不是任由其自由发展，完全地放任自流，而是勤于管理，使其茁壮成长为美好的花草，而不是疯长的杂草。在教育上，我们在用着同一个词“栽培”，用来指培育并提拔人才，这是对人的培植，对提高人们的素质、促进社会进步有深刻的意义。我国唐代就有诗句把栽培用在人的提拔和赏识上，比如李山甫的诗句：“深谢栽培与知赏，但惭终岁待重阳。”宋朝苏舜钦也认识到了人和花草一样需要栽培，他感叹说：“栽培翦伐须勤力，花易凋零草易生。”

有福量的人心头自在

道源禅师曾经给弟子们讲过这样一个故事：有一个人，家境贫穷，家里田地少，耕种维持不了一家人的生活，农闲时就以乞讨为生。他有一个儿子，后来做生意发了大财，但是，父亲还是整天在外边要饭，不愿意

跟着儿子享福，亲戚乡邻还以为是儿子吝啬，不肯让老人享福，都指责这个儿子不孝，当儿子的也觉得父亲在外边乞讨，风霜雨雪，怕他身体受不了，再说，他已经腰缠万贯，周围的人都知道他富甲一方，再让父亲乞讨也丢面子。想到这里，他就派人去到处寻找父亲的踪迹。把父亲找回来后，儿子想好好奉养父亲，让他过个舒舒服服、锦衣玉食的晚年，可是，这个老人在家住了没几天，就无影无踪了，他又跑出去要饭为生了。

人们见了他，都想问问他为什么有福不享，家里有吃有喝还出来要饭，这个老人解释说："出来走走，见见人，又快乐又自在，无忧无虑，到哪里都有善心人，有吃有住，一天走到晚很快活，睡觉也香甜。"

道源禅师为了让弟子们领悟"自在"的心境，又讲了一个故事：

有一个修禅多年的商人，他与一个朋友交情甚笃，一起合作做生意赚了不少钱。这一天，他带了不少金银财宝去看望朋友，可是，在路途上的小客栈里，他带的金银财宝全都被小偷席卷而去。这个商人看到所有财物不翼而飞，并没有大惊失色，而是平平静静，别人都很诧异，担心他是不是气过头了，他对人说："就算我送给小偷了，本来是打算送朋友的，反正都是送人，拿走就拿走吧。"

这个商人的度量和从容使他淡定自如，既然失去的不可追回，心上计较无济于事，也就不去多想了。

佛思禅悟：

禅家在放下万缘之后，心中悠闲自在，生活不拘泥，这种豪迈不羁的旷达的生活态度，正是现代人所需的。如果我们放下心来，走出郊外，高歌一曲，也许可从这种放松中醒悟人生的真谛。看淡钱财是做人的一种高尚境界，如果没有包容的胸襟，没有洞穿世俗的眼力，是万难做到的。钱财说到底不过是是生活的一种工具，而不是生命本身。

地狱是什么样子

无德禅师名望很高，很多青年学僧慕名而来，想要跟他学禅。无德禅师诲人不倦，广收门徒，每天都勤勤恳恳地在佛田耕耘。可是，人是形形

色色的，这些弟子也什么样的人都有，有的天性懒惰，好吃懒做，还自诩为“无为”，有的人贪图名誉地位，攀援俗事，无德禅师看在眼里，急在心里，就给大家讲了下面一个故事：

阎王把一个人叫了来，这个人跟着阎王迷迷糊糊地来到一处天堂般华丽的地方，这个人想，这是我前世为人良善的福报，我一辈子没享过福，这回该好好弥补这人生的不足了。

阎王对他说：“我正忙别的事，你在这里随便吧。”这个人正巴不得一个人在这仙境一样的地方呆着，就谢过阎王，躺在龙床上呼呼大睡。睡了整整七天，竟然无人打扰，再也没人来叫他起来做事了，他心里快活极了。看看这仙境竟然也有人间那样的美味珍馐在桌子上摆着，就大吃了一顿，倒头又睡。就这样不知过了多久，他觉得闷得慌，就想走出去，可是，他发现，四周围可进出的门一个也没有——阎王领人进来，根本不可能再让人出去，所以，根本就没有门。

这个人吃了睡，睡了吃，天长日久，吃什么都不香，睡觉也睡不着，实在无事可干，心中对这个仙境产生了极大的厌烦感。他开始怀念生前美好的日子，那时候生活忙忙碌碌，工作忙，家里家务活不干也不行，觉都睡不好。当他活着的时候，觉得世界上的苦和累他都尝遍了，常常抱怨日子太苦了，还不如死了痛快，那样就不用受累操心了。的确，现在自己到了阎王这里，是什么都不用操心了，可是，怎么这么心烦呢？

阎王有一天来看他的时候，这个人已经憔悴不堪、只剩一口气了。阎王问他：“我这里有吃有喝，什么事也不用你操心，这正是你想要的，你在人世时常常念叨要这些东西，我全给你了，你还有什么不满足吗？”

这个人问：“我在这里实在过得无趣，有什么事我可以做吗？”

阎王说：“我这里没有什么事要做。”

这个人沮丧万分，叹口气说：“这种日子过着真是比上刀山下火海还难受，还不如把我送到地狱呢！”

阎王一听，回答说：“这里就是地狱啊！”

佛思禅悟：

一个人的生活如果没有追求和理想，没有创造，看不到前途，心灵上的煎熬，比上刀山、下火海的皮肉之苦还有苦。当我们在生活中不停抱怨，羡慕别人有钱有闲的自在生活时，其实，只看到了表面的所谓美好，

实际上，无所事事的人内心十分空虚，甚至病态。世界上没有十全十美的幸福生活，没有十全十美的人，关键是弄清楚自己到底想要什么。得到想要的，肯定会失去另外一部分。如果什么都想要，只会什么都得不到。生命的意义在于活得充实，而不是无所事事地空耗光阴。

奉献的功德有多大

无巧禅师在圆觉寺弘扬佛法，来听讲法的信众很多，屋子里挤得满满的，有的人甚至站在门外墙边听讲。有信徒看到这种情况，觉得讲堂实在太狭小，不利于弘法，就号召信徒捐资修建一座大讲堂。

有一个信徒很崇拜无巧禅师，决心助寺庙一臂之力，就用袋子装了五十两黄金，他郑重地交给无巧禅师，祝愿大讲堂早日建成，投入使用。无巧禅师收下了这五十两黄金，就交代给管财务的，登录完毕后，就作别这个信徒，忙别的事去了。这个信徒内心感到十分惆怅和不解，因为五十两黄金是一笔大钱，普通人家全家一年收入五十两银子的都少见，更别说五十两黄金了。这个信徒怕无巧禅师不知道袋子里装的是黄金，就跟在禅师后边，又说："禅师，我那袋子里是五十两黄金啊！别记错了。"禅师一边应声一边脚步匆忙地走了。

这个信徒心中顿生烦闷，他就对管账的和尚抱怨说："无巧禅师讲法讲得好，可是人情事理实在是不太懂得。收下我这么重的奉献，连声感谢话都不说，也太不像话了。"

管账的和尚说："施主这样说实在是大谬，你施舍是在积累自己的功德，不是帮助别人，别人不欠你一声感谢。要是你将功德看成是买卖，我就替佛祖说一声多谢，从此，你与佛祖就'银货两讫'了，这样行吧？"

这个信徒大悟，红着脸不好意思地告别了。

当人们奉献出大笔金钱的时候，不免会考虑付出与得到的关系。这种计较也是人之常情，连不差钱的皇帝老子都不例外。

当印度佛教衰微时，菩提达摩说中国有大乘气象，就渡海东来，到达广州，与南朝的梁武帝萧衍见了面。梁武帝笃信佛教，见到达摩祖师后，梁武帝就向达摩祖师炫耀自己在中国佛教发展上的贡献，他列举自己的光

辉业绩说：“我广造寺宇，度众人为僧，写佛经、造佛像，不遗余力。我做了这么多贡献，有何功德？”达摩祖师回答：“并无功德。”梁武帝心情大不爽，又不甘心地追问：“为什么您说我没有功德？”达摩祖师回答：“您不过是做了几件好事，这实在说不上是什么功德。”梁武帝听了，心中很不高兴，大家言不投机，达摩祖师便北上，到了少林寺。

梁武帝信奉佛教，广造寺宇、佛像，令人抄写了大量经书，并度人为僧，这是在积累自己的福德。而达摩祖师说梁武帝没有功德，是因为梁武帝没有在性上悟证，还是迷的。达摩祖师要告诉梁武帝的是，他做的那些事只是福德，并非功德。

不能在自性上证悟的人，做好事往往都有一个俗世功利的目的，可能是为了别人的称赞，也可能是为了得到什么回报。也就是说，有一个利己的动机，因此便落入了贪心。梁武帝大兴佛事，是为了想自己成佛，于是他就落到贪图成佛的那个迷境里去了。

佛思禅悟：

俗话说：“施恩不求报”，这是一种修养和境界，因为帮助别人就是帮助自己。默默地做好事、善事，积的是阴德，可以使自己有福报。福德是布施行善，积德修福，因此，有人说“功德累世修，福报岂在求。”一个人的人生要过得有意义，就要经常反观自心，戒除贪欲，乐善好施，积德行善，进行一场真正意义上的自我革命。功德圆满、大功告成的那一天就是我们的整个社会、全世界走向和谐、大同的那一天。

一丝善念和一丝恶念

有一天，佛祖查看地狱之井，他往下望着，只见里面有无数生前作恶多端的人在挣扎呼救，他们在地狱里正经历着油煎火烤的煎熬。

有一个强盗发现了正往下看的佛祖，急切地请求佛祖来救他。这个强盗生前杀人放火，抢劫财货，无恶不作，但他也不是彻头彻尾的坏人，他有时候也展现出人性中善良的一面。比如，有一次，他在墙壁上发现了一个小蜘蛛，正要用手掐死它时，一念慈悲心起，使他下不去手，他就放开

了蜘蛛，任由这个小生命逃生去了。这件事是他一生中罕见的几个善业之一，所以，他见到佛祖，回想自己生前的事，只有这件事还可引起佛祖的同情，情急之下，就绘声绘色地跟佛祖讲述，求佛祖救他出地狱。

佛祖听了他的讲述，认为他还有一丝善念，应给他一丝出地狱的机会。于是，就那只小蜘蛛的灵魂的力量就这人脱离苦海。佛祖于是就把蜘蛛的蛛网丝连接起来，垂下井，那个强盗看见了这一丝希望，就拼命地抓住这根蛛丝，挣扎着往上爬，他在往上爬的时候，心中有了一丝侥幸，心想这全是我当年不忍掐死蜘蛛带来的福报。当他快要攀爬到井口的时候，他感到下边有人在拉扯蛛丝，原来是别的正受煎熬的人也在你争我抢地要拉着蛛丝往上爬。这个强盗就骂他们白占便宜，可是，不管怎么骂，那些人就是不松手。

抓住蛛丝往上爬的人越来越多，强盗这时已经到了井口，眼看就要得救了，可是，他实在嫌恶那些跟着他正往外爬的人，蛛丝这样细，要是不能承受这些人的重量，自己的努力不是前功尽弃了吗？想到这里，他灵机一动，就用做强盗时随身携带的杀人刀把蛛丝割断了，所有紧抓蛛丝往上爬的人又掉进了深不见底的地狱中，强盗也突然失重又掉了下去。

法力无边的佛祖的蛛丝既然垂下去了，怎么会断呢？这个人正是由于对他人缺少慈悲心才难以得救。

佛思禅悟：

一次小小的善，可以拯救无数人的生命；一次小恶，可以毁掉一个人最大的希望。各种罪中，杀生最重；诸功德中，放生第一，因为世界上最宝贵的就是生命，所以，天下最残忍的事就是杀生。如果能够做到戒杀并且放生，就积累了无限功德。如果一个人的力量能够行善，可是却不愿意行善，不愿意与人方便，就是恶。这种自私自利是万恶之源，而善良的人，救人之难，济人之急，悯人之孤，容人之过，利物利人，修善修福。

人为什么要为死悲伤

曹洞宗的开山祖师是洞山禅师，他对生死看得很平淡，不像一般人那样把死看成是悲戚的事情。当洞山禅师感到自己的身体日渐衰弱、大限已到时，他从容地让人给他剃发，并给他穿戴整齐，并为他敲起寺院的大钟，听到钟声，他神态安详地坐化了。僧众都放声大哭，一直哭了一个时辰，洞山禅师又慢慢睁开眼睛，缓缓地从座位上站起来，平静地说道："出家人，生死置之度外，生时每日操劳，死不过是休息，有什么理由悲伤呢？"

洞山禅师又叫来主事僧，嘱咐他办愚痴斋，以教训僧众的不能忘情。七天之后，洞山禅师召集众僧过来，叮咛道："人要生得有意义，死得从容。这次你们众僧不要哭泣不已了。"

第二天，洞山禅师沐浴后，在禅坐上端正地打坐，再也没有起来，他就此迁化了。

佛思禅悟：

没有佛性的人生得猥琐，死得痛苦，而有佛性的人生得勇敢，死得安详。有佛性的人已经超越了人生中"生、老、病、死"之苦，不以这些"苦"为"苦"，因而"苦海"也就变成了"极乐世界"。人应该自自然然地生活，"春有百花秋有月，夏有凉风冬有雪，若无闲事挂心头，便是人间好时节"。超生死得佛道，并不要求在平常生活之外有什么特殊的生活，如有此觉悟，内在的平常心即成为超脱生死的道心。

求佛是为了救世

从前，有一家读书人的家庭有三个儿子，父母期望他们金榜题名，走科举仕途，可是兄弟三人都热衷于参禅悟道，为了求得佛法的真谛，他们

三人商量一起去云游，参访名山大刹，像行脚僧那样到各处听佛法的讲座和开示。

这三人有一天走到一个破落的小村庄，口干舌燥，看看天气阴云密布，就决定在此投宿。三人正在寻找投宿的人家，忽然有一阵哭泣声传来，三个人心里很纠结，就过去询问究竟。原来是一个妇人，刚死了丈夫，给她留下了六个未成年的子女，妇人日子过得艰难，感到生活很无助，所以悲伤哭泣。

三兄弟听完妇人的话，很同情她的遭遇，就投宿在她家，打算离开时给她留些银子使用。可是，第二天，三兄弟中的老大和老二上路时，发现最小的老三不愿意走了。老三说："大哥！二哥！小弟不能跟你们一起去参学了，我已经决定留在这户人家过日子。"

两位哥哥又吃惊又生气，都斥责弟弟没出息，出来云游的，可是，才见了一个寡妇就走不动了，真是没志气，可是，劝导弟弟几个时辰，弟弟仍然是铁了心一般，毫不动摇。两位哥哥知道这户人家的妇人贫苦善良，就由着弟弟的性子来，他们两人匆匆走了。

这老三从小在小康的读书人家长大，看到这户人家日子实在太艰难，没有了当家的丈夫，这个妇人很难支撑，所以，心中对他们的遭遇无限同情，他留下来是想帮他们一把。从此以后，老三在这户人家任劳任怨，脏活累活抢着干，妇人的六个孩子都很喜欢他，这个守寡的妇人也对他渐生爱意。有一天，妇人就跟他表白自己的心，想跟他结成夫妻。老三的理想是求佛，对俗世的男婚女嫁不感兴趣，他来这里是为了帮助这个妇人撑起危难的家，所以，听了这话很为难，但他不想伤害这个妇人脆弱的心，就说："你丈夫尸骨未寒，我和你结婚，实在对不起你的丈夫，让我们为他守孝三年吧！"

就这样，老三在这户人家勤勤恳恳干着农活，脸也晒黑了，手上也生出了老茧。三年过去了，这妇人又提起婚事，老三又婉拒道："你的孩子们还小，恐怕会很难接受，等他们长大一些了，我们再跟他们提这事吧。"

老三在这妇人家白天干活，晚上教孩子们读书写字，这家人因为他的到来，家庭充满了欢乐。不知不觉中，孩子们渐渐长大，最大的孩子已经可以帮妈妈干农活了。老三看到自己助人的心意已经完成，心里很愉快。

老三在一个月明星稀的晚上，跟这个妇人拉家常，他委婉地解释了自己留在她家的真正动机，并告诉这个妇人，自己现在要离开这里，去远方

求道了。

妇人听了，感动得眼泪止不住地往下流。这些年，如果不是老三在这里帮她，这个家还不得散了？这个虔诚的年轻人用一颗大慈大悲的心，使她的家度过了危难，转危为安，现在，家庭又看到了希望，他却要离开了。

这三兄弟中的老三是真正有佛心佛性的人，他不为世间的五情六欲所迷惑，而是心地诚敬地助人，这是参禅悟道的极境。

佛思禅悟：

学佛的目的何在？就是要度众生随缘。断一切恶，修一切善，念念为众生服务，就是断我执，去除自私自利的念头。境缘无好坏，好坏起于心。如果做到事事先想别人，扩大心量，那么人人是好人，事事是好事。如果我们不被名闻利养所害，不取于相，就能达到百花丛里过，片叶不沾身，念念为众生的境界。实诚人一句阿弥陀佛念到底。有愿无求，真诚，清净，平等，慈悲，能看破，放得下。

大海中只取一瓢饮

有一天，佛陀在精舍中独坐，他的思想游离于三界之外，好久没有注意到精舍中有人来到。不知过了多长时间，当他睁开眼睛，发现一个满面愁容的人正跪在自己面前，等待他的开示。

佛陀说道："你有什么事啊？"

这个人问道："世尊！我自从信仰佛教，我的父亲就很不赞成。我的父亲想，佛教内涵广博，戒律甚严，我一定学不好，也不能完好地持戒，还不如根本不去学它。我的父亲坚持己见，很固执，我怎么也说不过他，我担心他累积罪孽，堕落到地狱受大苦，所以，我来此请求佛陀度化我的父亲。"

佛陀沉思片刻，说道："你的父亲是有慧根的人，我给你讲一个故事，请你转述给他，他就明白了。"

佛陀于是讲了这样一个故事：

有一个人跟着一行人在沙漠戈壁中走了好长时间，身上带的水都喝

光了，口干舌燥，两眼发昏，他急切地寻找水源，可是，怎么也找不到。走着走着，他忽然发现前边出现了一条河，河水清澈，游鱼清晰可见，两岸水草茂密，这分明是可以喝的河水，同行的人赶忙跑过去，手捧河水就喝。然而，这个人却呆立着，逡巡不前。同行的人都很纳闷，就问他："你不是口渴得很吗？现在找到了水，你怎么不赶快喝个痛快？"

这个愚蠢的人艰难地张开干裂的嘴，有气无力地说道："我一看这么多的河水，我哪里喝得完呢？既然喝不完，我就只好不喝了。"

同行的人听了他的话，不知道怎么反驳他，只是不住地摇头叹息："唉，真是无知的可怜人啊！"

佛陀讲完这个故事，在佛陀面前请求开示的人心领神会，就起身告别佛陀，马上回家跟父亲讲这个故事。

他的父亲听了，恍然大悟，认定佛陀的智慧无边，于是，便与儿子一起皈依了佛陀。

弱水三千，只取一瓢饮，就能解除干渴。佛法虽然法门众多，宗派林立，但是，如果能够理解并奉行一法，便能在生活中得到引导，受益无穷。

佛思禅悟：

学佛在于造就人格，而不在于死记硬背纷繁复杂的理论。正如吃饭是为了维持生命而不是为了研究体验营养学一样，学佛的目的是使我们得到好向导走上正路，而不是教我们画地图。只要我们能看懂地图，能够借此识别道路就达到了目的。对普通人来说，学佛就是吸取其中的营养，使我们的精神和思想充实，不为外界的邪僻的恶念所迷惑，不生心灵的疾病，使我们增长智慧，乐于奉献，为自己挣得福报。佛教理论和戒律虽然高深，但是，求佛参禅却是人人都可做的。

无争的小虫儿

无德禅师是宋代临济宗高僧，他精心参禅，道行很高，深受人们的敬重和仰慕。

无德禅师有一个忘年交，是个七岁孩童，这个小孩很伶俐活泼，常常

找无德禅师聊天，海阔天空地瞎侃一通，无德禅师对这个小孩子喜爱极了，常常夸他机智非凡，说话思考都有些禅味。

有一天，无德禅师对这个小孩子说："老僧我每天忙得很，没有闲工夫跟你在这里胡扯乱侃，嬉闹玩耍。现在咱们俩再辩论一次，要是你辩论输了，你就得买饼来供养我，要是我辩论输了，我就买饼与你结缘。"

小孩子一听有饼吃，兴奋地说："那就请你先拿出买饼钱来！"

无德禅师笑着说："我辩论输了才给你买饼钱，要是你辩论输了，哼，你要供养我啊。"

小孩子说："肯定是我赢，你出题目吧。"

无德禅师问："假如我是一只公鸡。"

小孩子答："我就是小虫儿。"

无德禅师抓住小孩子的话头说："你是小虫儿就糟糕了，你快快买饼给我这只大公鸡吃吧！"

小孩子并不认输，他镇定地说："师父！你要买饼给我吃才对。我是小虫儿，轻盈灵巧，见了你这只笨拙的大公鸡，我可以飞呀！再说，我们是师徒，是不可以争论的。你再想想，谁输了？"

无德禅师无语，让小孩子等着，自己悄悄回到禅房，拿钱出来给小孩子买饼吃了。这就是老少禅者间的一桩趣事。

七岁小孩心甘情愿当一只小虫儿，屈居大公鸡之下，大公鸡一发威，小虫儿就可能命丧大公鸡口中，可是，小虫儿也可以选择飞走，这好像是避而不争，师徒间的不争论，所以说，小虫儿飞走是更好的处事方式，是禅悟的思维方式。

佛思禅悟：

我国古代就有"强辩者饰非，谦恭者无争"的说法，就是说，跟人争竞的人常常会不诚实地掩盖自己的弱点，而谦恭的人即使有实力，也会回避，不跟人争竞。当有人诽谤我们的时候，发起挑衅的时候，最好的应

对措施仍然是不跟他们争个一清二白。如果别人对我们心怀不满，充满怨气，我们也不要跟他们斗气，跟他们对着干。与人无争则心安，与事无争则家安，与世无争则国安。总之，知足之心常乐，能忍之士身自安。

等天一晴就上路

宋朝德普禅师幼年失去双亲，遂出家为僧。他为人豪爽，急公好义，时人称赞他为义虎。他十八岁受戒后，就大开讲席讲佛法弘道，没有人敢跟他辩论。

有一天，德普禅师对弟子们说："诸方尊宿死了以后，禅宗中人都必定祭祀，我认为这是徒劳的，因为我想人死以后，肉体没有感觉了，是否能享受到祭物，谁也说不准。我要是死了，你们就在我死之前先祭。从此刻起，你们就办祭吧。"

众僧听他的话听得一头雾水，等到德普禅师说现在马上就办祭，还以为他在说玩笑话，于是，大家也就开玩笑地问他："禅师什么时候迁化呢？""迁化"就是佛语的死亡之意。

德普禅师回答说："我等你们依照次序一一祭祀完毕，我就决定走了。"

众僧看德普禅师表情严肃，不像开玩笑的样子，就开始准备起来。先把帷帐寝堂摆设好，然后又做祭品。德普禅师坐在其中，注视着他们的一举一动，就像总指挥一样。弟子们依照祭祀的礼仪，上香，供上祭品并庄重地高声诵读祭文。

弟子们祭祀完毕后，各方的信徒们也按照排定的日期如约前来祭祀，并奉上供养，祭祀仪式就这样一直持续到次年的正月初一，一共祭祀了四十多天，祭祀礼仪才算完成。

德普禅师看祭祀礼仪已经完毕，告诉众僧："明天雪停了我就走。"

德普禅师说这话的时候，外边正飘着雪花。第二天清晨，雪停了，德普禅师焚香盘坐，神态安详，满面怡乐的表情，飘然迁化。

在禅者心中，生和死无所谓悲伤，也无所谓喜乐，他们已经超越了生死，所以，他们才能镇定自如、潇洒地走向新生。

佛思禅悟：

一个豪爽大气的人，内心的度量气概，表现在外在的气魄风度。身未死而安排后事，就是这种器宇轩昂、自在解脱的气度的表现。一个解脱的大气的人，待人接物，心中常常有优裕从容，游刃有余，忙而不乱，心平气和。这是有定力的人才有的涵养。心胸开阔的人有预见性，见识深远。他们不拘谨因循，而是思维严谨，做事有条理。所以行动的条理性和计划性正是来自气度的宏大，二者不但没有矛盾，而且是统一的整体。

爱惜藤萝的生命

佛陀在舍卫国传法的时候，遇到过很多危险处境。有一天，一些化缘归来的比丘在田野上行走着，一群强盗发现了他们，就抓住他们，把他们洗劫一空。

比丘们财物甚少，所以，连身上的衣服也被强盗抢走了，即使这样，强盗们仍然不肯罢休，他们这些恶人最讨厌比丘们讲因果报应等佛理，一个强盗头子就下令说："这些比丘到处胡说八道，可恶极了，兄弟们快动手，把他们都杀掉！"

强盗中有一个人以前曾经出过家，他了解比丘的生活方式和戒律，所以，就向强盗头子建议："头儿，没必要动手杀他们，这些比丘慈悲为怀，不伤生，我看，只要用路边杂草丛中的藤萝一捆，他们就跑不了了，因为他们不忍心挣断，伤了藤萝。那样的话，还怕他们再向人胡说八道吗？"

强盗头子一听，此话有理，就采用了这个办法。强盗们就扯起路边生长着的藤萝枝蔓捆在比丘们身上，骂骂咧咧地离去了。

被藤萝捆住的比丘们，为了持戒，生怕一用力，藤萝就会被连根拔起，同时，为了不把藤萝枝蔓弄断，就只好一动不动地呆在原地。这时候，他们的衣服早被强盗们抢走了，全身赤裸地在日头底下晒着，蚊子、跳蚤等不停地绕着他们的身体飞来飞去，在他们的肌肤上叮咬。到了太阳西下的时候，他们一个个头晕眼花，饥肠辘辘，可是，谁也没有挣开缠绕他们的藤蔓，他们静静地祈求佛陀给予他们力量，祈求佛陀救助他们脱离

困境，可是，眼看天全黑了，路上仍然没有行人出现，只听禽兽在野草丛中发出怪异的叫声和撕咬的声响，荒郊野外如地狱般恐怖狰狞。

这时候年轻的比丘们开始埋怨起来，有人说，戒律是有道理的，可是也要看情况，根据不同情况变通才可行，现在这样的处境，还是先逃命要紧。一个老比丘听了这些话，严肃地说："人生短促，比射出去的箭所用的时间还要短，即使是国王用石头砌成的宫殿，也有崩塌的时候，更何况普通人的生命！生命无常，转瞬即逝，我们出家人已经看破生死，大家不必为此过于悲伤。"

一个年轻的比丘说："在任何情况下都要持戒吗？即使为此丧失生命也要这样做吗？"

这位年老的比丘回答说："爱惜藤萝的生命就是爱惜我们自己的生命，持戒就是要我们懂得体恤弱小的生命，懂得戒律的神圣不可违反，况且尘世的生命无常，纵使我们挣断藤萝，我们也无处可去，不如把我们的生命奉献给高尚的佛法，作为普度众生的典范。"

年轻的比丘们听了老比丘的说法，就又汲取了动力，就纷纷端正身体，静静地坐在寂静黑暗的田野中。众比丘为了持守戒律，忍受着身体上的苦痛，不能转身，不能走动，唯有忍耐，再忍耐。

第二天清晨，一队人马浩浩荡荡从路上走过，原来是国王领着侍卫们游猎经过此地。侍卫们走在前边开路，远远看见一群赤身裸体的人坐在杂草丛中，好生奇怪，就驱马上前问话，问明情况，赶快汇报给国王。

侍卫说："国王陛下，前边草丛中全身赤裸的人是僧人，身子被藤萝捆住了，他们遭遇强盗抢劫，才落到了这个地步。我仔细察看了一番，他们右肩的皮肤较黑，因为他们平日穿袈裟，是偏袒左肩的。您看，该怎么处置他们？"

国王一听，不禁纳闷，就问侍卫："要挣脱藤萝不费吹灰之力，这些人怎么这么愚蠢，一动不动地在这里等死？"

国王自己上前问这群比丘："你们身体没病没灾，为什么傻呆在这里？藤萝一挣脱就断，你们怎么像祭祀的羔羊一样顺从地等死？是被咒术迷惑了，还是为了向人们显示你们在苦行？"

众僧一起回答："尊敬的国王陛下，纤细脆弱的藤萝不难挣断，但是，戒律不可违背。我们无心挣脱使人仁慈向善的戒律。挣断藤萝就要毁伤藤萝，这无异于杀生，我们是佛陀的弟子，坚守戒律，不愿意杀生以求

自己的生命得救。”

国王听了众僧的一番话，心中大喜，他称赞这些僧人是真正的佛祖弟子，佛法的护卫者，国王向侍卫们说：“他们为了遵守戒律，宁愿舍弃自己的生命，这是多么坚强的信念！我从今往后也要皈依佛祖了，只有皈依佛法才会脱离烦恼，国家才有大同的一天。”

佛思禅悟：

人的自由是可贵的，可是，个人的自由应该建立在法律所许可的范围之内。同样道理，一个佛教徒，有自己的信仰追求和清规戒律，如果轻易违反，不能严格遵守，就等于没有戒律，如果佛教的戒律是那样宽松，人人都能做到，那么，也就不成为戒律，佛祖和比丘对大众的教化就非常容易了，实际上，正好相反。正如我国古话所说：“岁不寒，无以知松柏；事不难，无以知君子。”佛教徒正是因为限制自己的自由，能够忍受艰难和克制自己的欲望，才赢得了人们的敬重，他们导人向善才有说服力。

只有一句话的开示

良宽禅师在日本文化史上影响深远，他是日本著名的诗僧，有大量诗作和俳句遗世。

相传，在他晚年的时候，老家来人看望他，说起他的外甥不误正业、吊儿郎当，工作不好好干，整天游手好闲，跟一群狐朋狗友胡混。老家来的亲友希望良宽禅师帮忙劝劝这个浪子。他们担心，这个外甥要是一直这样下去，恐怕很快就要走到破产的境地。

良宽禅师所在的寺庙距离老家相当远，他年岁一老，身体也很羸弱，所以，良宽走了三天才好不容易走到老家。外甥家就在老家的临近村里。他找到外甥家，疲惫不堪，坐在床上打坐，一夜没有合眼。第二天，他叫外甥过来，说：“外甥啊！我年纪大了，手脚不中用啦，穿鞋都穿不上，你能帮我穿上鞋吗？”外甥想着舅舅多少年都没有回来了，就给他穿鞋。

良宽禅师说：“真给你添麻烦了，多谢你了，你看，人一老就这样不中用，连鞋都穿不上。你要趁年轻好好干事业，为年老的一天打好基础、

做好准备，这样就不会给别人添麻烦了。”

良宽禅师说完这句话，就起身上路，回到了修行的寺庙。他没有责备外甥半句话，甚至对外甥的事连提也没有提。然而，外甥很快就悟出舅舅此行的目的，羞愧不已，于是，从此以后，洗心革面，重新做人了。

佛思禅悟：

人活在世界上，背负着种种责任和义务，如果无视这些责任和义务，就会放松对自己的要求，甚至走向堕落。然而，即使已经堕落的人一旦醒悟，也会“浪子回头金不换”，人们需要感化他们，使他们走上正路，而不是一味地指责甚至抛弃。正如良宽禅师在他的俳句中所表达的那样，即使对“贼子”也要用爱心对待。良宽俳句中写道：“贼子拂袖去，月光倚窗前，纵然失世界，与君爱永存，贼子乎，疾病乎，焉能令那爱意不复存。”这就是一位禅者宽广的胸襟。

世间一切皆由性转

有一天，法演禅师进城，一阵喧天的锣鼓声传来，吸引了他的注意力，他放眼一看，远处有一处戏台，用大块的深色布围着，台上是许多小木偶。有的很丑，有的很俊，有的穿戴华丽，有的破衣烂衫，愁眉苦脸。这些木偶随着表演的音乐伴奏，有的在动，有的在坐，有的欢喜地又唱又跳，有的作痛哭状。法演禅师正看得津津有味，忽然注意到黑布内有一个东西在动。他忍不住好奇起来，就走进去查看。原来，黑布后边有人。那人正是操纵木偶的，只见他双手拉动着木偶身上的线绳，口中还模拟着不同的声音，这种口技实在惟妙惟肖。法演禅师觉得实在有意思极了，忍不住哈哈大笑起来。

法演禅师一边笑着问这个灵巧的木偶戏操纵者：“您贵姓啊？”没想到那人却干脆地回答说：“老和尚，您要是喜欢，就尽管观看，何必问我姓什么呢？”

法演禅师哑口无言，回头一想，木偶种种在台上之所以活灵活现好像人间万象，正是由不知姓什么的操纵者一手控制的。

总而言之，控制操纵木偶的人是什么“姓”（性）决定了木偶人等是什么命运。

佛思禅悟：

木偶的世界也是人的世界。世俗的贫富差别和对立，喜怒哀乐和烦恼忧愁，这些都是虚幻不实的，受外界操纵的。万事都有一个机缘，不是主观意志所能决定。这正是众生根性百千，诸佛巧应无量，随其种种得度不同。我们所能做的就是慈悲持戒，随时随方应机缘。

怕伤生的执念也害人

有一个持戒僧，严格持戒，一丝一毫也不马虎，到了钻牛角尖的地步。有一天晚上，他有事外出，阴天的夜里，漆黑一团，这个持戒僧因为有急事，走得匆忙，也没有拿灯笼，一个人走夜路，跌跌撞撞地向前摸索着前进。

走着走着，忽然，他脚下一滑，好像踩在了什么东西上，那东西好像还发出了痛苦的声响。持戒僧心想：坏了！莫不是一只蛤蟆跳到了路上？我踩死了一只蛤蟆！天啊，这真是罪过啊！要是这蛤蟆肚子里还有很多仔，我这不是杀生无数了？持戒僧懊悔得不得了，可是，悔之晚矣。

这个持戒僧夜里办完事回到寺庙，躺在床上，辗转反侧，不能入眠。他心里惦记着被他一脚踩死的蛤蟆，想到这样做造成的罪孽，心事重重。好不容易睡着了，在梦乡里，他又遇到了那只蛤蟆向他索命。那只蛤蟆后边，还跟着上百只小蛤蟆，都在“呱呱呱”地叫着声讨他，他实在受不了了，就大叫一声，醒了。这才知道刚才的事是一场噩梦。这个持戒僧再也无心睡觉，好不容易熬到天亮，持戒僧鬼使神差地又回到了那个出事现场，他找来找去，并没有找到蛤蟆的尸体残害，却看到一个被踩烂的老茄子躺在地上，一群蚂蚁正忙忙碌碌地围着分赃。持戒僧看到这个烂茄子，才明白自己并没有杀生破戒，他不禁长舒了一口气。

这个故事是宋代著名的佛眼禅师对弟子们讲述的，他对弟子们说：“大凡修行，一定要离却情念才行，否则，会吃大苦头。现在我来问问大

家，那持戒僧踩的到底是蛤蟆还是茄子？如果不是蛤蟆，那么在梦里蛤蟆为什么会向持戒僧索命？”

弟子们被老师问得面面相觑。

佛思禅悟：

日有所思，夜有所梦，所以，持戒僧梦见蛤蟆索命并不奇怪，这正是他自己内心疑惑的梦中再现。善待生灵，这是正确的思想，可是不能过于机械地理解，如果只是无心之过，却陷入深深地自责之中，并不是佛的本意，也不是禅的精神，与因果报应的旨意也没什么关系，只能说是此人过于拘泥于细节琐事，不能放下。

一滴水的功德

弘光禅师有一天在沐浴的时候，感觉水太热了，就叫弟子在提过来一桶凉水，这个弟子马上提来了一桶清澈见底的凉水，这是刚从水井里打出来的。弟子将师父沐浴的水加好，顺手把桶里剩下的凉水泼了出去。

看到弟子大手大脚地把好好的清水泼了出去，弘光禅师严厉地批评了他，弘光禅师说：“你怎么能这样浪费呢？物力维艰，什么东西都有它的用处，怎么随便抛洒？即使是一滴水，如果用来浇花，也是在实现这滴水的价值，也不应该白白地浪费！”

在师父严厉的目光下，这个弟子羞愧地低下了头。

从此，这个弟子在参禅修持上大有进步。他把自己的法名改为“滴水”，以此警戒自己，使自己时时刻刻牢记这个教训。

滴水和尚后来在弘扬佛法的时候，有人问他：“请问，世上什么功德最大？”

滴水和尚立即回答：“滴水。”

又有人问他：“世界上什么东西能够包容万物？”

滴水和尚人仍然回答："滴水。"

一滴水中有整个的世界，滴水和尚把自己和滴水融为一体了。

佛思禅悟：

滴水的力量实际上无穷大，水滴石穿，逐渐积累我们的功德，我们就会最终得到福报。我们人人都像一滴水一样，既渺小又伟大，就像一滴水，只有融入大海才能永不干涸，我们也只有在与社会之汪洋大海的和谐共处中求生存。在生活中，一滴水就代表了一片海洋，一滴水就能诠释人生这片海洋，所以说，一滴水包容万物。

收服牛的野性

大安和尚去拜访百丈禅师，施礼之后就直截了当地问道："我在为了成佛而修行，请您告诉我，到底什么叫作佛？"

百丈禅师说："我看你一心想成佛的焦躁样子，好像是骑着牛找牛。"

大安又问："认识了佛性以后，下一步还应该怎么修持呢？"

百丈禅师回答说："认识牛之后要想办法收服牛的野性，驯服到人能骑着牛回家的程度。"

大安又问："自始至终，我怎么能够做到使我的真心既得到锤炼又不被污染呢？"

百丈禅师回答："要像放牛娃那样，拿着鞭子好好看管你的牛，小心它毁坏别人的庄稼。"

大安最后听懂了百丈禅师的开示，从此以后，潜心修持，与人无争。

佛思禅悟：

我们在生活中，实际上经常在与自己较劲，自己就是自己的敌人。比如，我们可能有自高自大、骄傲自满的缺点，怎样克服这个缺点呢？就要我们坚持不懈地与自己斗争，一点一滴地改正。我们也可能有强烈的嫉妒心，也可能过于自卑、也可能过于痴迷于某人或某事，这些时候，正是我们制服自己、管理好自己的时候。

宝剑磨成不可用

有一个学僧向布衣禅师问道："宝剑做好初胚以后，在还没有磨的时候，是怎样一种情况？"

布衣禅师回答："没有磨好就没有什么用。"

学僧于是又问："那么，磨完之后怎么样呢？是不是就可以大派用场啦？"

布衣禅师回答："磨完之后，更没有用，连触碰一下都很危险。"

修行的人大多拥有良好的本性，具有法身的胚胎，但是，也存在很多毛病和不良习气，在这些不好的东西磨掉之前，这个胚胎是不会起什么好作用的。所以说，宝剑要磨，法身要修。

磨好的宝剑锋利无比，一触即伤。修行的人修成法身之后也要小心行事，不可害人害己。

佛思禅悟：

古训云："成人不自在，自在不成人。"一个人不经过磨砺，不经过艰难困苦的考验，很难做出成就。一个人的聪明是从勤奋的学习中得来的，他的才能是日积月累积聚的。然而，当一个人成为难得的人才之后，如果误入歧途，那么他比平常人迷失得更厉害，做错事的损失更大，所以，一定要慎用自己的才能。

儒和佛殊途同归，本是一样

唐代大诗人韩愈曾经认为佛教是外来文化，修建寺庙浪费钱财物力，和尚又不事生产造成社会生产力的消耗和浪费等。因此，他写了著名的《谏迎佛骨表》，上书皇帝反对发展佛教。笃信佛教的皇帝看了他的进谏奏章，大为震怒，就把他贬到了广东的潮州。

有一次，韩愈因事参访宝通禅师，他礼貌地询问禅师多大年纪了："您春秋多少？"宝通禅师好像没有听见问话，只是手中捻着佛珠，问韩愈："你会吗？"

韩愈不解其意，心想，也许是问我会不会捻佛珠，就回答："不会。"

宝通又说了一句："昼夜一百八。"

韩愈听得糊里糊涂，猜不透到底禅师说的是什么意思。韩愈无法对谈，觉得无趣，就告辞了。回去后，越想越觉得不对味，为什么一个和尚的话自己听得真真切切，却不解其意呢？第二天，韩愈又来了。他在门前碰到首座，就把昨天的情形跟首座说了一遍，问首座知道不知道禅师的话的意思。首座听完，就敲击自己的门牙，敲了三下。什么也没说就走了。韩愈这下子更糊涂了。

韩愈又到法堂见宝通禅师，再次问他："禅师春秋多少？"

宝通禅师也敲击自己的门牙敲了三下。韩愈忽然来了灵感，他似有所悟，说："原来佛法无二般，是一样的啊！"

宝通禅师问道："你为什么这样说呢？"

韩愈回答说："刚才首座对我的回答跟您一样。"

宝通禅师说："我和你原来也是一样的啊！佛教和儒教本就没有两样！"

韩愈听了这句话，终于醒悟过来，后来，他就皈依了宝通禅师，成为宝通禅师的在家弟子。

韩愈问春秋多少，其实，出家人对人生岁月长短并不挂在心上，所以，叩齿三下算作回答。

佛思禅悟：

儒教修身，佛教治心，二者互为表里。无论是佛教，还是儒教，目的都是引导人向善，远离罪恶，因此，都有益教化。并且，在中国，自佛教传入中国以来，经过长期的经典传译、讲习、融化，一直在与儒教融合，在与中国传统文化结合，成为中国特色的佛教。如果没有儒教，则不能治国、宁家、安身，既然国不能治，家不得宁，身无以安，那佛教以什么为依托呢？所以，我们应当持中庸之道，用儒修身，以佛治心，而不能好儒而恶佛，或者贵佛而贱儒。

究竟什么能使我们快乐

有三个年轻的佛教信徒，千里迢迢来到一个全国著名的寺庙，向德高望重的住持老禅师请教人生的问题。他们相信佛祖能够帮助他们解脱人生中的痛苦，可是，信佛多年，仍然觉得自己并不怎么幸福快乐，于是想到去请教老禅师人生价值问题。

见到禅师以后，禅师说："要想快乐，首先得有个人生目标。有了目标，才有追求，才有动力。"

三个人中的一个人说道："人生目标？我怕死，虽然活着也没有什么意思，但是我还是想活着更好。"

另一个人说："我的人生目标是努力干活，多积蓄些钱财，这样到老了就可以有保障一些。"

第三个人说："我的人生目标就是养家糊口，一家老小都指望着我呢。"

禅师听完他们三人的话，笑着说："难怪你们三个人都不觉得快乐。你们整天考虑的是死亡、年老和迫于无奈的劳动，而不是理想、信念和享受当下每一刻的心态，所以你们很难觉得快乐。"

信徒们都说："理想、信念和享受当下的心态都是很虚的东西，我们是普通人，追求不了那么高尚飘渺的人生目标。"

禅师问："那你们觉得人生中什么是让人快乐的事呢？"

一个信徒想了想说："最让人快乐的事是获得名誉，有了名誉，就有一切，就感到快乐。"

另一个信徒接着说："有了爱情，人就觉得快乐。"

第三个信徒说："有了金钱，才能有快乐可言。"

禅师摇摇头说："那为什么有很多人出了名，有了名誉却十分烦恼？有的人得到了爱情却很痛苦？更有很多人有了钱，却每天忧虑不断呢？"

信徒们哑口无言。老禅师借机开示道："名誉得到了，要服务于大众，只有这样，才有个人的快乐；爱情要具有奉献精神，只有这样，才能保鲜持久；金钱只有布施给穷人，才有价值。生命的意义就是享受生命当中的点点滴滴，珍惜自己的福分，乐于与人分享，只有这样，才能获得快乐。"

佛思禅悟：

当一个人成为名人，名利双收，过着安逸的生活，可是由于并不满足已有的成就，可能仍然不快乐；当一个人得到爱情，就想在爱情中无限索取，结果可能使爱情之花逐渐枯萎；当一个人得到了金钱，他担心会失去它，总是想着怎样得到更多，那么，金钱也并不能使他快乐。只有当人懂得了奉献，懂得了分享，才会感到快乐，才有找到生命的意义。

寻宝人寻到的宝藏

有一个人热衷于寻宝，他听人说，沙漠里人迹罕至，商旅在沙漠中丢弃的宝物很多，在途中死亡的商人留下的宝物甚至几百年都还在那里。这个人就决心去沙漠寻宝，他带了自己认为足够多的水和食物，就出发了。在沙漠里行走一段时间后，发现沿途偶尔有些人和骆驼的骨头，却没有发现有价值的宝物，更糟糕的是，沙漠里几乎不下雨，身上带的饮用水喝完了，带的干粮也吃完了，他感到莫大的恐惧，在这荒无人烟的地方，谁能来救助自己呢？他浑身一点力气也没有了，躺在被骄阳晒得发烫的沙堆上，痛苦地等待死亡的降临。

这个寻宝人已经无力气站起来了，他躺着向佛祖做了临终忏悔，并向佛祖祈求：“佛祖啊！我总有千般罪孽，您看在我身处绝境，给我一线生机吧！”

在他奄奄一息的时候，恍惚中，佛祖出现在他面前，问他：“你到底想要什么？”

寻宝人像抓住了救命稻草，赶忙说：“水！水！还有吃的！一点也可以啊！”

佛祖于是满足了他的要求，这个寻宝人发现在他的行囊中已经有了充

足的水和食物。

这个寻宝人吃饱喝足之后，精神焕发，想到自己已经深入沙漠，是一般人到不了的地方，一定藏有宝物。他决定继续向沙漠深处前进。走着走着，他发现前边有一堆白骨，散在四处，好像是厮杀过的场面。他是个寻宝的有心人，就在这附近仔细勘察，终于发现了掩埋在沙漠里的人的钱袋。又花了半天功夫，他找到了一个快风化成灰的行囊，行囊里的黄金和宝石却依然熠熠生辉。他贪婪地把这些宝物装满了自己的口袋，身背手提地打算走出沙漠了。

刚行走了三天，他就发现身上的水和食物又不够了，他又带着沉重的宝物，所以，行进很艰难。他要早日走出沙漠，只能减重，这就意味着要扔掉一些宝物，这对他来说真是一种极大的心灵折磨，可是，无奈之下，他还是说服自己，一边走，一边扔宝物。后来，宝物都扔光了，可是，眼前仍然是一望无际的大沙漠。他再也没有一滴水喝了，食物早在一星期前就吃完了。他意识到了死亡的降临。

寻宝人在临死前，深深后悔没有在得到佛祖的水和食物后，赶快走出沙漠，现在真是叫天天不应了。他在沙漠上再次祈求佛祖的帮助，佛祖再次出现，又问他："你现在还要什么呢？"

这个寻宝人有气无力地重复着他的要求："水！水！吃的！食物！"

佛思禅悟：

生活中需要的东西可以很多，也可以很少。拥有简单思想的人过着简单的生活就是一种幸福。然而一旦财富的欲望强烈起来，就不会满足于平平淡淡的现实生活，总想追求更多的财富，拥有更多的奢侈品，这时生活的烦恼也会随之而来。如果不节制自己的欲望，汲汲于名利，最终一旦马失前蹄，想要回到平平淡淡的生活中也会成为奢望。

善果恶果都是自己种下的

在《大正藏》第三卷中记载着这样一个故事：

在印度，很久以前，有一个年轻的婆罗门，他的妻子叫莲花，人长得

很美丽，性格也很温顺。可是，这个婆罗门对妻子日久生厌，渐渐地，竟然与家中的使女勾搭成奸，两个人卿卿我我，如胶似漆，完全不理会莲花的感受。莲花心中痛苦极了，然而，仍然勤快地操持家务，希望丈夫有一天幡然醒悟，与自己和好如初。婆罗门和这个使女感情日渐升温，越来越嫌弃莲花，两人绞尽脑汁在想着怎样把莲花赶出家门。

有一天，婆罗门忽然对莲花温柔起来，他花言巧语地哄骗莲花，说好久没有登山游玩了，他要陪莲花出去赏景、散散心。心地善良的莲花信以为真，没有多想，就跟在丈夫后边来到山上。丈夫亲热地拉着妻子的手，生怕她摔倒了，莲花受宠若惊，把以前丈夫对她的不好都原谅了。不知不觉中，两人已经爬到了人迹罕至的高山上，这时候，两人都疲惫不堪，口渴得要命，他们发现山坡上有一棵优昙钵树，上面结着大大小小的优昙钵果，果实累累，果香阵阵。

婆罗门不由分说，爬到了树上，摘下几个成熟的果子，就大口大口吃起来，莲花在树下一个也吃不着，就央求丈夫给摘几个。这个婆罗门故意给莲花摘了几个还没成熟的果子扔了下去。

莲花发现扔下来的果子还没熟，就问："你怎么给我没熟的果子？你自己吃的倒是熟透了的果子。"

婆罗门不耐烦地说："你自己难道不会摘？要吃熟的，就上树来摘！"

莲花听丈夫这么说，又看丈夫只管自己吃，就爬上树来。这个婆罗门一看莲花中计，就一下子溜下树来，把早就准备好的一大堆荆棘堆在优昙钵树下。莲花见状，着急地说："你这是干什么？这样我怎么下去啊？"

这个心狠手辣的婆罗门冷笑一声，用荆棘把果树围得严严实实，他琢磨莲花要是下来，必然被荆棘刺扎死，所以，到死都不敢下来，莲花是死定了，他的眼中钉就这样除去了。婆罗门想到这里，松了一口气，不管莲花怎样哀求，他悠然自得地扬长而去。

莲花被困在树上，眼睁睁地看着丈夫若无其事地走了，她做梦也没有想到，自己的丈夫竟然狠毒到这种程度！莲花心如死灰，对丈夫的感情彻底消失了，她的心里只剩下求生的强烈意志，她对着大山喊起来，声音在山谷回响，可是，嗓子都喊哑了，还是没有见到一个人影。莲花此时悲从中来，失声痛哭起来。就在这时，突然听到一阵人喊马嘶，开始，莲花还以为是自己的幻觉，这深山老林，哪里来的人马呢？可是，这声音越来越近，原来是国王带着随从出外打猎，到了这座山上。

国王首先发现了树下的大堆荆棘，随后很快发现了莲花正在树上抽泣。国王觉得好生奇怪，就让随从把荆棘撤去，把莲花从树上接了下来。国王问她：“你是哪个村子的呢？怎么爬到这里的树上哭呢？有什么冤屈？”

莲花就把丈夫怎么与家中使女勾搭、抛弃自己，又怎样设计骗她到这里，又怎么样骗她上树，在树下堆了大堆荆棘的事说了一遍。

国王听了，心中感慨万分：“竟然有这样的丈夫，把自己的如花似玉的娇妻，扔在深山老林，还想害她性命！”国王想到莲花的丈夫这样狠毒，莲花已经没法回家了，所以，就带着莲花回到了王宫。

回到王宫以后，国王发觉莲花不仅仅是人长得美丽，而且十分聪明伶俐，能说会道，遇事沉着，待人接物彬彬有礼。国王对莲花有了很深的好感。莲花在王宫里时间长了，就跟宫女们一起玩，莲花的赌博技巧非常高明，一般的人都赌不过她，王宫里的夫人丫鬟以及宫外的达官贵人的家眷找她来赌博玩，没有一个不输给莲花的。国王见莲花这样聪明，心中十分欢喜，对莲花由怜生爱，又由爱生出敬佩，便把她立为王后。

且说婆罗门自从把莲花抛弃在山上，独自得意洋洋地回了家，就整天和家中使女花天酒地地享乐，使女其实也是看中了婆罗门的财产才勾引他的。这个家本来有莲花打理，家务事井井有条，田地租税等账目清晰，现在，这两个歹人没有了莲花，就放肆地挥霍起来，每天吃香的，喝辣的，只知道花钱，可是没想过怎么经营，怎么获得收入。因此，没过多久，就开始入不敷出了。这时候，使女没有钱过奢侈生活了，也抱怨起来，婆罗门为了笼络使女，不得不绞尽脑汁地琢磨怎样才能弄到钱。有一天，他听人说，王后酷爱赌博，常与人赌博斗彩，婆罗门喜出望外，因为他终于找到了赚钱的捷径，他的赌博技巧非常高明，一般人斗不过他。一位养尊处优的王后哪里会是他的对手？还不是乖乖地把大把的钱送给他？

婆罗门为了大赌一把，就把家中的田产、房屋都变卖了，凑足赌本，赶往京城。他来到王宫请求与王后赌博。在赌局上，王后出来与他对阵，这个婆罗门一见王后的面大吃一惊——原来是被自己抛弃的妻子莲花！婆罗门怎么会不了解莲花的赌博实力呢？他明知道莲花赌博技巧比自己强，可是，临阵脱逃又不可能，就硬着头皮坐了下来。

婆罗门定下心神，又生出了侥幸心理，他眼珠一转，想到莲花毕竟跟自己曾经是夫妻，只要她念及旧日情分，也许会手下留情，放自己一马。婆罗门于是亲热地说：“好久不见了，您一切可好？您真是越来越美丽

了，怪不得国王也喜欢，您的头发又黑又亮，真是天女下凡啊！我早就知道您贵人必有大福！”

莲花说道：“是啊，我的福气不小，我曾经在自己家里看到丈夫跟使女勾搭成奸，我也被自己的丈夫抛到深山老林中，弃之不顾。”

婆罗门一听，脸色惨白，他赶忙说：“这些事过去就过去了，一家人过日子哪有不磕磕碰碰的？过往的事后悔也来不及，希望您能回忆起我们以前在一起的幸福时光。”

莲花淡淡地说：“废话少说，我怎么能忘记那堆荆棘和你扔给我的青涩果子呢？今天你特意来赌博，那么就开始吧！”

婆罗门只好应战。他根本不是莲花的对手，所以，没过几个回合，他就输得干干净净。婆罗门长叹一声，耷拉着脑袋走了。

佛思禅悟：

恶人再狡猾也逃避不了正义的惩罚，世间事，正是“天网恢恢，疏而不漏”。恶人妄想侥幸逃脱惩罚，而往往最终落入自己设下的圈套。自己种的恶果，终究要自己来尝。我们在生活中，不要怀着侥幸心理，为了自己的利益，对别人冷酷无情，而要时时用善意对待人，最终才能获得他人的善意。

愚人撒种八只脚踩地

《百喻经》中讲述了这样一个故事：

从前有个没有知识的人，他来到一块田野间，看见麦苗长得茂密旺盛，就问麦田的主人说：“怎样才能使麦苗长得这样好呢？”

麦田的主人回答：“好好平整田地，再加上施些粪肥，浇浇水，才能长得这样好。”

这个人听了这个秘诀，就照着这个法子做。他也给田地上粪和浇水，小心地管理田地。在田地播种的时候，他担心自己的脚把土地踩硬了，麦苗就长不出来。他想：我应当坐在一张床上，让人抬着我，我在床上往田里撒种，就很稳妥了。”

于是，他就雇佣了四个人抬床，一个人抬一个床脚，他在床上往下撒

种，可是，田地被踩得更瓷实了，人们都笑他愚蠢，说他怕自己的两只脚丫子踩了地面，可好又添了八只脚丫子踩地。

学佛持戒也是这样，如果要修戒田，使善的萌芽生出，就应当向贤明的老师请教，接受教戒，使佛法的萌芽生长出来，可是，有的人在修行的过程中，又违反戒规戒律，做了很多坏事，结果使佛法向善的萌芽长不出来。就像故事中的这个愚人一样，害怕两只脚把地踩得坚实，反倒增加了八只脚踩地。

佛思禅悟：

事情做得过了头，就跟做得不够一样，都是不合适的，这就是“过犹不及”的道理。过于追求完美，反而会带来不完美，故事中的种田人担心两只脚踩地，可是，结果得到的却是八只脚踩地。在生活中，有的女性为了追求完美无缺的容貌，不理性地整容，结果却整得适得其反。所以，我们要理解“过犹不及”这个辩证法，做事保持中庸。

尼姑原来是女人做的

《五灯会元》中记载着这样一个公案：

智通曾经在归宗法会修佛，有一天夜里，他忽然连声高叫：“我已经大悟了！”众僧睡梦中听他高叫大悟，都吃惊不小。第二天众僧上堂聚集开会，归宗说：“你悟出了什么道理，竟然这样高叫大悟，你说说看。”智通说：“尼姑原来是女人做的。”归宗感到他这个人很奇特。智通后来辞别众僧离去了，归宗送他送到门外，为他提着斗笠。智通接过斗笠，戴在头上，就头也不回地走了。后来他居住在五台山的法华寺。智通临终时做了一首偈语：“举手攀南斗，回身倚北辰。出头天外看，谁是我般人？”

佛思禅悟：

尼姑原是女人做的，这一点大家都知道，再平常不过了，而智通却以此悟禅，说明了平凡无奇的常识里蕴含着真理。很多道理都是家常话，很多真理妇孺皆知，可是，真要领悟却需要花费毕生的时间。社会上很多人正是因为不能遵守平常的道理，才成为了众矢之的、道德谴责的对象，甚至锒铛入狱。

只见四山青又黄

《五灯会元》中有这样一则故事：

唐朝贞元年间，齐安禅师的盐官法会中有个年轻的僧人，因为采集拄杖用的木料，迷了路，到了一座禅庵，他就问禅庵的老僧人："请问和尚在这里多久了？"这个老僧人就是著名的法常禅师，法常禅师回答说："只见四周围的山野青了又黄，黄了又青。"

这个年轻的僧人又问："出山的路向哪里走去呢？"

法常禅师回答："跟随着水流走去。"

这个年轻僧人回去后把这件事一五一十地告诉齐安禅师，齐安禅师说："我在江西的时候曾经遇到过一位奇特的僧人，此后便没有了他的消息，现在你的描述使我想起了他，莫非他就是那位僧人？"齐安禅师于是派这个年轻的僧人去请法常禅师来，法常禅师写了一首这样的偈语："摧残枯木倚寒林，几度逢春不变心。樵客遇之犹不顾，郢人那得苦追寻？一池荷叶衣元尽，数树松花食有余。刚被世人知住处，又移茅舍入深居。"

这首偈语的大意是：残折的枯木挂在寒冬的树林里，每到春天，百花齐放，万物争春，但它都不变心，仍然是枯枝一根。打柴人遇上我这枯枝都不回头多看一眼，知音人怎么却这样苦苦追寻我？一池荷叶就是我的衣服穿戴，享用不尽，几棵松树上的松果松花就是我的美味佳肴，吃也吃不完。我刚被世上人发现住处，就把居处迁往更幽深的山野。

佛思禅悟：

隐居于山林，以荷叶为衣，松花为食，这是放松的心境，是无欲的境

界。只有节制自己的欲望，才能享受这样怡然自得，不为物累的世外桃源。我们当代人无可选择地生活在钢筋水泥的丛林，每天面临压力和竞争，面临车流的高峰和拥挤，这种完全忘却时间和空间的人间仙境更显得难能可贵。

活泼有生机的枯木禅

枯木禅源自临济宗。唐代黄檗希运曾经教导学僧们“如枯木石头去，如寒灰死火去，方有少分相应。”关于枯木禅，《五灯会元》里有这样一段公案：

有一位老婆婆建茅庵供养一位和尚修行供养了二十年，平时都由一位年轻貌美的女子送饭服侍参禅的和尚。有一天，老婆婆对女子说：“待会儿你送饭去时，抱住他试试他修行的功夫。”

女子就依照老婆婆的话，趁和尚吃饭时，冷不防抱住和尚，问他感觉怎么样，那和尚说：“枯木倚寒岩，三冬无暖意！”

这女子把和尚的话学给老婆婆听，老婆婆一听，不由得大怒道：“我二十年来供养的竟只是一个俗汉！”

于是老婆婆就赶走了这个和尚，还一把火把茅庵烧掉了。

老婆婆这样做是有原因的，问题就出在和尚的“枯木倚寒岩，三冬无暖意”这句诗中。这个和尚已经苦苦修行到了“枯木倚寒岩”的境界，即到了无情无欲的地步，然而老婆婆仍然觉得他不过是个“俗汉”，就是因为那个和尚有“死”心而没有“活”意。佛教中有“大死一番”的说法，就是使妄念尽灭，然后显示真心的妙用，先“大死”，再“大活”。如果只能死而不能活转过来，就只是个“俗汉”了。枯木逢春的生机才是枯木禅的真正旨趣。

佛思禅悟：

禅门许多机锋、话头，都是为了消除学人的妄想分别，然而，打去分别心之后，如木石一般不思不动，却又是禅家最担心的弊病。佛教之“空”是要去除妄想而已，需显出“真性”的无穷妙用，所谓“打得念头死，救得法身活。”可见，枯木禅并非一味枯死，而是通过止息妄念，恢

复活泼的自性妙用，得大自在。我们在生活中的应用就是要少些对名利的执着，少一些是非心，恢复纯真的赤子之心。

医师与患者同样的烦恼

从前，有一个秃子，头上一根头发都不长，冬天的时候，北风吹着，冷嗖嗖的，夏天的时候，骄阳似火，烤在光秃的脑门上，酷热难耐。并且，蚊虫叮咬这秃脑门也十分方便。这个可怜的人因为自己是个秃子，苦恼得不得了，辗转反侧，难以成眠，觉得自己简直是世界上最倒霉的人。

当地有一个医师，医术十分高明。这个秃子就想请这个医师帮忙。他前往这个医师的诊所，对医师说："真求求您了，您一定要给我治好这恼人的秃头病！"

其实，这个医师也是个秃子，只不过戴着个帽子，所以，旁人看不出来。这个医师听了这个秃头病人的哀求，就摘下帽子，对秃头病人说："我也患有秃头病，也很痛苦。如果我能治好这种病，我怎么不先治好我自己的病呢？"

世上的人，常常做这样的傻事。世上俗人都受着生、老、病、死等的侵扰，想要寻求长生不老的秘诀和灵药，有人听说有沙门婆罗门等是医术高明的良医，可以治疗众人的疾患，就到他们那里，对他们说："我请求您大显神通，为我除去无常生死的烦恼，让我常处于安乐的状态，并且，永远安乐，不再有痛苦。"当时，沙门婆罗门就回答说："我也在无常的生死病老的痛苦中挣扎，也在寻觅解脱这些烦恼，得到永恒的快乐的方法，可是，怎么也寻觅不到。要是我自己能够寻觅得到这种灵丹妙药，我就先得到永恒的安乐了，然后才会使你也得到。"就像那个患有秃头病的人那样，徒然地浪费时间和精力，绝不可能得到什么灵丹妙药治好他的秃头。

佛思禅悟：

我们常常想别人是幸福的，只有自己很不走运，我们常常问别人："我怎么整天遇到烦心事，你怎么那样幸福啊！"其实，别人也正跟我们一样苦恼着，人人都有苦恼，只要在世上活着，就有苦恼，这是无法避免

的。我们学佛就是要学会正确对待这些苦恼。世人都希望自己永远快乐，没有烦恼，这种追求没有痛苦的幸福的努力，是徒劳的。

女仆看水中倒影

《大庄严论经》第十五卷中释迦摩尼说过这样一个故事：

有一个富人家的儿媳妇，因为无端受了婆婆的气，被婆婆责骂，一赌气就离家出走，到了一个小树林中，想要自杀。这个富家儿媳妇不过受了一些窝囊气，过了一会儿，气稍微有些消减，加上不知道怎样才能自杀成功，就在小树林里走来走去，她平日里出门少，一下子自由地游逛，兴致盎然，就爬到一棵大树上，想放松放松，也瞭望一番周围的景致。大树旁是一个小水塘，游鱼几许，清澈见底。

这时候，从远处走来一个女仆，她挑着水桶准备打水，忽然看见水中有一个美丽的倒影，她想，这里没有什么人来，这倒影不是我的，那又是谁的？我的水中倒影真是太美了！她自言自语地说："唉，我长得这样天生丽质，为什么干这种给人挑水的重活呢？"她越想越气，把水桶打破，回到了主人家。

这个女仆对主人说："我长得这样美丽，怎么能干这样的下贱活？"主人被她的话弄得摸不着头脑，一看，水桶都被她打破了，不由得生起气来，训斥她道："我是付了工钱给你的，要你怎样做工，你就要怎样做工，快干活去！"别的仆人看主人生气了，忙过来劝慰主人："这个女仆今天可能被鬼魅迷住了，所以才会说这样的混账话，干这样的蠢事。您消消气，别跟她计较。"主人就又找了一个水桶，递给了这个女仆："快去挑水去！等着用呢！"

女仆提着水桶，怏怏不乐地回到了水塘边，又看到水塘中美丽的倒影，清晰可见，分明就是自己的影子啊！女仆心里又不平衡了，想到主人竟然指派自己干这样的粗活累活，气得又把木桶摔破了。

富家媳妇在树上悠然自在地欣赏景致，舒散自己的郁闷之气，没想到遇见了这样戏剧性的一幕，她看到女仆怎样把倒影看成自己的，又怎样被主人训斥，然后返回来，又把木桶摔破，这时候，这个富家儿媳妇目睹发

生的一切，忍不住笑了。女仆观察到水中倒影竟然笑了，而自己实际上正哭丧着脸，便有所觉悟，抬头一看，树上坐着一个美丽端庄的女子，服饰华丽，妩媚动人，自己根本没法跟她比，感觉很羞惭，窘迫万分。

释迦摩尼说："我为什么讲这样一个故事呢？这是因为世界上有很多倒见愚惑之众。"

于是，释迦摩尼说了一首偈语：

"没香以涂身，并熏衣缨络。

倒惑心亦尔，谓从己身出。

如彼丑陋婢，见影谓己有。"

释迦摩尼是从女仆误认富家儿媳妇的倒影为自己的这个故事出发，总结这样的现象，并把这种现象归纳为"倒惑"。

之所以会产生倒惑，实际上应从人的潜意识来分析。在这个女仆的潜意识中，她日思夜想的事就是自己长得美丽动人，并以此摆脱粗重的劳动，过上安逸的生活。所以，当她看到水中倒影时，就自然而然地希望这倒影就是自己的，所以，上了当，上了眼睛的当，也是上了潜意识的当。正是她的好逸恶劳的潜意识使她产生了倒惑，闹出了笑话。

佛思禅悟：

我们常说："日有所思，夜有所梦。"倒惑也是这样产生的，世上有不少人就是这样自己上了自己的当。骗子固然可恶，但上当之人，大多心有倒惑，因而会被假象所迷住，看不清事物的本质。

愿玫瑰花香遍天下

一位年迈的禅师在门外种了一棵玫瑰花，玫瑰花在他的精心管理下生长得很好，枝繁叶茂，花朵鲜艳硕大。到了这一年的秋天，老禅师等花谢

了，就把玫瑰树的枝干剪下来，插在一处富于营养的土壤里，这土壤是他用筛子精心筛过的，他小心翼翼地插好玫瑰枝，浇上水，让玫瑰枝能有一个温暖保湿的环境，以利于玫瑰枝的生根发芽。

老禅师毕竟年纪大了，干这些活相当吃力，可是，他从来不放弃。就这样，，他把玫瑰枝培育成小玫瑰树，栽在寺庙里，又剪下玫瑰枝，插在地里，小心覆盖好，浇上水，第二年，又有了新的枝繁叶茂的玫瑰树，于是，到了秋天，再插枝。三年下来，寺庙里到处都是玫瑰树，玫瑰花的香气一直飘到山下的小村子里。

一个小村子里的人来寺庙，看到一簇簇的玫瑰花，不禁为玫瑰花的美丽而惊叹不已，他请求老禅师给他一棵玫瑰花，他也想让自己的家门口变得美丽起来。老禅师欣然答应，让寺庙的小沙弥给他移了一棵，这个人乐呵呵地回去了。不久，这个人家门口的这棵玫瑰树就开了好几朵鲜艳的玫瑰花，惹得左邻右舍都来观看、品评。我国有句俗话说："临渊羡鱼，不如退而结网。"这些村人们听说玫瑰树是从附近的寺庙里讨要来的，也纷纷来到寺庙，找老禅师要玫瑰花。

老禅师来者不拒，吩咐小沙弥拿着铁锨给村人们刨玫瑰树，小沙弥一下子干这么多活，累得额头都沁出了汗珠。一个僧人走过来，问老禅师："好不容易才培育出这些玫瑰花，怎么随随便便就送人了？"老禅师笑而不答，只是吩咐他帮小沙弥挖玫瑰树给村人拿走。

这年春天，玫瑰花都被村人拿去了，寺庙里一棵也没有了，所以，老禅师的弟子们都不免抱怨起来。有个僧人说："往年这时候，满院的玫瑰花香，信徒们都流连忘返，今天，一棵玫瑰花也没有了，真是扫兴。"

老禅师笑着对弟子们说："你们想想，玫瑰花每年插枝，不断培育，三年以后，山下整个村子都是玫瑰花啊！"

弟子们心里豁然亮堂起来："是啊，一村子的玫瑰花香！"他们理解了老禅师的良苦用心，这正是佛祖化身千万亿的精神，即使自己什么也没有了，可是，整个世界变得更美好了，不是很值得吗?

佛思禅悟:

总是盯着自己的利益的人是很孤独的，也得不到什么大利益。而一心想着大家的利益的人，收获的是真正的大利益。美好的东西不会因为与人分享而失去，而会因为分享而更美好。一个总想着自己的人患得患失，不

会觉得生活很幸福，而拿出美好的东西与人分享，扶贫济困，助人为乐，才能赢得社会大家庭的尊敬，才能体会到生活的意义。

加害别人就是自己跳火坑

《杂宝藏经》第十卷中有一节叫做《婆罗门妇欲害姑缘》，故事梗概如下：

从前，有一位年轻的婆罗门，与他的母亲相依为命。他的母亲看儿子已经长大成人，就花费钱财为他举办婚礼，娶了年轻貌美的妻子，这位婆罗门对母亲很感激，也很孝顺。可是，他天生木讷，人情世故上不够精明。他的妻子却是个品行不端的人，风流成性，纵欲享乐，因为有婆婆在，她觉得很碍手碍脚，就把婆婆视为眼中钉。这个恶毒的儿媳妇就想设法害死婆婆。为了笼络丈夫，她表面上装出孝顺的样子，每天给婆婆端茶送饭，爱敬有加。

这个婆罗门看妻子这样孝顺，就对她非常疼爱，对她百依百顺。婆罗门总是夸赞自己的妻子："你真是我的好妻子，我的母亲后半辈子的幸福就全靠你了。"妻子趁机对丈夫说："我做这些算什么，我这叫'世供'，是世俗的孝顺，家里这么穷，能有多少好东西让婆婆吃用？如果能够得到'天供'，那就要什么有什么了，那才叫真正的幸福呢。"

婆罗门愣愣地听着妻子的话，心想，天供要是有的话，的确更好啊！婆罗门问妻子："天供就不是在世上吧？平常人怎么能够升天呢？"

妻子神秘兮兮地说："投岩赴火，烈炎炙身就可以升天了。"

这位婆罗门听信了妻子的话，就说："既然有这个方法可以使母亲升天，又何必受'世供'呢。"

于是，夫妇俩就在郊外挖了个大坑，堆上木柴，点上火，火焰熊熊地燃烧起来。他们将母亲扶到大坑边，并请来管弦乐队，在坑边请亲朋好友大吃大喝，筵席散了以后，夫妇俩就把母亲推入火坑，自己扬长而去。

幸运的是，火坑中有一块土因地下水浸润，没有被火烧着，母亲坐在那块土堆上，等周围的火焰熄灭才奋力爬出火坑，这时天色已经很晚，漆黑一团，老婆婆没有地方可去，就打算先回到家中，可是，在漆黑的夜

晚，她分不清东西南北，跌跌撞撞摸不着路。她心中害怕虎狼等野兽，又怕鬼魂缠身，于是，就打算在树上暂且待上一宿。

就在这位老婆婆在树杈上打盹时，忽然她听到了人说话的声音，她心中一阵惊喜，知道自己有救了。可是，再仔细一听，原来是一群盗贼，偷了东西跑到这里躲藏，老婆婆吓得不敢出声，屏住呼吸听他们说话。

这群盗贼偷了一家富户的珠宝，在树下开始分赃。老婆婆在树上因为夜里着了凉，又受了不少惊吓，所以此时病毒入侵，竟然得了重感冒，她鼻子痒痒，努力想克制自己不要出声，可是，最后，忍不住还是打了一个响亮的打喷嚏。这个喷嚏在荒无人烟的荒野暗夜中，就像一声晴天霹雳，震得盗贼们魂飞魄散，他们一溜烟跑了，一堆珠宝仍然留在地上。

天亮后，老婆婆发现地上一地的珠玑宝石，金簪耳环，就一一捡起，装在了衣袋里。她赶忙往家赶路。

回到家后，儿子儿媳看到她，起初还以为是死尸还魂，都不敢走过来跟她说话。母亲就对儿媳说："我在火坑里很快就升了天，见到了你亲生的父母，姑姨等人，他们把这些珠宝交给我，是让我转给你的，因为我年老体弱，多了也拿不动，所以，就只是带了这么一点点，你要是自己去拿，肯定拿得更多。"

儿媳妇听了婆婆这番话，被珠宝金簪等迷住了，觉得这些宝物跳一次火坑就能得到，自己何必天天受累过苦日子呢？因此，儿媳妇也跟婆婆跳火坑时一样，音乐伴奏，亲朋祝贺下，快乐无比地跳入了火坑，她一跳入火坑，即刻被火焰吞噬，一阵刺鼻的焦糊味直冲云霄。她的丈夫等了很久，妻子也没有拿着大把的珠宝爬上来。

这时，佛陀向围观的众人说了一首偈语：

"夫人于尊所，不应生恶意。

如妇欲害姑，反而焚灭身。"

佛思禅悟：

世界上有很多事是聪明反被聪明误。故事中的儿媳妇很聪明，感情上收买了丈夫，蒙过了亲朋好友，大家都以为她是真心让婆婆享受天供，可是，天理昭彰，欠的总是要还的，她自己最终跳入了自己挖掘的火坑中，自食恶果。做坏事的人都是抱着侥幸心理，图一时之利，但是，那样做必定损害长远利益。

四面都是山，你往何处去

善静和尚本来是科举做官的人，后来放弃官职，出家做了和尚。他在乐普山随元安禅师修行，禅师并没有因为善静出家前是做官的，就对他有什么优待，而是像对待普通出家人一样，让他从最低最琐碎的事干起。善静来到寺院后，禅师分配他干的工作是管理菜园子。

有一天，寺内一个和尚认为自己已经悟道，想下山云游去，就到元安禅师那里辞行。元安禅师知道这个和尚实际上负重空空，远没有到能够四处云游参学的程度，就想考一考他，让他知难而退，安心参禅。

元安禅师微笑着问这个和尚："四面都是山，你往何处去？"

这个和尚无法理解此种蕴含的机锋，无以作答，木木地站在那里，愣了半天，只好找了个借口告辞出来。他觉得很丧气，自己一问三不知，怎么能够出去云游呢？可是，他实在不甘心整天待在这个荒僻深山的小庙里啊！

他怀着沮丧的心情，溜达到了菜园子里。善静和尚正在浇水，看见这个和尚哭丧着脸走了过来，就关切地问道："师兄可有什么难事？"

这个和尚就把刚才老禅师出的题目告诉了善静。善静冷静分析了一下，这"四面都是山"不就是暗喻重重困难和阻力吗？元安禅师是想考验一下这个和尚的信念和意志啊！善静和尚沉思片刻，微笑着告诉师兄："您这样回答：竹密岂妨流水过，山高怎阻野云飞。"这个和尚得到了答案，喜滋滋地跑回到禅师那里，忙说道："师父，竹密岂妨流水过，山高怎阻野云飞。"

这个和尚本来以为师父会夸赞他，答应他下山的要求，可是，老禅师却先是一怔，而后用怀疑的眼光盯着他，说道："这不是你想出的答案，到底是谁教你的？"

这个和尚知道师父看出了破绽，不能隐瞒了，就把善静和尚说了出来。元安禅师对这个和尚说道："管理菜园子的和尚都能够回答出我的问题，他都没有提出下山云游去，你还要下山吗？"

佛思禅悟：

人贵有自知之明。一个人可能对别人的评价很中肯，但是，对自己却很难有充分客观的认识。在做事情时，往往眼高手低，自己以为自己水平很高，实际上很可能连简单的问题也处理不好。人的才能和悟性正是从简单的问题出发，逐渐培养起来的。

撕掉虚伪的面具

从前，有一位居士，一次，他去拜访一位久未见面的禅师。两个人相谈甚欢，不知不觉已近中午，禅师便留居士用餐。侍者为他们做了两碗面条，两碗面却是一碗大一碗小。

禅师看了一下面条，便对居士说："你吃大碗的。"按常理居士是要谦让一下的，但是没想到居士看也没看禅师一眼，径自低头吃起来。禅师心里感到有些不悦。

居士吃得津津有味。等他吃完，发现禅师的碗筷丝毫未动，于是笑问道："你为何不吃？"禅师叹了一口气，没有说话。

居士又笑着说："你生我的气了吧，你是嫌我不懂礼仪，只顾自己狼吞虎咽。"禅师没有答话，又叹了一口气。

居士于是问道："我们推来让去，目的是什么呢？"

"让对方吃大碗。"禅师终于答话了。

"既然让对方吃大碗是最终目的，如果我们推来让去，何时才能将面条吃下肚去？我将大碗面条吃了下去，您感到不悦，难道您不是真心的谦让？既然谁吃都是吃，推来让去又有什么意义呢？"

禅师听了居士的话，心中顿悟。

在现实生活中，有多少人活在真实的世界里呢？在这个形形色色的世界里，许多人都是虚伪地戴着面具生活。人际交往中礼节不可少，但过度的谦让反而让人觉得虚伪做作，坦率真诚才是为人处世的根本。

人必须把虚伪的面具撕下来，才能活得轻松自在。人人都有真实、永恒的自我。只要能发掘出真实的自己，人生就会出现新的境界。

思想家卢梭说：“你要宣扬你的一切，不必用你的言语，要用你的本来面目。”一个真诚的人，在日常生活中必定是认真、正直和坦率的。

有一次，仙崖和尚经过一个关口时，关口的守卫坚决不让他进入，因为此处规定不许女尼入关。守卫看他长得眉清目秀，误以为是女尼，仙崖便坦然地解开衣服，大声喝道：“是男是女，看看本物便知。”守卫一看目瞪口呆，仙崖和尚大笑着走入关内。

做人就要去掉一切虚伪的矫饰，保持纯真质朴的本来面目。生活中的许多关口和障碍都是心有挂碍而产生的，很多人都是在“作茧自缚”。如果能以纯真质朴的态度来处理，一切障碍也就不存在了。人生在世就是要净化自己，发掘生命的真实。

佛思禅悟：

只有真实智慧的显现，你才能照见五蕴皆空，你才能突破重重障碍，见到真我本性，才能悟透宇宙和生命的真相。人生在世，必须把覆盖在真我之上的虚伪面具撕下来，才能活得轻松自在。

一切都不必太执着

有一位名叫黑指的婆罗门来到佛前，他运用神通法术，弄来两个花瓶，两手各拿一个前来献佛。

佛陀对黑指婆罗门说：“放下！”婆罗门就把他左手拿的那个花瓶放下。

佛陀又说：“放下！”婆罗门又把他右手拿的那个花瓶放下。

佛陀还是对他说：“放下！”

黑指婆罗门感到很不解，就问道：“我已经把花瓶都放下了，现在手里什么都没有了，请问，我还要放下什么？”

佛陀说：“我并没有叫你放下你手中的花瓶，我要你放下的是你的六根、六尘和六识。当你把这些都放下的时候，你就从生死桎梏中解脱出来了。”

佛家有一句经典的话叫做“两头俱截断，一剑倚天寒”。就是叫我们在做人、做事的时候要把握重心、实实在在，去除那些浮华、虚伪的心

态。倘若是心中存了自然的法则，生活就会过得平静而怡然。

佛曰：戒嗔，戒执着。执着如渊，是渐入死亡的沿线；执着如尘，是徒劳的无功而返；执着如泪，是滴入心中的破碎飞散。

如果能够破除一切执着尘劳，丢掉身外乱性的贪婪和物欲，就能获得身心的自然安宁。然而世上有多少人能够不让各种欲望占去清醒时刻，多一些时间来追寻生命的意义呢？

《列子·周穆王篇》有这样一个故事：周国有一个姓尹的富翁，总是把手下干活的仆役累得从早到晚忙碌，连气也喘不过来。他自己整天苦心经营，也弄得心力交瘁，到了晚上，倒头就呼呼睡去了。

睡梦中，他梦见自己成了别人家的佣人，奔走干活，样样都做，挨骂挨打，吃尽了苦头。

富翁不堪痛苦，便去求教朋友。朋友告诉他说："你夜里梦见做人家的仆佣，这是劳苦和安逸彼此往复的理数之常。你想醒时和梦里都获得快乐，哪有这么便宜的事"。

富翁听了朋友的开导，心里立时大悟，从此宽待仆役。不久，便感到果然减轻了不少心头的痛苦。

世界上有许多诱惑，金钱、桂冠、权贵，都是身外之物，只有生命才是最真实的。

人们总在各种执着中翻滚，不知不觉间白墙染成灰黑，不知不觉间把人际间的成见固筑为怨憎壁垒。

执着是坚持错误。众生常常去追求高于现实的东西，为何不回转心念，拿出部分爱心，照顾一下自我的心灵。

世间经常见到，有人追求快乐，却多得到痛苦。苦乐皆有因缘，亦为人自造。苦苦追求，何以得到苦苦？因为执着是众苦之源。

佛思禅悟：

人活着之所以感到累，就是因为总被种种外在的事物所迷惑，总想得到的越多越好，以至肩上的担子越来越重。如果放下执着，烦恼就是菩提，人生就是解脱。

凡事恰当，过与不及都不好

当释迦牟尼佛还在人间宣扬佛法时，有一个人因为自己的父母死了，又没有兄弟姐妹，感到人生十分无常，所以就请求佛陀让他出家。

他每天不吃不喝，也不睡觉休息，拼命用功修行，可是却不见自己的道行有所增进，因此觉得十分失望。

释迦牟尼佛知道了，就问他说："你没出家以前是做什么工作呢？"

"拉胡琴。"

"如果琴的弦太松，会怎么样？"

"会拉不出声音来。"

"如果太紧了呢？"

"太紧弦会断，根本没法子拉了。"

"如果把弦调得恰到好处呢？"

"那就可以拉出美妙的音乐了。"

做事要讲求方法，过与不及都不能获得成功。如果找出正确的方向，持续努力，必能事半功倍。

还有这样一个故事：

有一个人天生性格孤僻，长年累月一直生活在穷乡僻壤的山间，不愿意与外人往来。

有一次，他为了办一些事情特地进了城。城里面富丽堂皇的建筑，以及时髦的人群，让朴实的乡下人看得眼花缭乱，目瞪口呆。

乡下人像是刘姥姥进了大观园，好奇地东张西望。他走着走着，突然和迎面而来的一个人撞了个满怀。仔细一瞧，竟是自己多年未曾联系的老朋友。

老友非常高兴，便把乡下人请到了家中。两人各自诉说这么多年的境遇。老友让妻子准备了一桌丰盛的酒席招待乡下人。并且殷殷地劝着乡下人："你尝尝这些菜，都是我内人亲自掌厨的拿手好菜；你品味一下这壶酒，这可是我收藏了许多年的好酒，陈年老酒要拿来招待多年好友啊！"

老朋友的热情款待，让乡下人感到异常开心，一时间主客觥筹交错，对饮起来。酒菜飘香，欢笑声此起彼落。酒酣耳热之际，女主人端出一碗热气腾腾的龙须汤，请客人食用。

主人先喝了一口，味道真是醇美，只是稍微清淡了一些。他赶忙对妻子说："这汤有点淡了，再加一点儿盐会更可口。"

妻子应声从厨房拿出一匙盐，洒在香气四溢的热汤上，请二人再品尝，果然咸淡适中，比刚才好喝多了。

乡下人好奇地问道："这个细细白白如沙粒的东西是什么呀？为什么把它加在汤里面，这汤就变得如此好喝？"

主人解释道："这种东西叫食盐，可在山中是买不到的。"

乡下人听了，有些腼腆地说："乡下人见识少，我还从来没有见过这么美妙的东西，你能不能送我一些，让我的家人也见识见识。"

主人大方地说："没有问题，我送你一大包，你慢慢食用。"于是他慷慨地从厨房里拿了一大包盐送给了自己的老朋友。

乡下人捧着这包食盐，高高兴兴地回家了，并且叫妻子准备饭菜，把全家人召集到饭桌前。他抓起一大把盐，得意洋洋地说："昨天我到朋友家做客，他请我吃饭的时候，在菜肴中加了一点点这个东西，菜就变得美味可口了。现在我们加它一大把，菜一定会更好吃。"

说完，他把手中一把盐都放进菜肴里。经过一番翻炒之后，乡下人夹起菜就往嘴里送，一盘原本很好的菜肴，却变得咸涩无比，叫人难以下咽。

佛思禅悟：

佛家主张中道。做事情的时候过于劳苦，或者过于懒惰都不合乎中道的精神。生活中过度骄奢或者过于苛责也不恰当。好比盐放的太多或太少，过与不及都不是好事。人生应该追求不偏不倚的中道智慧。

浮生若茶，需好好品味

一位年轻人在生活中屡屡受挫，心中的苦闷和烦恼无法排遣，于是去找释圆禅师求教。

他痛苦地向释圆禅师诉说内心的痛苦后，绝望地说："师父，像我这么失败的人，再活在世上也没有什么意思，我该如何是好呢？"

释圆听后，叫弟子送来一壶温水。

释圆抓了一把茶叶，放在杯里，用温水沏了，端给年轻人说："施主远道而来，喝一杯茶吧。"

年轻人喝了两口，奇怪地问道："这是什么茶，怎么一点香气和味道都没有？"

释圆道："这是茶中的极品呀！怎么会没有香气和味道呢？"

他转头对徒弟说："再去提一壶热水过来。"

释圆又从原来的茶罐里抓一把茶叶，放进另一个杯子，冲了沸水进去。

遇到沸水的茶叶，茶香立时溢出，叶片随即在杯中翻滚浮沉。

年轻人正要端起杯子喝茶，释圆说："施主，且慢！"

释圆又往杯中注入一些沸水，茶叶又上下浮沉，这样浮浮沉沉，连续注水五次，才把茶泡好。这时茶香已经溢满了整个房间。

年轻人端起茶杯，只见茶色碧绿。小饮一口，感觉香气四溢，味道醇厚，极有口感。

年轻人感到很奇怪，就问道："同样的茶，为什么泡出来会有这么大的差别呢？"

释圆看着这个年轻人，说："只是因为水的不同罢了！头一杯是温水，第二杯是沸水，水的温度主宰了叶片的浮沉。用温水泡的茶，茶叶只是轻浮于水面，

怎能散发出它的清香呢？用沸水冲的茶，一次一次冲击茶叶，茶叶浮浮沉沉，逼出了春雨的幽凉，夏阳的炽热，秋风的纯厚，冬霜的清冽，有千百滋味，只有这样，才能泡出一杯好茶。”

年轻人听了释圆禅师的话后，沉思良久，然后向禅师深深一揖，飘然而去。

浮生若茶，茶叶因为沸水才释放了深蕴的清香；生命只有遭遇一次次的挫折和坎坷，才能留下一脉脉人生的幽香。

佛思禅悟：

浮生若茶，不经过多次沸水的洗礼，不经历几番沉浮，怎能深刻体会到人生的意义。往往是命运的严酷炽烈，锻造出坚毅的灵魂，让生命达到了以前从未想到的高度，也让人们看到了以前从未看到的风光。把生命看成是学习，把挫折看成是成长，人生必将是另一番模样。人生在世，必须能够经得住困境的考验，也必须能禁得起生离死别、忧愁痛苦的磨炼。面对挫折，要有百折不挠的精神。只有这样，才能品味出人生的百般滋味。

别让自己活得太累

珠光是日本荣道的鼻祖，也是一休禅师的门下弟子。因为爱睡懒觉，所以常常会耽误修行、参悟，珠光自己也很苦恼。后来，珠光听说茶能够提神，就抱着试一试的态度开始喝茶。没有想到，果然克服了打盹的毛病，所以珠光对茶非常的用心和重视。一休禅师知道以后，决定利用喝茶来引导珠光觉悟。

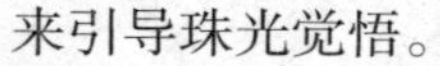

一休禅师问珠光：“为什么总是喝茶？”

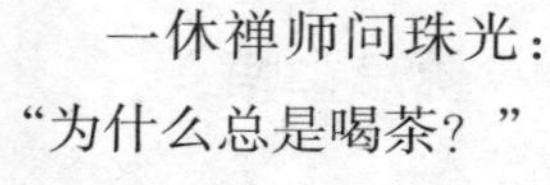

珠光理由十足地说：“我现在不再打盹了，这都是喝茶的结果，我是为了提神才喝茶的。”

一休禅师又说道：“赵州从谂禅师每逢有人询问佛法大意，他就回答‘喝茶去’，你喝茶这么久，有什么想法吗？”

珠光听了以后感到很不解，最后竟然无言以对。

一休禅师于是就让一个小和尚给珠光沏了一杯茶，珠光刚刚接到手里，一休随即大喝一声，一巴掌把他手里的茶杯击落在地上。

珠光还是没有领会，只好合掌辞别。就在珠光一只脚迈出门槛的时候，陡然听到一休喊了一声：“珠光。”

珠光下意识地回应：“是。”

一休禅师说道：“不谈茶道，我们喝茶去吧。”

“柳绿花红。”珠光脱口而出。

一休禅师听了以后，顿感大悦。

禅就像喝茶一样，什么滋味，只有喝茶的人自己能够感受到。一句“柳绿花红”，道出了他喝茶的自然心态。

人生是有限的，而工作是无止尽的，赚钱也是无止尽的，而精力却有限，活着的目的不只是当个守财奴，而是体验生活的美好与价值。

常听一些人喊出这样一句话：“生活实在是太辛苦了。”其实生活本身并不累，不苦。它只是按照它本身的规律在运转。

如果事事都能超然物外，顺其自然，不为目的去行事，那么生活自能多一分恬淡，少一分沉重，生活就少了一分压力，生活也自然轻松许多。

不论是从事什么职业，当你感到很疲倦的时候，一定要学会放下手中的工作和事务，好好休息一下，对自己多一点关怀，学会放松自己。

生活包含的东西太多，要去应付各种各样的事，要去与各种各样的人相处，要学会面对各种各样不合自己心意的事，与各种各样性格不同的人相处，如果不想让自己长期生活在压抑之中，不让自己的琴弦绷得太紧，不让自己活得那么累，那么，就要学会放松，放松一下自己。

佛思禅悟：

生活完全在于自己的选择，“一张一弛”，文武之道，要学会体验、享受生活。给自己心灵一个小小的收获和欢愉，抓住本应快乐的时光，换种心情生活吧。

第三篇 禅是达观处世的态度

乐于吃亏的人善结人缘

大凡人情总是喜欢占便宜，没有人愿意吃亏的，可是，如果世上人都想占便宜，都不想吃亏，那占谁的便宜呢？大家各自怀着占便宜的心，就无法与人和平共处，你争我夺，一片混乱，人与人之间哪里还有爱心呢？

在禅学界经常引用这样一个故事：有一个人憨厚可爱，任凭别人怎样辱骂嘲笑他，他都一笑置之，从来不跟人计较，他总是傻乎乎地一天到晚憨笑，大家就称他为“傻瓜”。傻瓜虽然傻，可是人缘极好，人见人爱，大家都喜欢找他逗乐子。有一天，一个人别出心裁地拿出一些钱物来逗弄傻瓜，要他从中任选一样好的。当这个人拿出一把糖果，傻瓜就挑了一个价格便宜的，当这个人拿出两枚钱币让他任意挑选，傻瓜就挑了一个面值小的。大家都笑这个傻瓜太傻了，感叹天底下怎么会有这样的傻瓜。然而，正因如此，大家才经常逗弄他，喜欢跟他在一起玩乐。

一天，人们又纷纷围住傻瓜，逗他挑选钱物。他仍然傻乎乎地挑其中不值钱的东西。有个围观的人忍不住开导傻瓜：“你怎么那么傻呢？明明有价值高的，可你偏偏挑选价值低的，人家要你挑，不要白不要！”傻瓜憨笑着说：“如果我光想自己占便宜，不要差的、不值钱的东西，扫了人家的兴，谁还会来逗我玩呢？”

这个傻瓜的头脑其实并不简单，善良之中有大智，他的人缘之所以那么好，就是因为他的心里装着别人。

佛思禅悟：

心中只有自己的利益的人实际上在生活中并不能得到多少利益，而心中装有别人的利益，在生活中才能聚集人气，事业亨通。名震世界的华人首富李嘉诚因为家境贫寒，小学都没毕业，从茶楼跑堂干起，白手起家，事业成就卓著，成为华人企业家的楷模。李嘉诚在做生意时就很懂得照顾别人的利益，他曾这样解释他的生意经：“有钱大家赚，利润大家分享，这样才有人愿意与你合作。假如拿10%的股份是公正的，拿11%也可以，实际上如果只拿9%的股份，财源就会滚滚而来。”正因如此，香港巨富豪

商才愿意与当时名不见经传的商界新人李嘉诚合作，李嘉诚才得以成就了他的创业传奇。李嘉诚有感于自身的经历，总是谆谆教导他的员工："人要去求生意比较难，生意跑来找你，你就容易做，那如何才能让生意找你呢？那就要靠朋友。如何结交朋友？那就要善待他人，充分考虑到对方的利益。"

画家缘何招来杀身之祸

很多人都有这样的经历：经过浓妆艳抹和艺术加工，我们的照片可能跟明星照一样靓丽，但熟人看了，觉得不是我们自己，不像本人。这不能不说是令人失望的事。可是，有经验的照相师就会想办法照出真实的人，并且会巧妙地遮掩照相客人固有的不够完美之处。如果照相的人是个长脸，照相师就会提醒一句："你把头发帘稍微垂下来一点"，这样是为了使头发遮盖部分额头，使照相人的脸的长度显得短一些。而一个国字型大脸庞的女子照相，高明的照相师就会建议："你一只手托腮作沉思状"，他的目的是让照相人的大脸庞在相片的画面中因为托腮的手遮掩显得小一些。人人都希望自己的形象美好，古代没有照相术的时候，画像师为人们画像，画得太像，可是面貌丑陋，就会引起画像客人的不满；而画得太美，又完全脱离现实，也不讨画像客人的欢心，画像师也觉得很棘手，而高明的画像师却可以在这方面大展才华。

在《禅的故事》中曾讲到这样一个事例：很久以前，有个国王，一生下来就缺少左腿和左手，所以他总是靠一根拐杖来回走动。国王年纪老迈的时候，忽然喜欢上了绘画，他在王宫中挂满了各种绘画流派的画作。有一天，国王忽然想到，如果把自己的画像画下来，让子孙后代都瞻仰，那多好！挂在国中显耀处，也能提高他的威望。于是，他急忙吩咐侍卫官："你赶快去把国中最好的画家找来，让他给我画像！"

侍卫官立即张贴招聘广告，此事引起国中无数画家的关注。经过一番百里挑一的筛选，最终选定三名候选人送到了宫中。侍卫官大功告成，禀报国王："陛下，遵照您的旨意，小人已经把全国最优秀的画家请来了。"国王一听，心中大喜，朗声说道："快请他们上大殿给我画像！"

侍卫官带上来一个画家，国王对他叮嘱道："听侍卫官说你是国中首屈一指的大画家，所以才请你来画像。这画像是要流传后世的，子子孙孙都会瞻仰，因而非同小可，一定得画好。"画家连连点头答应。

画像需要画像人端坐不动，一连两小时过去了，国王一直摆着威严的姿势，可是神态渐渐疲惫，缺了左手的衣袖不经意间耷拉在地板上，龙袍下只露出一只右脚，因为没有左脚，左脚处空荡荡的。这个画家真实地画出了刚才的场景和国王的神态表情。又过了两个时辰，画家终于画完了，侍卫官把画像呈给国王，国王越看越气，怒火中烧，他高声嚷道："这么一副疲惫的模样，缺胳膊少腿的形体，叫我有何颜面让子子孙孙瞻仰呢！"进而想到，这个无良画家也许对我心怀怨愤，所以才借画画达到讽刺谩骂的目的，国王哪里受过这种气，一怒之下，让侍卫官把画家拉出去斩首了。

此时等着国王召见的另两位画家听说了这个消息，吓得魂飞魄散，可是已经入宫，简直是瓮中之鳖，逃又逃不得，不禁后悔不已。正在唏嘘感叹之时，侍卫官传唤第二位画家上殿给国王画像。这位画家哆哆嗦嗦，两条腿不住地打颤，他唯唯诺诺地听完国王的要求，小心翼翼地画起来。这位画家心想，刚才第一位画家是现实主义笔法，过于拘泥于国王真实的长相，才画得那么丑陋鄙俗，给自己惹来了杀身之祸，我可不能犯傻，我要把国王画得英武高大，这样不仅能保住性命，而且兴许会得到国王的赏赐。于是，这位画家按照这个思路把国王画得跟传说中的天神一样英武高大，并且把国王残缺的手和脚都按照自己的想象画了上去。不多久，侍卫官把这幅作品呈给了国王，国王定睛一看：威武高大，完美无缺，神情庄严，双手有力，龙袍下两只脚一个不缺。周围人都屏住呼吸，查看国王这回是否满意。

国王沉思片刻，脸色阴沉，大声斥责道："大胆蠢材！竟敢愚弄寡人！你明明知道我只有一只脚，却画了两只上去，这不是在嘲笑我吗？天下人一看就知道这是欺骗，那样的话，我以后在臣民面前怎样树立威信？"国王再一转念，想到这个画家没有诚实的品德，为了得到赏赐竟然不择手段地通过画像对我阿谀奉承，这样品行卑劣的人只会败坏社会风气，留着是个祸害，不如杀了他，以儆效尤。于是，国王下令将已经吓得不省人事的第二位画家也杀了。

侍卫官传唤第三位画家时，这位画家已经有了必死的心理准备，倒不怎么怕了。他一路从容不迫地走，一边问侍卫官前两位画家被杀的前后

经过，从侍卫官的只言片语中分析出问题就出在怎样处理国王的一只脚和一只手上。这位画家认定，只要处理好画面中国王残缺的手和脚，即可幸免一死。

这第三位画家之所以是第三位，是因为他的画画才能和技巧赶不上前两位，但这第三位画家头脑灵活，处理问题的能力强，他在给国王画像时，因为考虑到国王左手和左脚残缺，就一反往日画正面像的做法，转到右侧精心画了起来，他画的是国王的侧面像，国王残缺的左手和左脚都隐去了，突出的是国王宽厚的右肩和健壮的右腿右脚。这幅画整体构图巧妙，选取的角度合适，画面效果根本不会让人想到国王是残疾人，因为从画像上看上去国王好像四肢健全。国王审视着这幅画，龙颜大悦，对第三位画家大加赏赐，并长期聘用他为宫廷画师。

画画时能够扬长避短是这位画家的高明之处。过于拘泥于事物真实而不加以思考是第一位画家被斩首的原因，而第二位画家毫无原则，无视真实，过度地弄虚作假、阿谀奉承，也使人心生疑窦，难以得到国王的信任，反招来杀身之祸。只有第三位画家恰到好处地画出了国王的形象，赢得了国王的欢心。

佛思禅悟：

绘画艺术讲究源于生活，高于生活，既要恰到好处地表现现实生活，又要画得观着爱看，并使观者从中得到美的享受。绘画如此，我们平常说话也是如此，说话就是语言表达，也讲究表达艺术。我们平常人一句话说得不合适，听者起了反感，就会影响双方的关系。重则伤人自尊，引起对方拔刀相向，轻则招来怨恨，从此结下梁子，再不来往。俗话说，“良言一句三冬暖，恶语伤人六月寒”，意思是善意的话语让人听了即使在寒冷的冬天都会心生暖意，而怀有恶意的话语让人听了即使在酷热的夏天都会心生寒意；有时候我们主观上没有恶意，可是因为不注意自己的语言表达艺术，也同样会在人际交往中给自己无端树立敌人。

克制自我的奖赏

清代禁烟名臣林则徐有一幅手书的条幅，只有两个字："制怒"。这个条幅不是用来赠送朋友的，而是一直挂在他自己的房间里。像林则徐那样贤德的人仍然觉得自己有时不能控制自己愤怒的情绪和冲动，仍要时刻提醒自己控制、抑制愤怒冲动，我们平常人更要在这方面多加修炼了。我们难以制服的最大敌人就是自己。

从前，有个叫周添福的壮汉，在一家牧场干活。这个人仗着自己膀大腰圆，体力强壮，总是欺负一同干活的工友。工友跟他论理，他就对工友拳脚相加。对这个蛮不讲理的莽撞汉，工友们又恨又怕，都躲着他，不愿跟他一起干活。牧场主人叫朱顺，是个知书达理的老员外，他很有一套管理办法。朱顺看到周添福粗鲁蛮横，动不动就发火骂人，甚至动手打人，便耐心劝导他，引导他与大家和睦相处。可是周添福是个粗人，听不进老员外的大道理，还是我行我素，动不动就发火惹事，工友们不断到员外这里告状，要求老员外辞退这个惹是生非的周添福，免得"一粒老鼠屎，坏了一锅汤。"牧场主人左右为难，这老员外考虑到周添福本性憨直，干活不惜力气，还是留下了他。其他工友背后都小声议论老员外"姑息养奸"，没有公正心。朱顺其实一直在思索怎样改造周添福的坏脾气。

一天，朱顺忽然计上心头，他把周添福叫来，在他面前摆上一串钱，对他说："添福啊，你看这串钱是我要给你的，是奖赏你在我这里吃苦耐劳，日日辛苦，但有一样条件，如果你能做到连续两天不讲脏话，不骂人，更不与人争吵和打架，这串钱才能归你。"周添福估摸这串钱比自己半个月的工钱还多，忍两天不与人争执又有何难？想到此，他就一口答应了下来。

朱顺实际上就是要在这两天磨练周添福的忍耐心。周添福前脚一走，朱顺就叫来几个工友，交代一番。几个工友故意找周添福的茬子，对他干的活横挑鼻子竖挑眼，千方百计地想惹起周添福的怒气，要是搁平时，周添福早就把他们收拾了。可是，此时，周添福心中有了目标，有了动力，竟然心平气和地忍让起来。他乐呵呵地听着工友们的挑刺，耐心地按他们

的要求来干活，并且还主动讨好工友，帮力气弱的工友干，一下子变成了一个爱做好事的活雷锋。就这样，第一天，周添福成功地通过了考验。第二天，朱顺又安排人去找他的茬子，周添福以前揍过的工友这时看他老实可欺，也过来找他出以前的恶气，对他一顿臭骂，祖宗八辈都骂了一遍，可是，周添福装聋作哑，不理这个茬，什么脏话到他那里都成了耳旁风。

不过，在为了一串钱忍耐的过程中，渐渐地，周添福觉悟到自己以前对人太粗鲁无礼了，他以前从来没想到大家对他抱有那么大的火气和怨恨，周添福在辱骂声中闷声不吭，心境渐渐宽广起来。

两天后，朱顺如约把那串钱赏给了周添福，他对乐滋滋的周添福嗔斥道："你经受住了考验，所以这串钱归你。但你应该从此改过，要从此克制自己的怒气。为了这串钱，你能连续两天克制自己不发火，可是，平日里你在德行上，一点不克制自己，为了德行，更应该严格要求自己。"周添福闻听此言，半天默默不语，为自己以前的粗鲁暴怒行为感到惭愧不已。

在日常生活中我们常常见到这样的现象：原本小小的口舌之争，最后竟演变为刀枪相向；青年小伙血气方刚，睚眦必报，结果招来杀身之祸。究其原因，都是由于不能忍一时之气。对一般人来讲，忍寒忍热比较容易，忍饥忍渴也不算难，忍苦忍累，还能勉力支撑，但要忍一口气，那就大为不易了。三国时周公瑾禁不起诸葛亮施加给他的三气，因而短命身亡。而汉代的开国大功臣韩信，能受胯下之辱，励志奋发，终能拜相称王。可见忍一时之气的奖赏之大。平常人忍一时之气，得到的也比周添福得到的一串钱多得多，因为忍了一时之气，可以换来家庭和睦，可以换来出入平安，这才是我们忍辱克制最大的奖赏。

佛思禅悟：

人间最大的力量不是武力，而是"忍"。忍是一种大智大勇，有这种大智大勇的人在遭恶骂时默而不报，用沉默来对待；在遇打击时心平气和，而不是睚眦必报，以牙还牙；在受人嫉恨时以慈对待，对他更加友爱，更加和平；在遭到毁谤时感念对方曾经的好处以及以往对自己的恩德。忍带给我们的奖赏是巨大的，一个国家能够"忍"住眼前的困难，奋发图强，才会复兴；一个人能够"忍"，并付出百折不回的努力，才会有成功的一天。

亲戚们迎接的是马车上的财物

我们中国有句谚语："穷在闹市无人问，富在深山有远亲。"亲戚间的关系常常因为荣辱沉浮而发生冷热变化，所以，千万不能抱着浪漫不切实际的幻想，在遇到苦难时，一味向亲戚求助。不仅中国如此，别国也是一样，世间人情如此。《大庄严论经》里曾经讲述了这样一个故事：

很久以前，在竺叉尸罗国里有个小村庄，这个小村庄有个叫称伽拔吒的人，他的祖上很富有，乐善好施，周济穷人，他家因此远近闻名。可是，天有不测风云，到了称伽拔吒这一辈，他的父母由于常年生病，竟花光了家里的积蓄，并在称伽拔吒尚未成年的时候离开了人世。家业突然衰败，称伽拔吒一下子成了不名一文的孤儿。原先那些热心巴结他家的亲戚朋友都渐渐不见了踪影，他上门拜访，那些亲戚故旧就托辞避开，生怕他开口求助，所以这个无依无靠的孤儿常吃闭门羹。称伽拔吒以前家境好的时候一直受到亲戚朋友的百倍呵护，现在遭到他们的冷脸心中伤透了心，他小小年纪就体会到了世态炎凉和人情冷暖，一下子看清了那些亲戚的势利小人的真面目。称伽拔吒因为年纪很小，还不会养活自己，亲戚们又不愿意接济他，生活很无助。他的处境被祖上从前接济过的人们知道了，那些穷人主动伸出手来帮助他。那些穷人自己家还上顿不接下顿，但一有了吃的，都不忘给他送来一些；衣服被褥也是那些穷人送来的，称伽拔吒凭借这些人的热心相助，才没有挨冻受饿。几年后，他长大成人，就再也不愿依靠乡邻施舍过日子，他下决心靠自己的头脑和双手，重振家业。

称伽拔吒变卖了祖上留下的几间破屋，独自一人踏上了远行的旅程。一路艰辛，长途跋涉，终于到了大秦国。大秦国位于亚洲西端、地中海东岸，即罗马帝国及小亚细亚一带。国中金银奇宝颇多，出产织物、香等，商贸发达，国富民强。大秦国比竺叉尸罗国商业发达，这里商铺住宅鳞次栉比，买卖十分兴旺。称伽拔吒是个外乡人，初来乍到，人地两生，所以就在一个小铺子里当个跑腿打杂的。由于他聪明伶俐，勤劳肯吃苦，深得店家主人赏识。不久，称伽拔吒就摸到了经商的门道，他从小买卖做起，锱铢积累，买卖越做越大。他带领伙计们不断开拓市场，生意做得十分红

火，他逐渐成为一个拥有巨额财富的大商人。

多年后，事业有成的称伽拔吒已经人到中年，他思乡之情越来越强烈，遂决定带着一起打拼的伙计们一起回国。他们把多年积聚的财富装满了几辆大马车，浩浩荡荡地上路了。称伽拔吒在大秦国发了大财的消息不胫而走，他尚未到家，他发财致富的消息就在家乡一传十、十传百地流传了开来。亲戚们早已听到了这个消息，他们为自己以前对称伽拔吒的冷漠感到羞愧，但又想，毕竟是亲戚，况且，称伽拔吒父母去世前他们与称伽拔吒家关系不错，想必称伽拔吒这次发了大财回来，早忘了以前的无依无靠的生活，念及亲戚情谊，会给亲戚们不少厚礼。亲戚们生怕怠慢了称伽拔吒，惹起称伽拔吒的怒气，使他想起以前的事，就分不到财宝，于是，都急忙张罗迎接称伽拔吒，亲戚们在道旁摆开最好的银器和饭食，耐心等待称伽拔吒的到来，就连八十多岁的老头也不顾年迈体弱，执意拄着拐杖来凑热闹，他想起了很多以往对称伽拔吒的好处，希冀称伽拔吒的奖赏。亲戚们在村口道边不停地张望，生怕称伽拔吒从别的路进了村。他们左等右等，个个脖子都酸了，双腿都站麻了，可是，仍然不见称伽拔吒和大队车马的身影。一直到黄昏时分，才看见远处有一队人马翩翩而来。走在前面的是个中年人，留着胡须，衣着普通。亲戚们想，这人衣着面貌普通，不可能是称伽拔吒，就向他打听是否见到称伽拔吒，中年人看都不看这些人一眼，往后边一指，说道："称伽拔吒在后边呢。"说完，便策马而走。

亲戚们于是睁大了眼睛，注目后边的车队，人马一个个走过去，还是没有称伽拔吒的身影，他们灰心丧气。这帮势利小人根本没有动脑筋想想，称伽拔吒当年离家外出做生意的时候，还是一个嘴上没毛的小青年，这么多年过去了，难道还是老样子？亲戚们的心思其实根本不在称伽拔吒身上，所以想不到这一层。

直到人马快过完了，众亲戚只好拉着最后一个骑马人询问："称伽拔吒可在你们当中？"那人指着最前面的中年人说道："那位带头人就是称伽拔吒，你们既然对他日思夜想，亲情甚笃，为什么认不出呢？"众亲戚们赶忙追赶那最前面的带头人，一边追一边喊："亲爱的称伽拔吒啊，多年不见，我们亲戚老眼昏花，竟认不得你了，真是该死！称伽拔吒啊，我们日夜盼你回家，给你预备了丰盛的酒席，你刚才怎么不与我们相认呢？"

称伽拔吒年少时无依无靠，在大秦国白手起家，饱经沧桑。他早看清了亲戚们的真面目，平静地说："如果我两手空空，落魄回乡，恐怕你们

不会这样预备酒食迎接我，所以说，你们迎接的称伽拔吒不是我这个人，而是我身后车马拉的财物，所以，我说称伽拔吒在后边，是诚实的回答，并没有诓骗你们的意思。”

一席话说得亲戚们都羞红了脸，低下了头。

称伽拔吒后来事业大发展，他为乡人建造寺庙，并修路造桥，接济贫苦的人们。称伽拔吒家乡的小村子名不见经传，可是因为称伽拔吒的善行，这个小村子远近闻名。称伽拔吒在村落的后山坡上，建起一座高大雄伟的寺庙，供方圆几百里的人们来求佛向善。这里总是香火鼎盛，信男善女络绎不绝。

我们从这个故事中可以看到，亲戚们指望称伽拔吒分给他们财宝，可是称伽拔吒却是用自己辛苦赚来的财富为众人做善事。在现实生活中，我们知道有很多人远不如称伽拔吒聪明。有的人十年寒窗，读书做官后，大搞裙带关系，亲戚们都跟着他鸡犬升天，大沾便宜；有的人辛苦打拼，有了自己经营的事业，经不住亲戚们的甜言蜜语，任人唯亲，使自己的企业中管理难搞，亲戚们仗着有关系，搞特权，自己的企业也最终如“千里之堤毁于蚁穴”。

有一位杰出的加拿大华人企业家曾经告诫人们：“不要指望亲戚，亲戚不过是看客”。在人生中，我们自己是舞台上的主角，是在演出我们人生的大戏，如果演好了，善意的亲戚们会喝彩，恶意的亲戚们会嫉妒；如果我们哪天演砸了，亲戚们也仍然只是毫不相关的看客，有的会惋惜，有的也许会喝倒彩。

称伽拔吒的思想经过他身经各种世事磨练考验后，已经上升到了很宽广的境界。他的爱已经不局限于对自己的几个亲戚，而是致力于使社会整体向善的努力。

佛思禅悟：

我们对人的爱心不应该局限于血缘关系的远近。佛教的大爱是对众生的爱。在大地震之后很多热心人为重灾区捐款捐物，为不相识的人做义

工，可是，也有很多有着血缘之亲的亲戚们却可以为了钱，为了早日得到遗产，彼此争斗，大动干戈。是否正确处理与亲戚之间的关系，在生活中至关重要。身居高位的人如果经不起人情请托的考验，为了亲戚故旧的利益牺牲国家的利益，人民的利益，亲戚们利用特权胡作非为，一旦事发，权力高位不再，身居高位的人锒铛入狱，亲戚们早就作鸟兽散了，哪里找得到他们的踪影？行大爱，一心为众生；走大路，一心向善才是人生高尚的选择。

懒瓒禅师不拜圣旨

唐朝有个懒瓒禅师，终年隐居于南方一个山洞中悟禅，他的悟性很深，名气很大，人们都想向他求教，但他一心修禅，不理世事。有一天，一个人发现了他留在洞中墙壁上的一首题诗。诗中写道：

世事悠悠，不如山丘。

卧藤萝下，块石枕头。

不朝天子，岂羡王侯？

生死无虑，更复何忧？

这首诗一经发现，人们一传十，十传百，很快，这首短诗便风靡全国。后来，唐德宗也听说了这首诗，看了之后，对懒瓒禅师的禅修境界大位敬佩，就传旨请他来给自己讲禅理。

朝中大臣奉旨千里迢迢到南方去迎请懒瓒禅师，费尽周折，才找到了懒瓒禅师隐居的山洞，大臣和随行人员在一场雨后，沿着泥泞的山路，一步一滑地到了那个洞口，懒瓒禅师正在烧柴做饭，炊烟袅袅从洞里飘出，大臣就在洞口高声喊道："圣旨驾到！速速下跪接旨！"

洞里却毫无反应，懒瓒禅师在做自己的事情，根本没有理会外边的人。

大臣无奈，探头进去，望见懒瓒禅师正在烧火，锅里煮的是南瓜，因为刚下过雨，懒瓒禅师的柴火可能受了潮，火怎么也烧不旺，整个洞里都是柴火的烟气，懒瓒禅师也被熏得涕泪直流。大臣一边咳嗽一边说："禅师，您擦擦鼻涕眼泪吧，烟熏火燎的。"

懒瓒禅师说："我没这闲工夫，这俗人的鼻涕眼泪与我何干呢？"

懒瓒禅师说完，从锅里舀出一碗南瓜汤，尝了一口，连说："好喝！好喝！慢火烧的汤就是有味道！"

大臣一时不知说什么好，尴尬地站在那里。懒瓒禅师又从锅里舀出一碗南瓜汤，送给这位大臣，真诚地说道："远道而来，请趁热喝下吧，可以御寒。贫富贵贱、生熟软硬，心田识海中不要分作两边。"

大臣只是听着，对禅师所说的这些深奥的禅机和佛理不敢轻易回答，就匆匆辞别，回到了京城。大臣把对懒瓒禅师的所见所闻一五一十地报告给唐德宗，唐德宗寻思半天，叹了一口气，无限感慨地说："国内有修行到如此境界的禅师，这是国家的福分啊！"

懒瓒禅师视名利为粪土，无世俗的牵累。只有这样的人，才能真正了悟禅机。

佛思禅悟：

人为万物之灵，理应有除物欲之外的更高层次的追求。参禅就是一种更高层次的人生追求，参禅悟道的人已经超越了世俗的名利地位的困扰而达到了更高的自在随缘的境界，所以，懒瓒禅师对皇帝的恩宠看得很淡。正是有了这种不重名利的心，一个人才能专注于自己的事业，才能收获更多的东西。在参禅悟道上才能自由飞翔，遨游于太虚，得悟禅机。相反，如果一个人汲汲于功利，心随境转，就会"一心有滞，诸法不通"，这样的人成不了大事。

外国人也得守规矩

宋朝的佛印了元禅师是我国历史上著名的高僧，当时的人们都称赞他"相貌和气质，好似雪窦禅师，佛门之龙象。"他与大词人苏东坡的交往和轶事，更是妇孺皆知的美谈。

了元禅师担任江天寺住持的时候，朝鲜僧统义天法师千里迢迢到我国来求法问道，这就相当于当今的佛教界学术访问和交流，也是参观和学习。因为是友邦的地位显赫的高僧，他所到之处，无论是地方官还是寺庙僧侣，都对他盛宴款待，厚礼迎接，迎接的规格就像招待王公大臣一样。

有一天，义天法师到江天寺来参访，他和随行的朝廷官员见寺庙里静悄悄的，根本没有任何隆重欢迎的气氛，觉得很是惊奇。朝廷官员就告诉寺庙的负责接待僧人说，有朝鲜来的高僧义天来参访，请住持快来迎接。接待的僧人就请义天法师进去，义天法师进入禅堂，只见了元禅师端坐在禅座上，接待的僧人提醒义天法师赶快施礼，义天法师展具行礼后，了元禅师才接待开示，回答义天法师的提问。

随行前来的朝廷官员觉得朝鲜高僧远道而来，又是中国的贵客，了元禅师对客人有些怠慢，恐怕不妥，就向了元禅师直截了当地说："禅师，义天法师可是朝鲜佛教界的领袖，是我们国家的贵宾，你把他当一般的行脚僧对待，是不是有失体统？"

了元禅师大不以为然，他回答道："佛门有佛门的体统，岂可因一个外国人来就坏了佛门清规？他既然穿了僧服前来，就是一个僧众，要在江天寺参禅，就是作为行脚僧来的，当然要按照规矩挂单展具行礼，这规矩怎么能改变呢？"

随侍官员就劝说了元禅师："他不是大宋的僧人，他是外国僧人，是我们的客人，没有必要用中国佛门的规矩对待他。"

了元禅师坚持原则，寸步不让，他说："佛门不分内外，一律平等对待，不搞特殊化。义天既然要来我国参访求佛，我们就应以中华之礼接待他。佛门更是讲究顺序，应以戒腊先后为序，你一再要求我对他随俗优待，这不是破坏佛门规矩吗？明眼人将会笑话我们没有规矩，要是那样的话，我们堂堂中华的尊严不是倒地了吗？我们在人们的眼里还是圣教之都、文明之邦吗？"

义天僧统本人通情达理，并不因为这件事就生气，而是更加敬重了元禅师，他在江天寺行大礼参禅悟道，以表达他对佛法的敬意。

后来，这件事传到了皇帝的耳朵里，皇帝哲宗对了元禅师的行事为人敬佩不已，特别是了元禅师不辱国体的坚持原则的态度让人起敬，就赐给他"佛印"封号。

佛思禅悟：

孟子曾说，"不以规矩，不能成方圆。"世界上的一切都是按照一定的规矩秩序各就各位的，不能越过规矩，对人招待的规格过高，过于谦恭。如果过于恭顺客人，实际上是一种对客人和自身的不尊重。如果是国

家的贵宾，这样过于恭顺就可能有辱国体。适当的礼貌，有规矩的行事，体现的是接待方高贵的感情和素质，是尊敬他人，也是尊敬自己。

岳飞悔不听禅师之言

道悦禅师是南宋时高僧，曾经在镇江金山江天寺担任住持。

岳飞是南宋抗金名将。当岳飞被皇帝用十二道金牌从战场召回时，岳飞领兵回京，路过金山江天寺。岳飞平素久闻道悦禅师大名，就前去拜访。道悦禅师劝他不要回京，并劝导他出家为僧，但是，岳飞对朝廷一片忠心，对皇帝的昏庸认识不清。他明知道此时回京对战事不利，可是，仍然听从命令回去了。

岳飞在江天寺拜佛之后，临别请求道悦禅师开示，道悦禅师深不可测地告诉他："岁底不足，谨防天哭；奉下两点，将人害毒。"

岳飞听得莫名其妙，因行军赶时间，匆忙告辞道悦禅师。岳飞一到京城就被捕下狱了。岳飞含冤而死的前夜，方才悟出道悦禅师话里的深意。

第二天，也就是十二月的最后一天，岳飞看到天下起雨来，寒风刺骨，预知大祸临头，要遭到屠戮，想到这正是道悦禅师说的"岁底"，正好应验了，此时岳飞已经知道自己的生命只在旦夕。

"奉下两点"是"秦"字，即指大奸臣秦桧。"将人害毒"，就是说秦桧将岳飞陷害的事，果然，此语言应验，岳飞被害死在风波亭上。

秦桧把岳飞杀害之后，曾经私下查问狱卒和刽子手，向他们打听岳飞临终前说过什么话。刽子手汇报说："只听见岳将军说，悔不听金山道悦禅师之言。"

秦桧一听，马上调查此事。他派心腹亲信何立等人带兵到金山捉拿道悦禅师，在何立飞速赶到金山之前的一天，道悦禅师召集众僧说法，说法完毕，他留下一首四句偈语：

何立自南来，我往西方走；

不是法力大，几乎落他手。

说完，道悦禅师回到禅堂，静静地坐化了，众僧不解这首偈语的含义，但见道悦禅师坐化，悲伤不已。

次日，有朝廷官员率兵前来金山江天寺抓人，一问姓名，才知来人正是何立，众僧才恍然大悟，不禁唏嘘感叹起来。

佛思禅悟：

岳飞是家喻户晓的“精忠报国”的忠臣，可是，他最终却没有能够收复河山，反而死在昏君奸臣手中。佛教教导我们一切都要随缘，不必太执着．岳飞的悲剧就是因为他过于执着，对昏庸的皇帝抱有不切实际的幻想，他对朝廷的忠诚是愚忠，他看不破世情，才导致殒身。在当代生活中，无论是事业，爱情还是其他事情，都要以出世的态度去对待，坚持不懈地追求，但是，也不要过于固执，妄情和妄想于事无益。要想放下，必须先要看破，既已看破，还要有决心放下，才能得到自在。佛云：一切众生皆有如来智慧德相，只因妄想执着，不能证得。执着、妄想、分别正是众生不能觉悟的根源。去掉执着心、妄想心、分别心是佛教徒修学佛法的必经之路。

诵经的费用能不能打折

古时候，有一户人家，家里的父亲去世了，儿子就去请寺院的晴空禅师做经忏，念经超度死者。

这个儿子对诵经的费用多少特别关心，担心寺院要价太高，于是不停地问晴空禅师：“请问长老，诵一卷阿弥陀佛经得花多少钱？”

晴空禅师看这个当儿子的悭吝得很，重钱不重情，他父亲死了，当儿子的念念不忘的是钱财，就很不屑地回答说：“诵一卷阿弥陀佛经至少十两银子。”

这个人一听要十两银子，马上说：“太贵了！能不能打个八折，八两总可以了吧？”

晴空禅师看不惯这种讨价还价的人，就敷衍他说：“八两就八两吧。”

在为他的父亲做佛事的过程中，这个儿子花了钱，就要监督晴空禅师诵经。他听晴空禅师念念有词地说：“十方诸佛，四面菩萨，请将今日诵

经的所有功德回转给亡者，让亡者能够往生东方世界。”

这个当儿子的听到这里，觉得这经念得不对劲，就问禅师：“不对吧？我只听过念经说，人死后往生西方极乐世界，可是，我怎么没听说过还有个东方极乐世界啊？”

晴空禅师正色回答他道：“十两银子的诵经是念往生西方极乐世界，可是你非要打八折，八折就只好往生东方世界去了。”

这个人听到此话，羞愧难当，尴尬地说：“再加二两，还是让我父亲往生西方极乐世界去吧。”

佛思禅悟：

一个根本不懂佛的人做佛事是非常功利的，原因在于他们不懂得佛祖普度众生的大爱。只有净心供养的人才会得到佛祖赐予的善果，而利益熏心的人得到的只能是恶果。供养和布施给寺庙财物体现的是施主谦卑的报恩，而不是傲慢的讨价还价。

到底是谁的罪过

在一条大江的江畔，一个船夫正吃力地把沙滩上的渡船拖向江里，他是以载客渡江为生的。有一天，有个居士同一位禅师一起到江畔散步，看到船夫拖船的一幕若有所思。他就问同来的禅师：“请问禅师，刚才我发现，船夫拖船到江里时，船拖过的地方是沙滩，贝壳、虾、螺等不知有多少，肯定被压死了很多，这真是罪过啊！那是船夫的罪过呢？还是乘客的罪过呢？”

禅师想了想，说：“那种情况下，既不是船夫的罪过，也不是乘客的罪过。”居士听了，不解其意，又问：“那到底算是谁的罪过呢？”

禅师直截了当地回答：“那是你的罪过！”

佛思禅悟：

船夫为了生活辛苦摆渡，并没有罪，乘客为了生计，往来奔波，也没有罪过。“罪业本空由心造，心若亡时罪亦无。”即使船夫和乘客有罪过，那也是些许无心之过。而这位居士斤斤计较这样的事，倒是罪过不小。

猎人赠肉的选择标准

在《百喻经》里，有这样一个故事：

波罗奈国有四个年轻人，这四个年轻人都长得一表人才，喜欢结伴游玩和做事。

有一天，这四个人一起出城了。当他们在路边休息的时候，看见一个猎人打猎满载而归，车上有好几头鹿最让人羡慕。猎人驾着马车进城，打算卖掉这些猎物。

四个年轻人看到满载猎物的马车，都迅速地跑过来看。其中一个年轻人说："我向这个猎人要块鹿肉吃。"说完就走到猎人面前，不客气地说："喂！这么多鹿肉啊，给我割一块！"猎人觉得这个年轻人傲慢无礼，就训斥他："你这年轻人向人索要东西怎么能用这样的口气说话呢？这样傲慢无礼是没有好处的，今天我不会拒绝你的要求，可我要按照你的言辞决定给你哪块肉。"猎人说完，就念了一首偈语：

"公子要肉，出言粗鲁。

按君所言，只配筋骨。"

第一个年轻人就这样只得到了鹿骨，他悻悻地回到了原来的地方。又一个年轻人说："我也想要一块鹿肉。"于是，他起身走到猎人面前，礼貌地说："老兄，能给我一块鹿肉吗？"猎人听了，和颜悦色地回答："当然可以，我就按照你的言辞决定给你什么肉。"猎人接着念了一首偈语：

"都说尘世中，珍贵兄弟情。

按君言辞敬，送君鹿腿肉。"

第二个年轻人拿着鹿腿肉回到了原来坐的地方。

第三个年轻人站了起来，说："你们都得到了鹿肉，我也试试吧。"他走到猎人面前，恭敬施礼，用极谦恭的语调说："老爹，请给我一块鹿肉，行吗？非常感谢！"猎人微笑着，很爽快地回答："我会按照你的言辞决定给你哪块肉。"说完，他又念了一首偈语：

"儿呼一声爹，为父心头喜。

按君言辞敬，赠君心头肉。"

第三个年轻人高高兴兴地回到原来的地方，最后一个年轻人也按耐不住了，他说：“我也想要一块鹿肉啊！”这个年轻人来到猎人身边，诚恳地说：“朋友，您打猎受累了！我还没尝过鹿肉，您能不能赏给我一块肉，我拿回去让家里人分享，他们必定高兴得很。”猎人见这个年轻人少年老成，彬彬有礼，也礼貌地说：“没问题，朋友，我会按照你的言辞决定给你哪块肉。”说罢，他又念了一首偈语：

“世上若无友，犹居荒漠中。

按君言辞美，赠君倾我车。”

这个年轻人听了这位猎人的偈语，心中很吃惊，简直不相信自己的耳朵。猎人怕这个年轻人不相信，又说了一遍，这个年轻人才终于明白。这位猎人热情地拉着这个年轻人的手，说：“请上车来吧，我要将整车的猎物都送到你家中去。”于是，第四个年轻人就满心欢喜地与猎人一同回了家。这个年轻人的父亲是富甲一方的大商人，所以，他的家宅院宽阔，仆从甚多。这个年轻人吩咐仆人从马车上卸下鹿肉，家里的厨子很快就把鹿肉烹煮成了美味佳肴，猎人和这个年轻人边吃边谈，从此结下了深厚的友谊，成了生意上的长期合作伙伴。

佛思禅悟：

不同的修养和处世方法决定了人不同的命运。我国有句老话说得好：你敬我一尺，我敬你一丈。只有对人恭敬有礼，才能赢得对方的尊重有加。人与人之间是互相需要的，如果只是单方面需要，那么，一方伸手，肯定从对方那里所获有限；而如果是互相需要，就会产生合作关系，并且这种建立在合作基础上的友谊将会非常牢固、持久。

遵从佛祖的教导是智慧的开端

有一天夜晚时分，一群游牧部落的佛教徒正准备安营扎寨，在荒野中过夜。

忽然，一束耀眼的光芒从天际射下来，信徒们看到这个现象，感到佛祖就要从天边出现了，因此，大家都纷纷跪倒在地，虔诚地等待佛祖降临。

过了一会儿，佛祖果然出现了，他对这些虔诚的人们说："你们从现在起，沿路多捡拾一些鹅卵石，把它们放在马褡子里。明天晚上，你们将非常快乐，也会非常后悔。"说完，佛祖就乘风西去了。

信徒们本来想佛祖会给他们带来很大的福祉，没想到佛祖只是叫他们捡路边的鹅卵石，这算什么旨意？这样能给他们带来长寿和财富吗？这些信徒们都埋怨起这件无意义的差事来。然而，那毕竟是佛祖的指示，他们一边埋怨，一边不情愿地随意捡了些鹅卵石放进马褡子里。

一天过去了。他们在夜幕降临时，又开始安营扎寨，一个人忽然惊叫起来，原来他发现马褡子里的鹅卵石竟然变成了一块块黄金！

正如佛祖所预言的，这些信徒们又高兴又懊悔。他们后悔不迭的是，当初要是认真听佛祖的话，多拾取一些沿路的鹅卵石就好了。

佛思禅悟：

服从是一种美德，对佛祖的信仰表现在服从佛祖的指示，即使没有马上理解和领会，也要首先服从。当今社会，在职业生涯中，有的员工或许在一开始并不能意识到上级的真实意图、战略决心，但是一定要重视上级交给自己的任务。服从意识和强有力的执行力是一个集体取得成绩的保障。服从行为对于协调人际关系，提高群体效率，也具有十分重要的意义。只有勤奋工作、服从上级安排，不断完善自己的执行力，做一个积极主动不断做事的人才能有所成就。相反，因为过去付出太少，现在所得甚少，积累太少，后悔也就来不及了。

乌鸦的荣宠和失落

《生经》卷五记载着这样一个故事：

很早以前，有个叫波遮梨的国家，这个小国以前从来没有出现过任何鸟类，当地人的语言里也没有"鸟"这个词汇。

有一天，有一个外国人来这里做生意，他喜欢养乌鸦，就提着个鸟笼子带了乌鸦前来。当地人看到这只乌鸦，都非常好奇。人们围着这只乌鸦左看右看，观察来观察去，看个没完。

乌鸦这种在别的地方很常见的鸟，在这个波遮梨国的人们看来，简直是神鸟，乌鸦长着乌黑的羽毛，长长的翅膀，在天空中自由地飞翔，多么神奇啊！虽然乌鸦叫起来声音沙哑聒噪，在别的乌鸦常见的国家人们都讨厌乌鸦的叫声，可是，在这里，乌鸦沙哑的叫声也成为一种动听的嗓音，人们像热衷流行乐一样爱听乌鸦叫。这个国家的人就是这样将乌鸦当成神圣的生物来供养、崇拜。乌鸦在这个国家养尊处优，过着神仙般自在的日子。

波遮梨国优待乌鸦的消息迅速传开了，周围各国的乌鸦从四面八方飞来，不久就飞满了整个波遮梨国的土地，人们看到树上、山上、屋顶上等到处是乌鸦。乌鸦沙哑的叫声吵得人心烦，乌鸦拉的鸟屎弄脏了人们的衣服，弄脏了干净整洁的院子，可是，这个小国的人们不敢怠慢乌鸦，仍然像供养神一样供养着他们。

好多年后，有一天，又有一个商人不远万里漂洋过海而来，他随身带了三只孔雀。波遮梨国的人以前连乌鸦都没见过，别说这稀奇的孔雀了。所以，这三只孔雀在这个小国出尽了风头，人们对它们就像对待下凡的仙女一样。这时候，乌鸦在人们的眼中，成了不值一提的东西，人们纷纷前来供养孔雀，在孔雀面前赞不绝口，谁还有闲心多看乌鸦一眼呢？

佛思禅悟：

我们在生活中不能做井底之蛙，糊涂无知，因为见闻少，就会受骗。凡事不能没有比较就盲目推崇，那样不免吃亏上当。没有比较而盲目地推崇一种观点或个人，最终可能发现自己推崇的原来只是不成气候的跳梁小丑而已。特别是在商业上，一定要货比三家，坚持耳听为虚、眼见为实，对目标商品要做市场调查，比较一下，归纳一番，然后再得出结论，这样才能避免上当，免除烦恼。关键的方法就是比较，只有会比，才能不上当、不吃亏。

提前预备破鞋子

在《杂宝藏经》中记载着这样一个故事：

古时候有个波罗奈国，在这个国家有个不好的风俗：家中老父年岁过了六十之后，儿女就给老人换上双破鞋子，让他看守门户。

当地有兄弟两人，他们的父亲已经过了六十岁了，因为养育他们，他们的父亲辛劳了几十年，背也驼了，腰也直不起来了，一大早起来就咳嗽不止。有一天，哥哥对弟弟说："你给父亲换一双破鞋子，让他看门吧。"

弟弟就走进房间，找出三双破鞋子来，将其中的一双给了父亲，并说："哥哥让您穿上破鞋子看门。"然后，弟弟又把另一双给了哥哥。

哥哥诧异地问："你给我这双破鞋子干什么？"

弟弟说："你不久也会老的，到那个时候，我们的儿子也会让我们穿破鞋子的，不如现在就预备好，免得给儿子添麻烦。"

哥哥听得心寒，愣在那里，喃喃地问弟弟："我们以后真的也会有这一天吗？"

弟弟说："那有什么稀奇！只要这种风俗存在一天，我们肯定得面对这样的一天，谁又能青春永驻，永不衰老呢？"

哥哥和弟弟商议良久，决定一同到王宫觐见国王。他们两人见了国王，竭力劝说国王废除这种陈规陋习，历陈这种恶劣的风俗的害处，倡导民众孝顺父母。国王最终采纳了他们的建议，从此，在波罗奈国，孝顺和尊敬老人的风气开始形成。

佛思禅悟：

人们应当以对待自身的行为为参照物来对待他人，如果自己所讨厌的事物，硬推给他人，不仅会破坏与他人的关系，也会将事情弄得僵持而不可收拾。人与人之间的交往确实应该坚持这种原则，这是尊重他人，平等待人的体现。人与人之间是平等的，切勿将"己所不欲"，施加给别人。我们对待父母的方式就是日后儿女对待我们的模式。因此，若想子孙孝顺，我们得从现在做起，孝顺自己的父母。谚语说："鸦有反哺之义，羊

知跪乳之恩。”又有诗云“谁言寸草心，报得三春晖”，动物尚且知恩，小草尚能报恩，更何况我们文明世界的人类呢？

轻信人言穷人烧衣

《百喻经》中记载了这样一个故事：

在古印度，有一个人家境贫苦，缺衣少穿。他给人做临时工，主人给他了一件粗褐衣，他就整天穿着这件衣服。有人见到他穿这件衣服，就告诉他：“你种姓血统纯正，是贵族后裔，怎么穿这么一件粗陋的茶褐色粗布衣服？这种衣服是贫贱的人才穿的。我现在教你一个办法，使你可得到上好的衣服，你要听从我的话去做，我绝对不会哄骗你。”这个穷苦的人听了，心中很欢喜，很顺从恭敬地说道：“我一定依从你的话。”那个人就在路旁烧起火来，对这个穷苦的人说：“你把所穿的粗布衣服脱下来投入火中，这粗衣烧掉后，你就在原地等候，立刻可得到上好的衣服。”这个穷苦的人就立即照他话去做，把所穿的粗布衣服脱下来烧了。烧完之后，这个穷苦人就等着在火堆旁出现新的上好的衣服，可是等来等去，然后，在火堆里寻觅来寻觅去，就是找不到上好的衣服。

世上的人也是这样，我们从过去身、从前世修各种善法，才修成人身，人身是很难修得的，我们既得到人身，应该好好进德修业，好好保护，但是那些外道妖女却妄造种种欺骗人的鬼话，说什么你要相信我的话，修习苦行，舍身从悬崖上跳下去，跳到火中，就可升入梵天，得到永久的欢乐等等，这些都是无稽之谈，万不可相信。糊涂的人相信他们的鬼话，真的舍弃了自己的生命。这些人身死之后，并没有升上梵天，而是下到了地狱中，备受各种苦难折磨。这些糊涂的人失去了人身，又空无所获，就跟这个听信胡言乱语，烧了自己的粗布衣的贫苦人一样。

佛思禅悟：

不可轻信别人的道听途说，我们要用理性、智慧去思考。当今社会，宣传媒体和渠道众多，其中有许多不实的甚至是错误的东西，会误导人。所以，我们要提高辨别能力。在生活中，有时候反对、跟你作对的，反而

是善知识。而阿谀奉承的人、以非为是的人、趋炎附势的小人，他什么东西看法、意见都跟你相同，有时候反引导你走向错误。世间高明的骗子都通晓投人所好的伎俩，一定要谨防上当。

木匠与画师互相欺诈伤情谊

在《杂譬喻经》九、《经律异相》卷四十四中记载着这样一个故事：

古时候，在印度北部地区有一个心灵手巧的木匠，他技艺高超，在闲暇时间用木料做成了一个惟妙惟肖的年轻女子，这个木料做成的女子面容端庄，文雅大方，她的衣带服饰也簇新得体，所以，这个女子看起来跟一般的女子没有什么不同，谁也看不出是木料做的。巧木匠的确名不虚传，他做的这个木人不但面貌栩栩如生，而且，还会走动，她能走着上前给客人斟酒倒茶，唯一的缺憾是不会说话，显得很沉默。

当时，印度南部有一个有名的画师，他很擅长绘画艺术。这个巧木匠听说了这个画师的大名，就准备了一桌丰盛的宴席，请这个画师来赴宴。画师来了之后，巧木匠就差遣这个木料做的女子给客人倒酒端菜，两人从白天一直吃喝到晚上。画师不知道这个美貌可人的女子是木料做的，想当然地把她当做真人，画师被这个女子楚楚动人的体态、文雅得体的风度迷住了，产生了爱慕之心，这种强烈的欲念怎么也挥之不去，总是萦绕在他的心头。

到了夜幕降临，该就寝的时候，巧木匠要回屋睡觉了，他执意挽留这个画师也在他的家里住一宿。画师还让这个女子侍候在客人身边，并告诉画师：我给您留下这个女子，就是让您与她同床共眠的。

说完，巧木匠就进自己的房间睡觉去了。这个女子站立在灯前，在灯光映照下，更显得妩媚动人。画师就用温柔的声音呼唤她过来，可是，这个女子站立在那里一动不动。不管画师怎么叫她，她都不过来。画师心想，这个女子可能青春年少，不懂男女之事，又加上羞怯，所以不敢过来。待我过去拉她的手过来。画师就轻轻地走过去拉了拉这个女子的手，这手也是木料做的，僵硬不动，画师这才知道原来此女是个木人。这一下，他为刚才自己的动情羞红了脸。

画师回到床头，辗转反侧，难以入眠，他的心头像打翻了五味瓶。巧木

匠这样欺骗愚弄他，他怎么咽得下这口气呢？烦恼了大半夜，终于下定决心："巧木匠是主人，我是客人，他今番这样诳骗我，我也要报复报复他。"

于是，画师睡意全消，便在墙壁上画上自己的画像，画像上的人所穿衣服跟自己的一模一样，画中人把绳子系在脖子上，作上吊自杀之状。这个画师为了使画面逼真，还在这个上吊的形象旁画上了吃死尸的蝇鸟，这只蝇鸟真在啄食尸体。画师画好之后，就关上门，自己藏在床底下。

天明以后，主人巧木匠见客人的门还没有开，就从窗户处向里看。巧木匠只看见那个上吊的画师像，大吃一惊，他一位客人真的死在自己家了，慌慌张张拿了把刀，要把上吊绳割断，这时候，画师从床底下钻出来了。

巧木匠这才明白是怎么回事，他满脸羞惭。画师说："你能骗我，我也能骗你，咱们算是打个平手，谁也不欠谁了，咱们的友情算是到了尽头了。"然后，两人又不禁感叹道："世上的人相互欺骗糊弄，都是这样啊！"

佛思禅悟：

没有彼此的敬重，友谊是不可能有的。友谊是以互相尊重为基础的崇高美好的感情，故事中的两个人的技艺都很高超，但用在了相互欺骗上，结果双方的感情都受大了伤害。友谊是一种责任，从来不是一种炫耀自己、压倒别人的机会。友谊需要你去贡献诚挚的爱，而不是亏负和戏弄对方。对朋友的成就不能恶意嫉妒，要想赢得朋友的尊重，须用正当的方法去赢得。

入乡随俗赢得成功

《六度集经》中讲述了这样一个故事：

过去有兄弟二人，都在本国买进了很多货物，到裸人之乡去做买卖。

弟弟说："福厚的人自然有衣食，福薄的人要靠筋骨体力挣得衣食。现在咱们去的地方，是荒蛮之地，他们不懂得什么是佛，什么是法，也没有沙门僧尼，是没有文明教化的地方。我们去那里，要迎合他们的礼仪规矩可真是难事。不过，入乡随俗，我们到那里也要行动举止都符合那里的人的规矩礼仪，礼貌待人，不傲慢自大，随和谦虚，韬光养晦，才是明智

的处世之道。”

哥哥听了，大不以为然，说：“礼仪怎么能丢掉？德行怎么能退化？怎么能跟他们一样不知羞耻地光着身子，毁坏我的形象呢？”

弟弟说：“先贤说过身体可以毁坏被掩盖，可是，持戒如常，并没有损失。表面镀上了铜，内里还是金子，因时因地放弃原来的礼仪，虽然开始时会被人讥笑，时间长了还会让人感动叹服，这是审时度势的权宜之计。”

两人就这样争论着到了裸人之乡。

哥哥说：“你先去看看，观察怎么样做才有利，然后派个人来告诉我那里的情形，我再去。”

弟弟说：“好的，就这么办吧。”

不到十天，弟弟派人来告诉哥哥：“在裸人之乡必须遵守裸人的规矩。”

哥哥勃然大怒，说：“太不像话了！让人脱光了衣服，像畜生一样赤身裸体，这是一个体面的君子不能做的，弟弟这样做，可是，我可不这样做。”

这个裸人之乡的风俗是到每月的十五日举行夜市。人们用麻油膏抹头，用白土涂画在身上，用骨头做成装饰缠在脖子上。男女拉着手，逍遥自在地又唱又跳。弟弟也跟着当地人这样打扮，当地人很高兴，也很惊奇，对他恭敬有加，待他如贵客。首领还拿出十倍的钱买他的货物。

哥哥的车和人马到这裸人之乡时，向人们宣讲严刑峻法，违背了民心，首领非常愤怒，老百姓也对他不理不睬，并夺取他的货物，还把他鞭打了一顿。弟弟看事情闹得不可收拾，就请求裸人们不要再打了，饶了哥哥。裸人们看在弟弟的面子上，才放了哥哥，兄弟两人一起打道回府，回到自己的国家。临走的时候，裸人们对弟弟依依不舍，都来送别，可是，人们对哥哥却骂个不休。

哥哥又羞愧又气恼，训斥弟弟说：“你跟他们这些野人有什么好亲热的？他们又跟我有什么冤仇？为什么对你那么好而对我那么狠毒，夺去了我的货物？是不是你跟他们说了我的坏话？”哥哥越想越气恼，就跟弟弟断绝关系，说：“从今往后我们世代为敌，我永远也不会原谅你！”

弟弟听了哥哥绝情的话，悲伤地发誓说：“我一定世世代代遵奉佛法，供奉沙门。佛祖恩惠泽润四方，普度众生。我奉养我的哥哥就像对待自己一样，我永不违背今日的誓言。”

从此以后，哥哥总是跟弟弟作对，而弟弟却常常接济生活上不宽裕的哥哥。

佛思禅悟：

我们常常使用的成语“入乡随俗”就是从这个故事中来的。聪明人知道入乡随俗，随遇而安，而愚蠢的人只知道墨守常规，不懂得变通。十里不同俗，到了异乡，就要尊重异乡百姓的生活习惯，随和处世，与人打成一片，而不能以文明人自居，凌驾于他人之上。如果只一味地思想僵化，脱离实际，盲目地生搬硬套，结果会在现实中碰壁。推行自己的主张，要考虑对方的根机、领悟和接受能力，以及实际情况而定。在当今全球化的社会，本地企业要想开拓外地市场，国内企业要想打入世界市场，就要了解不同的文化风俗，使商品本土化，因地制宜，灵活变通。

人皆采果不听叫声

《生经》中记载着这样一件奇事：

在遥远的过去，有一座山叫大香山，山上生有无数的胡椒树和其他灌木药草等。当时有一只小鸟，名字叫我所，这只小鸟的巢就安顿在这灌木丛中。当人们在春天的时候，野果药草成熟的时节，都来采集摘食，因为吃了可以充饥，也有药效。人们一来，这只叫我所的鸟就悲鸣不已，不停地叫着：“这些果实都是我的，你们这些人不要摘取，我心里可不愿意让人把果实摘走。”

可是，尽管这只鸟不停地悲鸣呼叫，人们对它的叫声置之不理，继续摘取果实药草。这只鸟的福气很薄，忧愁悲叹，叫喊不已，有人说这是前世有过错转世成鸟的人。

佛思禅悟：

在人世间，有的人占有的资源多一些，有的人少一些，可是，你活

着，也得让他人活着，大家都要生存。如果一个人的欲望不加以节制，存有极强的个人主义思想，就会像故事中那只可笑的鸟一样，看到别人分享果实，就心疼不已，遭受着心灵的煎熬，即使占有了整座山，仍然不快乐，整日悲鸣。

咆哮的老虎成为温顺侍者

《五灯会元》中记载着这样一个故事：

有一天，观察使裴休来拜访善觉禅师，问道："师父有没有侍者？"

善觉禅师回答说："有一两个。"

裴休说："在什么地方？我怎么没有看见？"

善觉禅师就呼唤了一声："大空！小空！"

话音刚落，两只大老虎从禅庵后面蹿了出来，裴休看到吓得面色惨白，战战兢兢。

善觉禅师对两只老虎说："现在我有客人在，你们先下去吧。"

两只老虎咆哮着离去了。

裴休问禅师："您是用什么方法把它们感化到这个程度呢？"

善觉禅师默默无语，沉默了一会儿，说："你领会了吗？"

裴休说："没有领会，请赐教。"

善觉禅师说："山僧我常念观音。"

佛思禅悟：

禅师以慈悲为怀，乃至感化无恶不作的恶虎为侍者，为我们树立了感化恶人的榜样。若是人人怀有一颗慈悲心，世上的奸佞邪恶将不复存在。老虎霸道，狼凶残，狐狸狡猾，动物世界就是人类世界的譬喻，必须用善念来感化有恶念的人。包容和感化才能够消除误会和冲突，解决矛盾斗争的最好手段是保持和谐安定。在生活中，我们要以慈爱来感化怨恨，以良善来感化邪恶，以施舍来感化吝啬，以真实来感化谎言。

鹦鹉王觉悟到世上无亲

《六度集经》中有这样一个堪称传奇的鹦鹉：

从前，有一只鹦鹉王，统领着三千鹦鹉，其中有两只鹦鹉特别能干，力气超过其他鹦鹉，能够嘴里叼着竹竿作为鹦鹉王的车乘。鹦鹉王坐在竹竿做的车乘上，飞来飞去好不快乐。他常常坐着竹竿车，上下、前后、左右的鹦鹉各有五百多只，加上六面侧翼一共有三千只。这些鹦鹉们向鹦鹉王贡献奇珍异宝，并陪着鹦鹉王娱乐宴饮。

鹦鹉王暗自想："这样整天欢娱宴饮会丧失我的德行，没法获得心灵的安宁，不是长久之计，我应该权衡利弊，想些灵活的计策了。"于是，鹦鹉王就假装生病，不再进食，然后装死。原来跟随他的鹦鹉们一看，鹦鹉王一命归天了，就匆匆忙忙地用草把鹦鹉王盖上，各自飞散了。

鹦鹉王又起来进食的时候，原来跟随他的鹦鹉们早就跑到别的山上的鹦鹉王那里，求告说："我们的鹦鹉王已经死去，我们愿为您的仆从。"

那个山上的鹦鹉王说："你们的王已经死去的话，请带来他的尸首给我看看，如果是真的已经死亡，我就接纳你们作为我的仆从。"

这些鹦鹉们就回到原来的山上寻取鹦鹉王的尸首，可是，找来找去，不见踪影。费了半天工夫，四下里寻觅，好不容易才找到了，发现鹦鹉王还活着，就又恭敬地行礼作揖，重新供养鹦鹉王。

鹦鹉王对这些鹦鹉说："我还没死，还有一口气的时候，你们就离弃了我，佛祖有明确的训示：世上无亲，只有佛祖的道可以作为依托。沙门认为胡须头发都是扰乱心智的肮脏东西，所以把它抛弃，希望不再有欲望。你们这样欢娱嬉闹，邪淫乱性，实在是使人丧失心智的秽行。"鹦鹉王说完就起身飞走了，他飞到了一个幽静处所，放弃一切俗念，不再享乐，思维定心定性，于是，百秽都去除净尽。

佛思禅悟：

作为一国之王，人还没断气，喽啰们就四处投奔新主子了。所以，天下没有不散的宴席，世俗的富贵荣华绝对不可能长久。富贵得势时前呼

后拥，好不威风，可是一旦失势，往日趋炎附势的人们就会“树倒猢狲散”，甚至可能卖主求荣，去讨好新主子。普通人只要生活上陷入困境，周围的人也会变脸，鲁迅有一句很发人深省的话就是：“有谁从小康之家而陷入困顿的么，我以为在这途中，大概可以看清世人的真面目……”没有经历过生活的变故的人很难体会出鲁迅的这种悲凉的感慨。

兄弟如此分家

《百喻经》中有这样一个分家的故事：

从前，在古印度的摩罗国有一个贵族，得了不治之病，知道自己大限已到，就告诫自己的两个儿子：“我死了以后，你们要好好分家产，不要闹出矛盾。”

父亲死后，两个儿子遵照父亲的遗嘱，就把财物都分成了两份，然而，哥哥说弟弟分得不均匀，他吃亏了。

当时有一个愚笨的老人看到他们在争执，就说：“你们不是说不均匀吗？我来教你们分财物，使分配更加平等均匀，我把所有的东西都破做两份。这个愚笨的老人说做就做，怎么均匀地破做两份呢？你们就把衣裳从中间剪开，把盘子掰开，把瓶子也一劈两半，所有的坛坛罐罐都劈成两份，铜钱也从中间劈开，只有按照我说的去做，才能均匀地分开你们这个家。”

这样分家分财产，邻居们听说了，都掩着口直乐。

这就像邪魔外道的人强调分别论一样，实在愚痴，跟把铜钱劈成两半一样可笑。

佛思禅悟：

在现实生活中，为了分家兄弟间大动干戈的有的是。绝对的公平根本没有，如果没有互利互让的精神，没有一点合作精神，就会像故事中的愚人那样，把分家搞成毁家。常有一些自诩为聪明的人，见利忘义，寸步不让，六亲不认，不顾后果地做出类似的蠢事。

谁在前谁在后

《百喻经》中描述了这样一条蛇：

从前，有一条蛇，它的尾巴和脑袋在争论："我应该在前面。"

脑袋对尾巴说："我一直都是在前边，这是天经地义的，怎么忽然提出你要在前边呢？"

脑袋固执地在前边，寸步不让，尾巴也不示弱，就缠在一棵树上，缠得牢牢的，这样，脑袋就不可能向前进了。

脑袋实在没有办法，就让尾巴在前边开路，尾巴上没有眼睛，所以看不到前边有什么危险，只是一味地向前挪动，结果，这个蛇掉进了火坑中，蛇在火坑中烧成了烂肉，最后只剩下了几段白骨。

师徒弟子的关系也是这样的道理。有的弟子嫌弃师父年老体弱，自己总是抢在前边出风头，并且振振有词地说：我年轻，有活力和干劲，应当在前边当领导。这样的年轻人，实际上并没有真正懂得戒律，常会违犯戒律，得到恶报，多行不义必自毙，最终必然下地狱。

佛思禅悟：

蛇的头尾虽功用位置不同，却是一个有机的整体，若不团结，而是彼此相争，搞内讧，结果只有毁灭。人与人之间也是如此，应当清醒地认识到自己在整体中的地位和作用，切勿为争名夺利而头脑发热，导致不可挽回的损失。

女仆与山羊的争斗

《杂宝藏经》第十卷中有一个这样的故事：

从前，有一个女子在一家人家做女仆，她干活很卖力气，不贪小便宜，对主人交代的事都认真完成。

有一段时间，主人常常交代这个女仆去炒黄豆。主人家有一头公羊，很贪吃，它总是趁这个女仆不留神，就偷吃炒黄豆。主人是个精明的人，炒黄豆的分量不足，他一下子就看出来了，就生气地斥责这个女仆，对她不再信任了。

女仆是个聪明人，主人对她态度不如以前，她明显地感觉到了，心中十分懊恼，对贪吃的公羊恨得咬牙切齿。有一天，她找来一根棍子朝公羊身上抽打，打得公羊“咩咩！”直叫，她才觉得稍微消了气。此后，女仆不断地用棍子抽打公羊，公羊老是挨打，与女仆的积怨一天天加深，终于有一天，公羊开始反击，它用羊角来顶撞这个女仆。女仆与公羊就这样成了宿敌，矛盾冲突越来越多。

有一天，这个女仆正在灶台取火，这只公羊见她今日并没有拿着木棍，便趁机冲上来用羊角顶撞她，这个女仆怎么咽得下这口气？她情急之下，就把手中的火把扔到了公羊的背上，公羊毛茸茸的，立即被火把烧成了一团火，公羊被烧得晕头转向，到处乱窜，它所经之处，也全被火点燃了，于是，村舍被烧了，山林也被烧了，甚至连山中的数百只猕猴也没能逃生，被火烤得焦煳。

天帝亲眼看见了这件惨事，感叹道：“无休无止的怨恨和争斗，其结果就是这样的惨景。世上人谁会想到，一个女仆与一只羊的怨恨，能引起整个村子的毁灭和大批无辜的猕猴丧生呢？人们啊，一定要吸取这个深刻的教训！”

佛思禅悟：

俗话说得好：“一让两有，一争两丑。”两个人的争端不断升级，最后，连周边的人都跟着遭殃。不要以为两个人的争端只涉及两个人，只是双方的事，它也可能危及他人，危及社会；不要以为一点误会、一点矛盾有什么了不起，由小到大，由少到多，日积月累，就会酿成悲剧。

苏东坡和秦少游的争执

有一天，苏东坡和秦少游两个人在吃饭的时候，看到一个脏兮兮的人走过来，可能那个人很长时间都没有洗过澡，身上爬满了虱子，苏东坡看

了，觉得很恶心，就对秦少游说："真脏啊，这家伙身上的污垢都生出虱子来了！"

秦少游略加思索，对苏东坡的说法表示反对："我看你说的不对，是凭空臆测，虱子是从棉絮中长出来的！"两个人各执己见，争论不休，都是争强好胜的性格，谁也说服不了谁。最后决定请佛印禅师来主持公道，评评理，判断一下究竟谁对谁非。两人还约定输的一方要请上一桌酒席谢罪。

苏东坡求胜心切，私下跑到佛印禅师那里，讲清了事情的原委，并请老禅师一定要帮自己的忙。秦少游也不含糊，也去请老禅师帮忙，佛印老禅师也答应了。两人都稳操胜算，放心地等待老禅师的定夺。佛印禅师心平气和地说："虱子的头是从污垢中生出来的，而虱子的脚则是从棉絮中长出来的。"

老禅师洞察二人的心理，知道谁输了心里也不舒服。其实这样的小事也使生活增加了一定的乐趣，可是要是处理不好，每个人心里总是不太舒服的。于是，老禅师就做了聪明的调停，同时，也是对两人的批评教育：这样鸡毛蒜皮的事，大动干戈，心中毫无清静念头，真是不配当居士。

佛思禅悟：

想一想自己和自己周围的人，有时为了一点小事而争得面红耳赤，最后闹僵的也不少，认真想想，实在是不值得。太过执着，就生出了很多的烦恼，后退一步我们就少了很多的烦恼。佛印禅师的智慧在于中和二者的意见，从二者中各取一部分来用。这种智慧我们现在仍在使用，比如，在对某个重大设计的竞标中，可能同时选中两个或多个方案，最后敲定的方案实际上是一种各取所长的综合。

过河的不同心态

一位信徒遇到了事业发展上的难题，举棋不定，就来到一所禅院，向一位禅师请教。老禅师听了他说的问题，说道："这样吧，我给你讲个故事，你自己琢磨琢磨。"

一个很深的山涧两侧都是悬崖峭壁，山涧内水流湍急，乱石嶙峋。急

匆匆的水流在岩石上翻卷着各种各样的浪花。有四个旅人，一个是瞎子，一个是聋子，还有两个是健康的正常人。他们结伴要到对岸去，悬崖间只有这一个铁索桥可以过，没有别的路可走，所以，这四个人别无选择，只能紧抓铁锁链，慢慢攀爬过去。

盲人在前，他摸索着慢慢过去了，然后，聋子也平安无事地过去了，其中一个正常人也小心翼翼地过去了，可是，另一个正常人爬到铁索桥的中间的时候，手脚发抖，再也抓不住锁链，随着一声凄厉的喊叫，掉进了湍急的水流中。

事后，盲人告诉人们说："我不是不害怕，可是，因为我的眼睛看不见，所以，到底情形多危险我不太清楚，我就是知道要爬过铁索桥去，所以就顺利地过来了。"

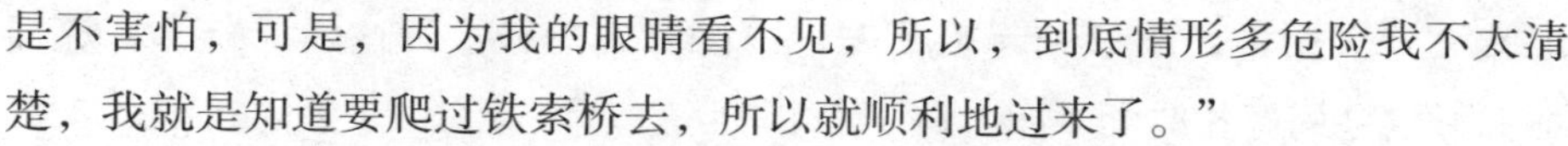

聋子对人说："多亏我耳朵聋，听不见铁索桥下隆隆的水流声，所以，我心里才稳得住，终于爬过来了。"

那个过了铁索桥的正常人说："我过桥就是过桥，水流缓急跟我有什么关系？悬崖峭壁是危险，可是，我不去想它，只管过我的桥，脚下踩稳，手中抓牢就行了。"

老禅师讲完这个故事，意味深长地对前来请教的信徒说道："那个失足落水的正常人耳聪目明，眼观六路，感觉非常细腻丰富，思维缜密，可是，他却失败了。面对困难，有一颗平常心就行了。"

佛思禅悟：

困难来了，人们的心态有各种不同的表现，有的人镇静地面对，有的人惊慌失措，有的人独立应对，有的人却轻易放弃。我们要勇敢坦然地面对挑战，而不要被困难所吓倒。被周围环境、声势吓倒的人，不是他们没有获得成功的能力，而是没有获得成功的心态。

为成人之美老禅师扔鞋

一位老禅师带着小沙弥外出办事，半路上遇到赶车的车夫，车夫问老禅师和小沙弥去哪里，得知老禅师和小沙弥跟他同路，就让他们搭个便车。车夫是个急性子，驾驭马车的技术也很高，所以，马车飞快地驰骋在乡间的土路上，乡间的土路坎坷不平，颠簸得很，老禅师被这特快马车晃得坐不安稳，正要用力起身挪动一下，不想，一只鞋掉了下去，被飞快的马车甩出去老远。这车夫急匆匆地往前赶路，根本没有察觉。小沙弥急了，正要说话，被老禅师拦住了，老禅师不想麻烦车夫停下车，就把另一只鞋子也扔了下去。

小沙弥很不解地问："师父，掉下一只鞋已经很可惜了，怎么又故意丢下去一只？"

老禅师微笑着解释道："已经掉下去一只了，剩下的这一只对我来说也就没什么用了，不如一起扔下去，也许有人能够捡到这两只鞋子，那样不就可以穿用好长时间了吗？"

佛思禅悟：

这位老禅师有双赢思维。我们总是希望别人为自己提供方便，推己及人，也要常想到自己能够为别人做些什么。在利己的同时，要想到利人。当一样东西或一件事情等对自己没有什么好处时，如果对别人仍然有好处，就要大方地让给别人，成人之美。

佛为无助老人说偈语

在《佛为老婆罗门说偈语》中，讲述了这样一个故事：

有一天，释迦摩尼到舍王城去，在路上偶遇一位老婆罗门，穿着破衣烂衫，佝偻着腰，吃力地往前走。他的手中托着一只乞讨用的饭钵，一只

手拄着拐杖，神色怆然。

释迦摩尼见他这样年老，仍然出外乞讨，就问道：“老人家，您这么大年纪了，外边风霜雨雪，身体怎么扛得住？您有儿女吗？”

老婆罗门说：“世尊，您有所不知。我年轻时曾经是个商人，做生意赚了不少钱，家里的日子都是靠我一个人。我的儿子当时年幼，我花了很多钱供养他上学。前几年我觉得自己年纪大了，脑子也糊涂了，就把钱交给儿子管理，还为他娶了媳妇。没想到，儿子和媳妇掌管了我的钱财后，就对我恶声恶气起来，后来还把我赶出了家门。我真是伤心啊！我劳碌了一辈子，最后落个乞讨度日！”

释迦摩尼听了这位老婆罗门的泣诉，流下了同情的眼泪，于是，他让老人跟他学一首偈语，这位老婆罗门背会了之后，释迦摩尼说：“您现在回家去吧，对您的儿子说说这首偈语，他一定会有所改变的。”

这位老婆罗门回到家，儿子、媳妇都板着脸，对他不理不睬，这位老婆罗门把熟记在心的偈语高声背诵了几遍，儿子和媳妇都沉默不语，没有了刚才的傲慢无礼。当老婆罗门又一遍背诵这首偈语时，儿子泪流满面，跪在地上，向父亲说：“老父啊，儿子我做了不义的事，让您受委屈了，请您原谅我的罪过！您从此在家享个清福，不要出去乞讨了。”儿子亲自为父亲洗了澡，为他换上干净的衣服，把父亲奉为一家之主，不允许媳妇对父亲有任何不尊重。就这样，这位老婆罗门凭借释迦摩尼的一首偈语过上了幸福的生活。

那么，释迦摩尼的偈语到底是那些内容呢？这首偈语的主题就是对儿子不孝的斥责。首先追述了父亲担当一家人生活重担的艰辛，然后讲述了父亲对儿子的疼爱和抚养，又说到为儿子拿出聘礼娶妻，最后一部分说的是儿子为钱财所迷，见利忘义，忘了父亲养育他的大恩，不知道尊重老人，把老父亲赶出家门。这样对待老人，就像对待没有用的老马一样，既然没有用了，就不再给他草料吃，不孝之子剥夺了父亲在家生活养老的权利，陪伴老人的只有一只乞讨饭钵和一根手杖。

正是以上这些内容，使儿子听后大为惭愧，使儿子的心灵受到了强烈的冲击，从此洗心革面，悉心照料老父亲，再也不虐待他了。

佛思禅悟：

孝经中有言：“百善孝为先。”如果一个人连父母都不尊重，对父

母长辈不礼貌，轻则谩骂，重则殴打，那么这个人就是失去了自己做人的根本，很难想象这样的人能够在社会上尊敬领导，尊重同事，在家庭里能父慈子孝。一个人既然在养育他的父母面前都冷酷无情，对别人能有爱心吗？老人虽然年老体衰，但是他们的人生阅历丰富，老人的智慧是年轻人取之不尽的宝藏，因此，尊重老人并善于从老人的经验中学习的年轻人才有成功的希望。

与佛无缘的虔诚居士

有一位信佛多年的居士，他自信自己虔诚信佛，勤于诵经，遇到困难的时候，佛一定会对他鼎力相助。

有一年，他所居住的地方发了大水，这位居士眼看洪水漫过道路，又淹没了地上的车辆，赶快设法爬上了屋顶。看着滔天的洪水阵阵涌来，这位居士倒不像一般人那样惊慌失措，而是镇定地祈祷起来，他向佛祖祈求道："大慈大悲的佛祖啊！我遇到了大难，您念我往日的功德，快救我啊！"

他在屋顶呆呆地等候着，过了一会儿，他看到一只独木舟从旁边划过，独木舟上的人问他："下来吧，我把你带到安全的地方去。"可是，这位居士自恃平日吃斋守戒，相信佛祖一定对他有更好的安排，就挥挥手说："你先走吧。"

那人无奈，只好驾着小舟离去了。大水继续上涨，一点也没有停止的趋势，很快就淹没了房子的大半截，这位居士仍然不慌不忙地等待着。这时候，有个铁皮小船开过来了，船上的人朝他喊道："快下来，跟我走！待在这里很危险！"这位居士一看，不过是一只铁皮小船，佛祖怎么也不能这样对待他啊，佛祖念他求佛多年，一定会对他格外优待的。想到这里，这位居士沉着地说："谢谢啦！您先走吧！"

划着小船的人听他这样说，想到也许还会有人开船过来，就离开了。又过了几个时辰，果然，有一艘大船驶过来了，可是，上边已经坐满了人，船上十分拥挤。大船上的人纷纷对他喊道："你快上船，这里危险！"

可是，这位居士面对不断上涨的洪水，虽然有些心慌意乱，但是，想到大船人太多，挤得难受，就摇摇头，拒不从屋顶上下来。当大船上的人

们再三劝他下来时，他说：“太挤了，我不想上。佛祖一定会来救我。”

在这位居士快被洪水淹没到脖子的时候，一位僧人带着一个助手驾舟过来了，得救的居士向僧人埋怨道：“我信佛多年，为什么佛祖不来救我呢？”

这位叹息道：“你可真是冤枉了佛祖！他化身几次来救你，可是你就是无动于衷，你嫌这个不好那个不行，一次次拒绝别人的营救。看起来你与佛无缘。我也许不该救你，只是我听人说你在等待佛祖，所以，发了慈悲心，我要是不来，你只好去阎罗王那里报到了。”

人若有自救之心，佛是无处不在的，否则，到处求佛佛不见。

佛思禅悟：

在生活中，有的人信仰佛教就是为了向佛祖提要求。他们的信仰的出发点是错误的，为自己要求的规格也很高，所以，总是感到不满足，佛祖对这样的信徒也难以有求必应。在企业里，也有很多类似的人，仗着自己的资历、工作年头等提非分的要求，却很少体谅企业的难处。

耐心等待，总会得到你想要的

戒台寺有位虚尘大师，他总是开导人们不论经营还是处世都要诚信待人。

一位小商人听了他的执教后，本着诚信的原则经营，但是收入却不见增加，他实在沉不住气了。

一天，他问虚尘大师：“我听从您的教诲，采取了诚信的手段，自己的顾客确实在逐渐增多，但为什么我的收入还是不能增加呢？”

当时正是秋天，虚尘大师领他来到院中，指着一棵苹果树告诉他：“你看这棵苹果树上的苹果是否都会在同一时间成熟？它们同时接受了阳光、雨露、养料，有些苹果早已红透了，那些依旧青青的非不能成熟而是时间还没有到而已。”

商人听完平静下来，他明白自己太急功近利了，愉快地接受了虚尘大师的教诲，离开了寺院。

一年后，虚尘大师收到这位商人一大笔捐赠，这位商人在信中说自己

的业务“空前红火”，以致自己没有时间亲自到寺里来致谢了。

不管怎样，急于露头角就难于成气候，急功近利不足成大事。

在海边，有两个叫阿呆和阿土的渔民，他们老实巴交却都梦想成为大富翁。

有一天阿呆做了一个梦，梦见对岸岛上寺庙里有49棵朱槿，其中开红花的那一株下埋有一坛黄金。于是，阿呆满心欢喜地驾船去对岸的小岛上。岛上寺里果然种有49棵朱槿。

此时已是秋天，阿呆便住了下来，等候春天的花开。

肃杀的隆冬一过，朱槿花一一盛开了，但都是清一色的淡黄。阿呆没有找到开红花的那一株。庙里的僧人也告诉他从未见过哪棵朱槿开红花。阿呆便垂头丧气地驾船回到了村庄。

后来，阿土知道了这件事，也去了那座寺。又是秋天，阿土也住下来等候花开。第二年春天，朱槿花凌空怒放，寺里一片灿烂。奇迹就在那时出现了：果然有一棵朱槿盛开出美艳绝伦的红花。阿土激动地在树下挖出一坛黄金。后来，阿土成了村庄里最富有的人。

显然，阿呆与富翁的梦想只隔了一个冬天。他忘了把梦带入第二个灿烂花开的春天，没想到那些足可令他激动一世的红花就在第二个春天盛开了！

佛思禅悟：

某些时候，耐心是很重要的。耐心会让一个人抓住机会。没有耐心的人总会在前进和倒退的翻来覆去中浪费生命。所以，人生要善于等待。只要抱定一个理想，不断地去努力争取，总有一天会如愿以偿的。

命运要靠自己去创造

你不必和因果争吵，因果从来就不会误人。你也不必和命运争吵，命

运它是最公平的审判官。

在一座寺院里，有一个乐善好施的方丈。

有一天，一个只有一只手的乞丐来向方丈乞讨。

方丈毫不客气地指着门前一堆砖对乞丐说：“你帮我把这砖搬到后院去吧。”

乞丐生气地说：“我只有一只手，怎么搬呢？不愿给就不给，何必捉弄人呢？”

方丈什么话也没说，用一只手搬起一块砖，说道：“这样的事一只手也能做的。”

乞丐只好用一只手搬起砖来。他整整搬了两个小时，才把砖搬完。

方丈给了乞丐一些银子，乞丐用手接过这些银两，很感激地谢过方丈。

方丈说：“不用谢我，这是你自己赚到的钱。”

乞丐说：“我不会忘记你的。”说完深深地鞠了一躬，就上路了。

过了一段时间，又来了一个乞丐到寺院乞讨。方丈同样把他带到屋后，指着砖堆对他说：“把砖搬到屋前就给你一些银子。”但是这位双手健全的乞丐却鄙夷地走开了。

弟子不解地问方丈：“上次你叫乞丐把砖从屋前搬到屋后，这次你又叫乞丐把砖从屋后搬到屋前，你到底想把砖放在屋后，还是屋前？”

方丈对弟子说：“砖放在屋前和放在屋后并不重要，但是搬不搬对乞丐来说，就不一样了。”

又过了几年，寺院里来了一个穿着很体面的人，他气度不凡，只是缺了一只手。他就是当年那个用一只手搬砖的乞丐。自从方丈让他搬砖以后，他找到了自己的价值，然后靠自己的拼搏，终于变成了一个富翁。他这次到寺院来是拿了一大笔钱向寺院捐献的。

就在他走出寺院时，他碰到了一个乞丐向他乞讨。那个乞丐就是原先那个双手健全而不屑于搬砖的乞丐。他依然是一个乞丐。

方丈对他的弟子们说道：“你们看到了吧，这就是命运。命运是靠手掌握的，但跟几只手没有关系。”

佛思禅悟：

没有人生来就是富翁，也没有人天生就是乞丐，人生是要靠自己的手去创造的。财富是要靠自己去努力争取的，有的人之所以成为了富翁，是

因为他们付出了很多的辛苦，而那些贫穷的人们多半是不愿意争取和付出。

挖掘潜能，做最优秀的自己

有一只老鼠，想把自己的女儿嫁出去。一天，老鼠正在院子里琢磨女儿出嫁的事，猛一抬头，看到光辉四射的太阳。它自言自语道："太阳力大无比，只有它才配做我的女婿。"

于是，它匆匆赶到太阳宫，对太阳说："太阳，世界上数你最强壮、最俊美，只有你配得上我的女儿。"

太阳谢绝说："可是，我并不像你想象的那样。你看那边的云彩要是围住我，我就会黯然失色。你去找云彩吧，也许它愿意娶你的女儿。"

老鼠听了太阳的话，就去找云彩。

云彩对老鼠说："我哪里有什么本事，风一刮，我就七零八落了，你还是去找风吧。"

老鼠听了云彩的话就去找风，它怕风也拒绝了它，于是亲自带着女儿前往。找到了风，老鼠说明了自己的来意，风听了，谦和地说："你的好意我心领了，你知道，我吹了几百年的塔，塔都没有倒，你还是找塔去吧。"

无奈，老鼠又去找塔，并说明自己的来意。塔说："你听到我墙里面'沙沙'的响声了吗？那是你们在打洞，风虽然吹不倒我，但我迟早会被你们弄塌的。你说谁厉害？"

老鼠这才恍然大悟，闹了半天，世上还是俺们最厉害。于是决定把女儿嫁给自己的同类。

其实，世界上有一个人，离你最近也最远；你常常想起，也最容易忘记的就是自己。

每个人都有无限的潜能，尤其遇到危急的时候，平时弱不禁风的人，也会力气倍增。紧急关头能激发出一个人身上最大的潜力。

人有无限的潜能，但平时使用的，只是几万分之一而已。我们自身的宝藏就像能源藏在海底、埋在深山里，需要开发才能显现出来。如果自己不去发现，不去挖掘，宝藏就会变成无用的石头。

佛思禅悟：

有些人永远盲目崇拜他人，贬低自己，结果是长了他人的志气，灭了自己的威风。实际上，每个人都有自己的特长，说不定，自己的某些长处也正在受到人们的重视。所以，我们要摆正心态，增强自信心，挖掘自己的潜能，做最好的自己。

自命不凡不会有好结果

有一座寺院，接纳了一个年方14岁的流浪儿，他不但脚勤嘴快，而且头脑非常灵活。灰头土脸的流浪儿在寺里剃发沐浴之后，变成了干净利落的小沙弥。大家都很喜欢他。

法师一边关照他的生活起居，一边苦口婆心地教他为僧做人的道理。小沙弥接受和领会都比较快。法师又因势利导开始引导他习字念书、诵读经文。小沙弥不负众望，居然都学会了。

但小沙弥刚学会几个字，就拿着毛笔满院子写、满院子画；一旦领悟了某个佛理，就一遍遍地向法师和其他僧侣们炫耀；更可笑的是，当法师为了鼓励他，夸奖他几句，他马上就在众僧面前显摆，似乎别人都不如他。看到小沙弥心浮气躁、骄傲自满的不良行为，法师想了一个用来启发、点化他的办法。

这天，小沙弥值更的时候，法师送来一盆含苞待放的夜来香，让他注意观察花卉夜间开花的情景。

第二天一早，小沙弥欣喜若狂地抱着那盆花主动敲开法师的门，当着众僧的面大声对法师说："您送给我的这盆花太奇妙了！它晚上开放，清香四溢。太美了。只是，一到早晨，它却收敛了香花芳蕊。如果它白天能开，让别人看见就好了。"

法师温和地对小沙弥说："它晚上开花的时候，吵你了吗？"

"没有，"小沙弥高高兴兴地说，"它的开放和闭合都是静悄悄的，怎么会吵到我呢？"

"原来是这样啊，"法师微笑着说，"老衲还以为花开的时候还得要

吵闹着炫耀一番呢。这种花儿叫夜来香，它就是在人们睡熟的夜晚静悄悄地开，但人们还是记住了它。”

聪明的小沙弥听后，脸刷地一下就红了，喏喏地对法师说：“弟子领教了，弟子一定痛改前非！”

这个弟子经过法师的苦心教育，此后，一改以前锋芒毕露的毛病，很得师兄们的夸赞。

还有这样一个寓言故事：

在一片大森林里，有一只非常聪明的狐狸。因为有好几次，许多凶猛的动物来袭击，小狐狸都能转危为安，聪明地逃脱了。

一天下午，狐狸独自散步。刚走到湖边，它意外地发现了自己的身影很巨大。这个新发现让它很高兴，它更相信自己不但聪明，而且还是森林中最了不起的动物。

正在得意忘形之际，远处来了一只狮子。狐狸看到狮子，一点都不怕，心想，凭自己的聪明还对付不了它？这时，太阳西斜，它拿自己的影子和站在东边的狮子相比较，结果发现自己的影子比狮子还大，就不理睬狮子，自得其乐地在那里继续散步。

狮子刚开始还疑惑狐狸为什么不躲开，后来趁它毫无防备时，一跃而上，把正在得意忘形的狐狸咬死了。

佛思禅悟：

得意忘形、自命不凡只能给自己带来伤害甚至毁灭。而那些功底深厚的人，反而诚信笃行，保持低调。在人的成长中，随着社会的不断发展，今天的优势，明天有可能就成为劣势，所以，千万不要自命不凡。

行善不必拘泥于表面形式

丹霞禅师年轻时饱读四书五经，曾想去京城参加科举考试，博取功名。但是，走到途中，遇到一个禅者点化他：“选官何如选佛？”意思是

做官怎么能比得上做佛呢？丹霞当下便决定抛弃仕途，学佛修道，其后终于成为一代大智大勇的大师。

一次，一个女尼慕名前来向丹霞禅师问道。当她问到如何才是道的真谛时，丹霞禅师不但一语不发，而且还用手在女尼屁股上轻轻指了一下。

女尼没想到自己尊敬的禅师还会有此举动，脸腾地红了，又惊又怒地骂："原来你心里还有那个！"

"不是我有，是你有！"丹霞平静地回答："道不远人，人自远道。"一个小和尚碰巧看到这一幕，就对其他和尚说："真没想到，咱们师父居然调戏前来求道的小尼姑！"

有人相信，有人不相信。有位年老和尚听到就立刻训斥他道："马贵四条腿，人贱一张嘴。你这个小和尚懂什么，一边站着去！"

在上晚课的时候，有人把这件事告诉了丹霞禅师。人们都以为他会教训那位乱说的小和尚，谁知道丹霞禅师见到小和尚就跪拜，而且连声喊道："我佛慈悲，我佛慈悲！"

小和尚以为丹霞疯了，哪有以上拜下的道理，连忙大叫："师父，你认错人了，我可不是佛祖啊！"

丹霞禅师说道："我没认错人啊，我拜的就是佛祖。是佛祖肉眼凡胎，不仅认错别人，也认错自己了。"

小和尚猛然醒悟了。原来师父这样做是在苦口婆心启发自己开悟啊！以后他再也不能用肉眼去看待事情了。

生活需要规范，但又不可以把自己变成规范的奴隶；因为死守着规范，就不能解决新的问题，有时候，为了达到某种目的，可以采取违反常规的方法，重要的是先改变自己看待事物的标准。

一个衣衫褴褛的人来到荣西禅师面前，向他哭诉："我家已经好几天

揭不开锅了，一家人眼看就要饿死了，师父慈悲，救救我们吧，我们一家人将感激不尽，永远记着师父的恩德……”

荣西禅师面露难色，虽然他想救这家人，可是连年大旱，寺里也是吃了上顿没下顿，让他如何救这家可怜的穷苦人呢？荣西禅师一时束手无策。

突然，他看到身边的佛像，佛像身上是镀金的，于是他就毫不犹豫地攀到了佛像上，用刀将佛像上的金子刮了下来，用布包好，然后交给穷汉，说道：“这些金子，你拿去卖掉，换些食物，救你的家人吧！”

那个穷人看到禅师这样，于心不忍地说道：“我这是罪过呀，逼得禅师为难！”

禅师的弟子也忍不住地说：“佛祖身上的金子就是佛祖的衣服，师父怎可拿去送人！这不是冒犯佛祖吗？不是对佛祖的大不敬吗？”

荣西禅师义正词严地回答：“不错，佛像上的金子便是佛祖的衣服，可是我佛慈悲，他愿意用自己身上的肉来布施众生，又何至于怜惜这一身衣服呢？普度众生，才是我佛的心愿啊！这家人眼看就要饿死了，即便把整个佛身都给了他，佛祖亦不会怪罪的。如果我这样做要入地狱的话，只要能救众生，我也在所不辞。”

佛思禅悟：

生活需要规范，但不要死守着规范。有时候，为了达到某种目的，可以采取违反常规的方法，重要的是先改变自己看待事物的标准。

第四篇 禅是执着追求的精神

小国自强则大国惧

做任何事情都要持之以恒，才能有成效，个人学业上的精进，信仰上的修炼都需如此，而治国强兵的百年大计，更需要持续不懈的努力。《大庄严论经》记述了这样一个故事：

从前有一个地处几个大国之间的一个小国，大国恃强凌弱，经常无端骚扰，边境很不太平。小国国王和臣民都为这事十分伤脑筋。小国的国王殚精竭虑，与谋士们商量对策。这一天，国王又召集群臣商议制敌安边之策。大臣们面面相觑，一位大臣打破沉默，说道："依我之见，我国地小人少，用武力跟大国硬拼，必然被大国灭亡；而不用武力，一味忍让妥协，最终还是会被大国吞并。不如富国强兵，以强示人，让周边大国不敢小视、不敢轻易来犯为好。这样，即使大国敌人来犯，我们也可以抵御，不至于束手就擒啊！"国王听取了这位大臣的建议，立即划拨款项，招兵买马，认真操练起来。这个小国虽然只是弹丸之地，但地理位置十分重要，是四方交通要道，商贸通衢，并且地势平坦，农牧业发达，水草丰美，所以，周边大国日思夜想地觊觎着这片土地，大国的将士们也摩拳擦掌，打算一战拿下这个小国立功。

有一年，一个大国打算找个借口与小国交战，灭亡这个小国。大国国王先派出一个探子收集小国情报，探子在小国潜伏了一段时间，回来说，他在小国整日看到士兵操练，喊杀声此起彼伏，战马都膘肥体壮，将士们都个个精壮。国王听到这个报信，不禁皱起了眉头，犹豫再三，终于打消了灭亡这个小国的念头。

小国国王听说了这个事后，心情舒畅，他来到马圈里，用手抚摸着这些高大健壮的马，感叹道："有了你们，我这小国吓退了大国，你们可真是为我立下了大功啊！"掌管马圈的官吏为了讨国王的欢心，大谈怎样精心照料这些良马，一天要用多少上等的饲料。国王听着听着，忽然意识到大国不战而退，自己是不战而胜，眼前没有战事了，而饲养这些良马花销巨大，对国家财政和百姓是沉重的负担。战马没有打仗的用处了，不如送给国中百姓种地推磨用。于是，国王下令将战马分给百姓。一位老臣急忙

进谏说：“陛下，千万不能这么做啊！周边大国一时不敢入侵，是对我小国的实力心存畏惧，但是，边境上的危险仍然存在，大国随时有可能卷土重来啊！”可是，国王很固执，坚持自己的决定。国王下令分马，小国的老百姓家家户户喜洋洋地牵着战马回家了，这些马平时训练有素，耕地磨面都特别卖力气。

小国国王看到战马在农业生产上发挥着很大的作用，心中大喜，深以为自己当初的决定英明。光阴荏苒，几年又过去了，边境上又开始不太平了。周边大国不断制造一些冲突和争端，小国姑息忍让，可是大国得寸进尺，大国的军队大举进攻边境地区，烧杀抢掠，无恶不作。小国的国王面对这番景象，怒火中烧，决心与大国决一死战。可是，小国的战马此时因为长年推磨犁地，已经没有战斗力，任凭将士怎样抽打，这些马只会原地打转，绝不像以前那样雄赳赳地飞跃奔腾了。因此，小国没过多久就被灭亡了，小国国王也被俘虏，被投入了监牢。

俗话说：“养兵千日，用兵一时。”作为一国的管理者，应当有长远眼光，不可只盯着眼前利益。这个小国的国王因为不能看到战马对国家安全的长远意义，结果亡了国，使国中百姓最终遭了殃。我们追求佛理信仰的人也应引以为戒，学佛修道也不是一朝一夕就成就功德的，也需要长期规划，坚持不懈，才能最终有所长进。

佛思禅悟：

我国著名的军事家孙子的一个指导思想就是“吾有以待”，意思是说在打仗时应当有应对敌对方的实力，总是预备着实力，等待敌人到来。孙子阐述说：“故用兵之法，无恃其不来，恃吾有以待之；无恃其不攻，恃吾有所不可攻也。”孙子这句话的意思是：要打胜仗的话，不可指望敌人不来，而要靠自己早早做好准备，等待敌人进攻；不可凭侥幸心理指望敌人不来进攻，而是要凭靠自身的力量严阵以待，使敌人知难而退，不敢进攻。我们在人生中不也是一样吗？“吾有以待”，早早做好准备，年轻时学业长进，勤奋工作，到年老时就有所依靠，这种依靠是靠自己平时的努力和预备，而不是靠侥幸。所以说，人在社会上安身立命切不可没有“吾有以待”的未雨绸缪的智慧。

人生之路定于一

唐朝有位著名的道树禅师，他从小就有过人的才智，与人辩论论学时说话论理头头是道，并且气质沉静，少年老成，从不与人争执事端。他的爱好就是经籍学问，一有空闲，就拿起书本，好学不倦。乡里人们都觉得他少有大志，办事有主意，有定性，并且，不张扬自傲，将来必成大器。

在他五十岁的时候，有一天，他偶然遇到一位僧人，僧人见他气质不凡，博学有大志，就开示他参禅悟道，他听了这些禅理，深深后悔自己悟道太迟，当即决定受戒出家，剃度为僧。

道树禅师受法于北宗的创始人神秀禅师，两年后，他开始云游四方。到了安徽寿州的三峰山，他盖了间草房，住了下来。

他相中了三峰山这块宝地，就四处募集善款，修建了一座禅院。不巧的是，禅院的对面，有一所道观，那些道士们心胸狭窄，担心信徒们会转去禅院，就把这座新盖的禅院视为眼中钉、肉中刺，根本容不下这座禅院。

为了道观的发展，为了他们在本地的固有地位，道士们想方设法，企图把这座禅院的人赶走。

于是，一系列稀奇古怪的事发生了。道士们或者化作佛形，或者变身作罗汉，也有时变成菩萨，并且释放着奇异的电光，发出乖戾的声响，吓得禅院的僧人们哆哆嗦嗦。道士们这样装神弄鬼的伎俩竟然一气玩弄了十年，禅院的学僧们都心惊胆寒。十年后，道观的人不知怎么的，没有了以前装作妖魔鬼怪吓人的兴致，寂然安静下来了。不久，禅院的人发现，道观已经搬走，早已经没有了踪迹。

看来，这道观的道士们眼看法术变完了，可是，除了几个年轻的学僧外，禅院的人竟然不为所动，死赖着不肯搬走，道士们也无法可想了，气急败坏，自认倒霉，只好将此处的道观弃置，另觅风水宝地去了。而道树禅师在这里参禅到九十二岁，并葬于此处。当时，有人问道树禅师："道士们的法术变化无穷，本领高强，您是怎么战胜他们的？"道树禅师平静地回答："我以不变应万变。我心中只有佛祖，我传我的佛法，他变他的法术，与我何干？他的法术伎俩有个穷尽，而我持定一念：不闻不见。"

道士们的千变万化还是在道树禅师的坚定的“一念”中败下阵来。我们的人生攻略也应效仿道树禅师的智慧。不管在多么变化诡谲的形势面前，都不要迷失自己人生真正的目标。

《释迦金言集》中记载了释迦摩尼的这样一个故事：

有一天，释迦摩尼路过一个村庄，村庄的路口走过来一群衣着鲜艳的青年男女。

那群青年男女一看见他，就向他打听：“刚才您看见有个年轻女子从这里走过没有？”释迦摩尼摇了摇头。

这群人想，也许释迦摩尼是不清楚他们要找的那个年轻女子的模样，便七嘴八舌地描述起来，希望释迦摩尼再好好回忆一下。有的人描述正寻找的女子脸蛋如何美丽，有的人描述这女子衣服是什么样式，什么颜色、款式……

释迦摩尼听了大家的一番描述，又问了几句，才明白原来是这么回事：这群年轻人结伴春游，都是夫妻，只有一对年轻人，还没有结婚，他带女朋友跟他们一起来玩。

这个尚未结婚的青年的女朋友心中贪婪，趁这个青年不备，就偷了这个青年的钱包，不辞而别了。当这个青年发现后，气得脸色铁青，虽然钱包里钱不多，可是，这件事可真让他丢人现眼。大家都对他抱极大的同情态度，异口同声地谴责这个不道德的女子，并且，帮他到处找寻这个女子，誓要将那女子抓回，把钱包要回，并把那女子送到官府法办不可。

释迦摩尼耐心地听完大家你一言、我一语的描述，深切地注视着这群年轻人，殷切诚恳地说道：“年轻人啊！你们不是原打算趁春光明媚，出来春游吗？难道春游的目标让位于抓小偷了吗？为了找那个犯了小贪婪之罪的女子，花了这么大的力气，可以说太执着了！你们应该明白，有一件更重要的事，需要你们更努力地追求，那就是你们自己的内心，自己内心的真正目标。”

这群年轻人被释迦摩尼问得说不出话来，都默默思索起来。

我们在追求自己的目标的道路上，总是有很多岔路口出现，有很多因素会迷惑我们误入歧途，如果我们不能抱定“一以贯之”的恒定态度，就不可避免地会迷失。

佛思禅悟：

人生有持定，妖魔鬼怪才不会来妨害，我们的修业才有长进，事业才

会顺利。观察那些贪官污吏，大多不是一开始就腐化堕落，都是一步步被社会上的蛀虫们拉下水的。只有持定我们的人生目标，不随波逐流，不人云亦云，不管在什么样的严峻考验面前都不动摇，才能修得正果。而离弃正道，自我沉沦和迷失，等来的只能是自作自受的下场。

好风凭借力

玄奘从西天取经回来，带回大批经书、佛像以及佛祖舍利。京城中众僧竞相帮助玄奘运送，京城中的老百姓也因欢庆玄奘回都而停业五天，倾城出动迎接玄奘，众多的人皈依佛门。

那时，当朝皇帝李世民正在洛阳，玄奘就从京都到了洛阳。玄奘把从各国带来的奇珍异宝进献给太宗，太宗请玄奘入宫，与他见面。太宗与玄奘在宫中交谈，从卯时一直谈到酉时，一直到敲响出征的战鼓时，才结束了谈话。太宗传旨给留守京城的梁国公房玄龄，让他派人保护玄奘，且供给一切费用。

接着，玄奘又上表太宗，请求翻译佛经之事，并要选择贤能的人和他一同翻译。从前，翻译经文，大都是先谈梵文经典，然后根据对梵文经的理解，再写成汉文。这种汉文经书，和原来的经书出入很大，增添的或遗漏的地方很多。现在玄奘却是从梵文直接译出，意义和原经相符。玄奘翻译佛经，出口成章，录者随写就行。并且，玄奘译出的经书语言简练而意义完备。

太宗讨贼回到京城后，玄奘上表，请太宗为所译经书写序。太宗说：“法师您的悟性和才华已出于尘俗之上，泛宝舟而登彼岸，我们都望尘莫及。我才疏学浅，对日常俗务还处理不好，何况是玄妙的佛理呢？我恐怕水平太低，写不好序啊！”

玄奘认为，弘扬佛法，必须借助帝王之力，译经是一项大工程，如果不是太宗鼎力相助，是难以做出成绩的。因此，玄奘又再次上表：“弘扬佛法，所依赖的是朝廷对万民的教化。我从西天得到的经论，奉旨翻完，只是还没有序。陛下您的智慧如白云遮日，英才超越千古，威名高过百王。我认为佛法无边，不具有神思的人，难以解释它的道理，圣教玄远，

不是圣人的文词，是不配序写它的来源的。所以我敢冒犯您的威严，让您为佛经做序。帝王之言影响深远，您就不要再谦虚了。教化众生在于日积月累，如果只是观望等待，就会失去时机。”

玄奘上表之后，太宗答应为他作序。就这样，唐太宗在明殿写出了中国佛教史上著名的《大唐三藏圣教序》。序文写成后，太宗让弘文馆学士上官仪对群臣朗读此序。百官听后，纷纷称赞。玄奘又上表谢太宗。

从此，朝廷众臣纷纷读经，佛法得到空前弘扬。玄奘经常被留在宫中，皇帝不断向他询问佛法。玄奘大师也因为对中国佛教发展的卓越贡献而名垂千古。

译经和宣扬佛法虽然是僧人的事，但凭借朝中权贵的力量，就能更快、更广泛地把佛法发扬光大。玄奘自从东归之后，就积极致力于翻译佛经和弘扬佛法。有生之年，玄奘共译佛经七十三部一千三百三十卷，成为中国佛教史上的四大译经师之一。玄奘又充分借助帝王之力，使佛法的弘扬空前绝后。

佛思禅悟：

玄奘大师的成就并不是他一个人单枪匹马创造出来的，他之所以被称为中国佛教史上贡献最大的僧人，是因为他懂得借助帝王之力，得到了执政者的资助。玄奘的智慧深远，在弘扬佛法时，他先是紧紧依靠唐太宗李世民，后又与高宗和武则天保持友好关系，使宗教与皇权，达到水乳交融的程度，大大推动了佛教在中国的传播。

照亮别人是为了自己的安全

佛光禅师曾经向学僧们讲起一则公案：从前，人们走路时，都提着纸糊的灯笼照亮脚下的路。有一天，一个盲人从亲戚家出来，临出门时，亲戚看天色已经晚了，就给他拿了一个灯笼，里边放好点燃的蜡烛，让他照

着路回家。

这个盲人坚辞不受，他说：“我看不见，有灯没灯都一样，何必白费蜡呢？”

亲戚劝导他：“话不能这么说，黑灯瞎火的，你要是不拿着灯，没有个光亮，别人一不小心就把你撞倒了。”于是，这个盲人就提着灯笼回家。可是，路上走了没多远，还是被一个人撞了个人仰马翻。

盲人气急败坏地说：“你怎么不长眼？没看我提着灯笼吗？”

那人定睛一看，这个盲人的确手里拿着一个灯笼，可是，火早就熄灭了，可是，这个盲人茫然不知。

那人告知盲人：“您的灯笼是有，蜡烛已经熄灭了。所以，我刚才并没有注意到您。”

盲人却说：“是你心里的灯熄灭了，与我的蜡烛有什么相干？”

有正觉本性的人，心不假于外物。盲人提灯是为了照亮别人，而正常人心中可能只有自己，并没有别人，跟有没有灯没有关系。

佛思禅悟：

利己又利人，才能有和谐共处。如果人人都利己，而没有利人之念，我们在生活中就只有惨烈争夺，而看不见人们的互爱。救灾、慈善、见义勇为、壮烈牺牲等这些利他行为更不会出现。在一定意义上，利他就是一种利己，比如，消灭贫穷才会减少犯罪，对整个社会都有好处，而在贫富悬殊的社会，富人也感到极不安全。因此，利人即是利己，善待他人就是善待自己。

成功来自合作意识

两兄弟年龄相差不到两岁，两个人都是争强好胜的性格，总是争斗不休，父母跟他们讲道理他们也总是当成耳旁风，因此，父母把他们带到惠元禅师那里，请禅师帮助他们领悟人生的道理。惠元禅师给他们讲了这样一个故事：

从前，有两个穷人，遇到荒年，肚中饥肠辘辘，幸好得到了一个善

心的长老的恩赐，这位长老给了他们一根鱼竿和一篓鲜活硕大的鱼，这两人就一人分了鱼竿，一人得了一篓鱼。两人各自拿走东西，分道扬镳了。得到鱼的人因为肚中饥饿，就在原地找了些干柴，架起篝火，烤了鱼吃。他已经好久没有吃东西了，所以，吃起鱼来一条接一条，没过三天，一篓鱼就被他吃了个精光。人们后来发现他的时候，他已经饿死了，他的身边有一个空空的鱼篓。另一个得到鱼竿的人忍饥挨饿，想到大海边钓鱼。他拖着虚弱的身体，一步步艰难地向海边的方向走去，心中充满了希望和向往。可是，当他已经望见远处湛蓝的大海时，体力不支，再也没有力气走到海边，终于带着无尽的遗憾倒下了。

这个善心的长老又给了另外两个肚中饥饿的人同样的鱼竿和一篓鱼。这两个人得到这两样东西后，并没有各奔东西，而是商量如何在一起谋生，最终决定到大海边钓鱼，一来可以自己维持生活，二来还可以把钓来的鱼卖掉换钱。他们两个人知道，除了这篓鱼，能够维持生命的食物是什么也没有了，所以，他们又跟长老要了盐，把鱼腌上才出发。他们俩一路上互相鼓励，互相照应，一天只吃一条咸鱼，虽然肚中饥肠辘辘，但有了伴儿，并不觉得日子过得很苦很累。经过多日的长途跋涉，他们终于到达海边，开始钓鱼为生。几年后，这两人就各自盖起了房屋，成了家，有了儿女。又过了几年，两个人又合资买了条渔船，一同打渔为生，日子美满幸福。

惠元禅师讲到这里，语重心长地说："生活里是处处有竞争，但是并不是说，生活里只有竞争。很多时候，合作做事更容易制胜。"

佛思禅悟：

不管努力的目标是什么，不管一个人干什么，单枪匹马总是没有力量的。合群和合作是一切有智慧的人的最高需要。惟有具备强烈的合作精神的人，才能生存和发展。正如德国大哲学家叔本华所说："单个的人是软弱无力的，就像漂流的鲁滨孙一样，只有同别人在一起，他才能完成许多事业。"在现代社会，一个人必须学会集体工作的艺术。在今天的科学中，只有集体的努力才会有真正的成就。如果你一个人工作，即使有非凡的能力，你也很难在科学上做出巨大的成就。在今天的商业社会，更是合作的游戏，谁善于与合作伙伴互利双赢，谁才有生存权。

教化臣民需持中庸之道

在《僧只律》第二卷中有一则关于量刑的释迦摩尼的说教故事。

在古代有个小国，国王是瓶沙王。他的祖父在执法时，惩罚犯罪的人的方法很简单。比如，惩罚小偷时，就用手掌拍他的头顶，这样他就觉得非常惭愧，从此以后就不会再去干偷鸡摸狗的勾当了。在瓶沙王父亲执政时，惩罚罪犯的方法有了很大的不同。比如，如果抓到盗窃犯，就把他赶出城门不准再进来，这样他就感到十分羞惭，从此以后就再也不偷东西了。

到了瓶沙王执政的时候，社会在变化，惩罚罪犯的方法也有了新的变化。比如，对待盗窃犯，抓住了就会把他们放逐出国境外。但是有个惯偷，先后被官府逮住了七次，也就是说，他遭到了七次驱除出境的惩罚，可是，这个人贼心不死，仍然以偷盗为业，并且，还越发猖狂起来，竟然走上了抢劫杀人的犯罪道路。官吏捉住他以后，考虑他已经是第八次犯罪，这次决不能轻饶，就把他押到瓶沙王的宫殿，强烈要求国王给予重判，以儆效尤。

瓶沙王听官吏们说这个罪犯屡教不改，坏事做尽，也非常愤怒，于是下令斩掉这个罪犯的小手指以示惩戒。执法官吏知道瓶沙王是个优柔寡断又心软的人，怕他以后会反悔，就在瓶沙王说完这话后立即将这个罪犯的小手指斩掉了。

果然不出所料，瓶沙王不久就后悔自己惩罚犯人太严厉，他想："那样是不是太残忍了？我自己的手指头，东西夹一下都疼得不得了，那罪犯怎么能够忍受切去手指的疼痛？"瓶沙王想到这里，下令撤回原来的判决，当官吏们告诉他早已经执行了判决后，瓶沙王心中很痛苦，矛盾极了，成为一种挥之不去的内疚感，这种痛苦的感觉使他坐卧不安，最后，瓶沙王去请教释迦摩尼。

瓶沙王对释迦摩尼说："在我执政期间，我为政仁慈，待人宽厚，可是，恶人越来越多，我作为一国的国王，却不知道怎样教化臣民遵守法规。我一气之下，把一个犯人的手指斩去了，后悔万分。我深感自己治国无方，修养不够，所以来请教释迦世尊。"

释迦摩尼听了瓶沙王诚恳的叙述，了解了瓶沙王的问题所在，就对他说："治理国家要有合理的法度，宽严相济。既不能无限制地宽大优待，又不能过于残忍地用刑。拿惩罚偷盗的罪犯举例来说，应当按照他偷盗的程度来论罪，程度包括偷了多少次，偷了价值多少的财物、偷盗的过程中有没有伤人等。只有量刑得当、宽严有度才能对罪犯起到惩戒作用。

佛思禅悟：

法就是最高的理性，它告诉一国之民什么是应该做的行为和不应该做的行为。只有这些原则在人们的理智中稳固地确定和充分地发展了的时候，这个国家才能治理好。我国古语云："法律政令者，吏民规矩绳墨也。"要使事物合于规矩，必须要个尺度标准，必须有毫无偏私的权衡。这个权衡是个公正的权衡，不能过于同情犯法者，也不能惩罚过重。善良和宽容用错了地方就是对恶人的纵容。

大肚野猪智胜雄狮

《乾隆大藏经》中叙述了这样一个妙趣横生的故事。从前，有一只野猪，起名叫大肚子。有一次，大肚子野猪率领着一群野猪进入深山中。在行进途中，忽然遇到了狮子。狮子是兽中之王，哪里会把野猪们看在眼里？它不客气地告诉野猪："我是兽中之王，你们快给我让路！"

大肚子不卑不亢地回答说："让我们野猪让路，这是不可能的。你要跟我们斗，我们拭目以待，你先稍等一下，我去披上铠甲。"

狮子一听，不屑地说："你们算什么东西！竟敢向我堂堂雄狮挑战？你要披上铠甲，随你的便，快去披吧，呸！"

大肚子就往脏水坑里一跳，打起滚来，脏泥巴沾了一身，臭烘烘的，回答狮子的话："我这就跟你斗！"

狮子一看大肚子这么脏兮兮的，就说："我是兽中之王，我吃的都是獐鹿等美味，稍微病弱的我都不屑吃，何况你这肮脏的东西！我要跟你斗，实在是弄脏了我这魁梧英勇之身。"

狮子就这样不战而退了。

佛思禅悟：

大肚子野猪一身污秽让傲慢的狮子不屑地掩鼻而去，既保全了面子，又保全了性命。在敌强我弱的情况下，弱者要抓住敌人的弱点，讲究斗争方法和策略，才能战胜敌人，弱者在强者面前没有必要唯唯诺诺，卑躬屈膝，因为强者也是有弱点的。

愚人用头顶粪

《弊宿经》里记载着这样一个故事：从前有一个国家，在这个国家的边疆上，由于时有战争，人烟稀少，土地荒芜。当时有一个人，很喜欢养猪。他到一个邻近的空村子，看见一些干粪，便自言自语说："此处有这么多的粪，我的猪正肚子饿着呢，应当用草裹着取来，用头顶回去。"说干就干，这个人用草裹好粪，顶着回去了。在回家的路上，正遇到大雨，头顶的粪被雨浇湿，成了粪汤粪汁，这些粪汤粪汁顺着他的头往下流，从头顶流到脚跟，大家见了，都说他是个疯子。粪便这种东西放哪儿哪儿臭，即使是晴天也不应该用头顶着，何况是下雨天呢。这个人听到别人的议论，非常生气，反过来骂那些议论他的人："你们才是白痴呢！你们不知道我家的猪正饿着肚子，如果你们了解了这个情况，就不会在这里说我

的闲话了。”

佛思禅悟：

在这个故事中的人强调他的目的的正确性——他头顶粪是因为家里的猪正饿着肚子，但是，目的正确，做事的方法仍然是错误的。达到目的的手段有很多，可以有不同的选择，所以，聪明的人就会选择更好地达到目的的方法。如果方法选择不好，那么，目的就很难达到，或者目的虽然达到了，但是事倍功半。

猴子捞月落入水中

唐代著名佛教译经家义净法师翻译的《根本说一切有部毗奈耶破僧事卷第二十》里边有这样一个故事：

很久以前，在一片深幽闲静的林野中，有一群猕猴在里边游走玩耍。又一次，这群猕猴玩耍时到了一口井旁，往下望望井底，看见了月亮的影子。此后，这群猴子就到猴王那里去报告说：“大王您应当明白，这是月亮落入了井中，我们应当立即前去捞出月亮，把它安置到原来的地方。”猕猴们都赞成这个想法，就一起商议说：“怎么做才能把月亮捞出来呢？”其中有只猕猴说：“没有必要探讨什么别的办法，我们只需要互相连着胳膊作绳索，就能把月亮捞出来。”于是，一只猕猴就在井边的树上，抓住树的枝条，其余的一个接一个用手连接在一起，猕猴就这样一个连着一个，猕猴一多，重量加大，树枝被拉得很低，快要折断了。

当时最靠近水边的那只猕猴就用手搅动井水，希望能捞到月亮。由于水被搅浑，水底的月亮就看不见了，此时，树枝被突然折断，一个连接着一个的猕猴们就都落入水中淹死了。

佛思禅悟：

猕猴见到水中月，误以为是月坠水中，好意相救，却丢了自家性命。这则故事告诉人们：凡事不要只看到现象，就轻易下结论，并且水中捞月是猕猴能力所不及的事，应当正确估计自己的能力，不可盲目冒险。

一只野鸡治好病

《百喻经》中讲述了这样一个故事：

从前有一个人，病得很厉害，有一个医术高明的医生说："你要常吃一种野鸡肉，不要间断，才能治好你的病。"

这个病人就买了一只野鸡，吃完了以后，就不再吃这种野鸡了。医生后来见到这个病人，问他："你的病好了吗？"

这个病人回答："您叫我一直吃野鸡肉，所以，我一口气吃了一只野鸡，已经吃完，再不敢吃了。"

医生回答说："要是前一只鸡已经吃完，为什么不再弄只鸡来吃？怎么能够指望只吃一只鸡就治好病呢？"

就像吃一只鸡不能治好大病一样，学习也要持续不断，才能治疗人们的愚惑烦恼之病。

佛思禅悟：

故事中的病人以为一只鸡就能治好病，这是投机取巧的心理，动机不纯，完全为己，不愿付出应有的代价，不愿付出艰苦的努力，就想获得成功。在生活中，这样的人很多。有的人在学习技能和知识的时候，专想寻觅捷径，最终只能走进令人失望的死胡同。成功的秘诀就是对目标持之以恒，没有什么是一蹴而就的，想不费吹灰之力就想成功的人只能在现实面前碰壁。

上辈人留下的老规矩

《百喻经》中讲述了这样一个滑稽的故事：

从前，有一个人从印度北部搬迁到南部去。在南部生活了很长一段时间，就跟当地的女子结婚成了家。

当他的妻子给他做饭的时候，他总是急急忙地把饭吞咽下去，食物热得烫嘴他也好像不怕。

妻子觉得丈夫这样做真是很奇怪，就对他说："这里没有什么窃贼强盗，到底有什么急事，这样匆匆忙忙地，不安下心来慢慢吃？"

丈夫回答说："这是一个好的秘密的事，我不能告诉你。"

妻子听他这么说，心想他也许有什么奇异的法术，就更加想知道，不断地向他打听。

过了很久，丈夫才回答："从我的爷爷和老爹以来，一直是这样的规矩，都是吃喝匆匆。我现在是效仿他们，所以，吃得这样快速。"

世间的平常人也都是这样。他们不通达理解真正的道理，不能识别善恶好坏，做的事都是歪门邪道，还不以为耻，说什么这是老祖宗传下来的规矩，一直到死都守着这样的老规矩，这就像故事中的这个愚人，习惯了匆匆吃饭，就认为这才是正经道理。

佛思禅悟：

不知所以然地大口吞咽对身体有害无益。老习惯、老规矩并不是金科玉律，不能有丝毫改变，人们的认识随着文化水平的提高，随着社会的进步，也不断提高，不合理的老规矩、老习惯应当与时俱进，做出改变。

二鬼相争的结果

《百喻经》中描述了这样两个相争的鬼：

从前有两个相争的鬼，他们两人共同拥有一个箱子，一根手杖，一个木屐。两个鬼都想得到，谁也不想让谁。两个鬼为了这事，争来斗去，一个月过去了，竟然还不能解决这个争端。

有一个人走来，见到他们他们正在争吵，就问他们："这个箱子、手杖和木屐有什么价值？你们怎么为了这些东西吵翻了天？"

这两个鬼说："这箱子可不是一般的箱子，从这箱子里能出一切衣服、饮食、床上被褥、卧具和很多日用品等，应有尽有；这根手杖在手，那么世上就没有敌手，对手见了就会归顺，不敢与持手杖的人相斗；穿着

这双木屐，就可以自由驰骋，飞行万里无阻。”

这个人问明了情况，半天无语，然后，就告诉二鬼：“你们两位站远一点，让我来给你们公平分配。”

两个鬼就听从这个人的话，在远处站着，等候这个人的公平裁决，可是，这个人一看两个鬼站远了，说时迟，那时快，迅速地抱起箱子、抄起手杖、换上那双木屐一溜烟地跑了。

二鬼看着刚才的一幕，惊得目瞪口呆。这两个鬼什么也没有分到，倒是不相干的人把宝贝东西都拿走了。

后来，这个抢跑东西的人转告这两个鬼说：“你们之间的争执，我帮你们解决了。那些东西现在已经属于我，这样，你们之间就没什么可争的了。”

这个故事中的无所不有的箱子象征着布施，手杖象征着可以降服妖魔外道、世间烦恼的禅定之杖，木屐象征着持戒，如果持戒如穿着木屐，必定能够升天。二鬼为了箱子里的宝物争斗，这比喻邪魔外道的人为了强求果报，争斗不断，孜孜以求，可是，到头来却是一场空。

如果能够悟道修行，积累善德，并且勤于布施，严格持戒，有禅定的修养，就能够脱离苦海，修得正果，进入涅槃的世界。

佛思禅悟：

这个故事与“蚌埠相争，渔翁得利”的成语故事有异曲同工之妙。两鬼都贪心太重，不肯为对方做出任何让步，他们的矛盾暴露在外，被别有用心的人利用，最后相争的两个鬼一无所得。因此奉劝世人莫要为一己之利而寸步不让，与别人计较不已，这样只会两败俱伤，而让第三者趁机得了便宜。

愚人作鸳鸯之鸣

从前，在一个国家，每逢佛教的庆典节日，所有的妇人女子都用青莲花作为装饰插戴在头上，这成为当地的一个风俗。

有一个贫穷的人，他的妻子有一天对他说：“你要是能够给我摘一朵青莲花，我就还做你的妻子，要是弄不来青莲花，我就把你抛弃。”

这个贫穷的人有一个特长，就是会学鸳鸯鸣叫。他悄悄地潜入国王的青莲池，学着鸳鸯的叫声，打算摘取青莲花。

没想到守青莲池的人觉察到了有动静，就问了一句："是谁在青莲池里啊？"

这个贫穷的人被这突然一问，吓得失态，失口说道："我是只鸳鸯。"

看守青莲池的人哪里见过池里的鸳鸯说起人话？他马上就明白有小偷在里边藏着，不费吹灰之力就把这个贫穷的人抓了个正着。

看守青莲池的人把小偷抓住了，就带小偷到国王那里汇报，在去国王那里的半路上，这个贫穷的人听到鸳鸯叫声，不由自主地一唱一和，又学起鸳鸯叫了。

看守青莲池的人很纳闷，就问他："你刚才不学鸳鸯叫，却说人话，结果被我抓住，现在你想起学鸳鸯叫，又有什么用？！"

世上的愚人，都是这样。活着的时候，残害生灵，作很多恶事，从来不去修行，不往善的方向努力。到了快死的时候，才说："现在我想修德从善。"这时候，催命鬼已经要带这个人去见阎罗王了，他虽然想修德从善，也来不及了。这样的人，就跟那个被逮到国王那里问罪时才学鸳鸯叫的愚人一样可笑可叹。

佛思禅悟：

虽然偷青莲是一件不值一提的龌龊小事，但这个故事揭示的道理却很深刻。偷青莲学鸳鸯叫要把握时机，抓住时机，如果不能识别和把握时机，就会把事情弄糟。在一切大事业上，人在开始做事前都要像千眼神那样察视时机，而在进行时要像千手神那样抓住时机，不失时机，只有这样才有成功的可能。错失时机，就可能付出惨重的代价。

为长者擦唾沫的时机

《百喻经》中有这样一个故事：

从前，有一个家财万贯的大富翁，他的左右手下人等对他毕恭毕敬，曲意逢迎。比如说，这个大富翁吐唾沫的时候，在富翁身边侍候的人，就用鞋把富翁吐的痰擦掉。古代的鞋底是布的，所以能用来擦痰。

有一个很笨的人，总是抢不到这样的擦痰机会，并且为了这事很垂头丧气，他想了半天，终于想出了一个对策：富翁吐痰吐在地上，左右手脚麻利的人就抢着擦掉了，赢得了富翁的青睐。我抢不到这样的机会，那么我就在富翁正要吐的时候，抢先行动。

这个愚笨的人果然开始观察到了富翁吐痰的时机，当富翁喉咙发痒，干咳几声，又要吐痰之时，这个愚笨的人飞起一脚，踢在这个富翁的嘴巴上，这个富翁的嘴唇被踢破了，一颗门牙也被踢断半截。

这个富翁被这个愚笨的人踢懵了，半天才醒过来神，懊恼地问：“你这到底是怎么回事！你怎么往我的嘴上踢呢？”

这个愚笨的人回答说：“要是您的唾沫吐到了地上，我就抢不到了，左右的逢迎拍马讨好您的人早就抢先擦去了。我一直想替您擦去，可是总是抢不到机会，所以，这次我趁您唾沫还没出口，用一只脚先擦，我这都是为了讨您欢喜啊！”

做什么事情都要讲究时机，如果时机不对，或者时机尚未成熟，硬是施用功力蛮干，就只能失败，徒增烦恼。因此，世上人一定要明白什么是适当的时机，只有抓住适当的时机才能成功。

佛思禅悟：

故事中的人虽然为了拍马屁而费尽心机却不讨好，但这个故事的更深远意义却在于教导人们做任何事情，都要把握时机，掌握火候，若时机不成熟就贸然行事，就会枉费心机，徒增烦恼。

物我两忘，才能超越一切

宋代有个名叫张九成的居士，原为侍郎，中过状元，也算是一个文人士大夫了。他有一个爱好，偏爱谈禅说道。他读了不少禅书经典，也参拜过许多禅师，但仍是“久之无省”，始终不能开悟。

有一天，他去拜访大慧宗杲禅师。

宗杲禅师是当时大名鼎鼎的老禅师。他的地位和影响在当时是很大的。老禅师见张九成急急忙忙地一大早就跑来朝庙，便问他：“你来干什么？”

张九成说：“打死心头火，特来参喜禅。”

大慧宗杲禅师的法号叫“妙喜”，故张九成说“特来参喜禅”。

刚一见面就口称要“参喜禅”。大慧宗杲禅师面对张九成的近乎直呼法号，即知来者根基不深，机缘未至。于是想试探他一下，便同他开了个小小的玩笑。

“你为什么起得这么早啊！难道不怕家里的妻子同别人睡觉吗！”

张九成听了，顿时火冒三丈，气咻咻地说：“你这个愚昧无知的老秃驴，怎么敢说出这种话来？”

宗杲禅师忙上前用手制止他说道：“你刚才不是还说打死心头火吗？怎么我才轻轻一扇，你就大为光火？”

张九成闻听顿时哑然。

接着，老禅师又对他说：“禅者心应如大海深邃宽广，似秋月皎洁清纯。安然不动，闻而未闻，听时不惑，事过不留。禅者能见人之所未见，忍人之所不忍，能容纳一切，又超越一切，方能两袖一甩，一路清风；布履一双，踏破山河；仰天一笑，快慰平生。被外缘所牵动的人又如何参禅呢？”

张九成听完，合掌拜道：“谢大师指点。”

佛思禅悟：

参禅到何种程度，取决于心境的高与低、空与实。不静的人，即使离群索居，一旦遇到喧闹就会烦躁。远离人群只是为了自我，而人我本是一体的，动静也是相互关联的。如不能物我两忘，只知一味强调宁静，就不

能达到真正的安宁境界。

欲望是无穷的，要学会放下

南阳慧忠禅师佛法宏大，被唐肃宗称为“国师”。有一天，肃宗问他：“朕如何才能得到佛法？”

慧忠禅师答道：“陛下看到外面天空中的那片云了吗？能否让侍卫把它摘下来放到大殿里？”

肃宗答：“当然不能！”

慧忠又说：“佛在自己心中，他人无法给予！世人痴心向佛，有的人为了让佛祖保佑，取得功名；有的人为了求财富、求福寿；有的人是为了摆脱心灵的责问，真正为了佛而求佛的人能有几个？是欲望让世人有这样的想法！不要把生命浪费在这种无意义的事情上，几十年的醉生梦死，到头来不过是腐尸与白骸而已，何苦呢？”

肃宗道：“如何才能不烦恼不忧愁？”

慧忠答道：“放弃自身的欲望，放弃一切想得到的东西，得到的将会是整个世界！”

肃宗道：“可是得到整个世界又能怎样？依然不能成佛！”

慧忠问：“你为什么要成佛呢？”

肃宗答：“因为我想像佛那样拥有至高无上的力量。”

慧忠道：“现在你贵为皇帝，难道还不够吗？人的欲望如此难以得到满足，怎么能成佛呢？”

生命如舟，生命之舟载不动太多的物欲和虚荣，要想使之在抵达彼岸时不在中途搁浅或沉没，就必须轻载，只取需要的东西，把那些应该放下的果断地放下。

有一位禁欲苦行的修道者，准备离开他所住的村庄，到无人居住的山中去隐居修行，他只带了一块布当作衣服，就一个人到山中居住了。

后来他想到当他要洗衣服的时候，他需要另外

一块布来替换，于是他就下山到村庄中，向村民们乞讨一块布当作衣服，村民们都知道他是虔诚的修道者，于是毫不犹豫地就给了他一块布，当作换洗用的衣服。

当这位修道者回到山中之后，他发觉在他居住的茅屋里面有一只老鼠，常常在他专心打坐的时候来咬他那件准备换洗的衣服，他早就发誓一生遵守不杀生的戒律，因此他不愿意去伤害那只老鼠，但是他又没有办法赶走那只老鼠，所以他回到村庄中，向村民要一只猫来饲养。

得到了一只猫之后，他又想到了“猫要吃什么呢?我并不想让猫去吃老鼠，但总不能跟我一样只吃一些水果与野菜吧！”于是他又向村民要了一头乳牛，这样那只猫就可以靠牛奶维生。

但是，在山中居住了一段时间以后，他发觉每天都要花很多的时间来照顾那头母牛，于是他又回到村庄中，他找到了一个可怜的流浪汉，于是就带着这个无家可归的流浪汉到山中居住，帮他照顾乳牛。

那个流浪汉在山中居住了一段时间之后，他跟修道者抱怨说：“我跟你不一样，我需要一个太太，我要正常的家庭生活。”

修道者想一想也有道理，他不能强迫别人一定要跟他一样，过着禁欲苦行的生活……就这样，半年以后，整个村庄都搬到山上去了。

欲望就像是一条锁链，一个牵着一个，永远都不能满足。

《百喻经》里有一个故事，从前有一只猕猴，手里抓了一把豆子，高高兴兴地在路上一蹦一跳地走着。一不留神，手中的豆子滚落了一颗在地上，为了这颗掉落的豆子，猕猴马上将手中其余的豆子全部放置在路旁，趴在地上，转来转去，东寻西找，却始终不见那一颗豆子的踪影。

最后猕猴只好用手拍拍身上的灰土，回头准备拿取原先放置在一旁的豆子，哪知那颗掉落的豆子还没找到，原先的那一把豆子，却全都被路旁的鸡鸭吃得一颗也不剩了。

年轻时，对于某些事物的追求，如果缺乏理智判断，而只是一味地投入，不也像故事中的猕猴只是顾及掉落的一颗豆子，等到后来，终将发现所损失的，竟是所有的豆子！想想，我们现在的追求，是否也是放弃了手中的一切，仅追求掉落的一颗！

在印度的热带丛林里，人们用一种奇特的狩猎方法捕捉猴子：在一个固定的小木盒里面，装上猴子爱吃的坚果，盒子上开一个小口，刚好够猴子的前爪伸进去，猴子一旦抓住坚果，爪子就抽不出来了。人们常常用这种方法捉到猴子，因为猴子有一种习性，不肯放下已经到手的东西，人们总会嘲笑猴子的愚蠢：为什么不松开爪子放下坚果逃命?但审视一下我们自己，也许就会发现，并不是只有猴子才会犯这样的错误。

因为放不下到手的待遇，有些人整天东奔西跑，耽误了更远大的前途；因为放不下诱人的钱财，有人费尽心思，利用各种机会去大捞一把，结果常常作茧自缚；因为放不下对权力的占有欲，有些人热衷于行贿受贿，不惜丢掉人格的尊严，一旦事情败露，后悔莫及。

人生这部书，是两支笔写成的。一支书写如意时的欢乐，一支书写失意时的沮丧。只有这样，这部书才能有精美的故事，才能经得起品味。

佛思禅悟：

欲望是没有止境的，无论什么人都有种种的欲望，但是却没有人思考过，在所有的欲望得到满足后，人生还有什么可追求的？其实，人们乞求欲望得到满足的最终目的，是想让自己更快乐一些，更满足一些。如果能够放下心头的欲望，安心地生活，不滞于物，岂不快哉?

名利只是过眼云烟

洞山禅师感觉自己不久将要离开人世了。听到这个消息，很多人从四面八方赶来，连朝廷也派人来了。

洞山禅师走了出来，脸上洋溢着净莲般的微笑。他看着满院的僧众，大声说：“我在世间枉沾了一点闲名，如今躯壳即将散坏，闲名也该去除。你们之中有谁能够替我除去闲名？”

殿前一片寂静，众人都束手无策，默然不语。

忽然，一个小沙弥走到禅师面前，恭敬地施礼之后，高声说道：“请问和尚法号是什么？”

话刚一出口，所有的人都投来吃惊和愤怒的目光。有的人低声斥责小沙弥目无尊长，对禅师不敬，有的人埋怨小沙弥无知。

谁知洞山禅师听了小和尚的问话，大声笑着说："好啊，现在我没有闲名了，还是你聪明呀。"于是坐下来闭目合十，微笑着圆寂了。

小沙弥伏地而拜，泪流满面。

周围的人立刻将小沙弥围了起来，责问道："真是岂有此理，连洞山禅师的法号都不知道，你在这里胡闹什么？"

小沙弥看着他们，无可奈何地说："他是我的师父，他的法号我岂能不知？"

"那你为什么要那样问呢？"有人追问。

小沙弥含泪答道："我这样做就可以达成师父的心愿，除去他的闲名！"

佛思禅悟：

多少人为了名利，终其一生都努力争取，然而到头来争的不过是满腹幽怨，到死的时候，才知道，一切都是生不带来，死不带去。名利不过是过眼云烟，要学会看淡，这样人生才会变得踏实。

关心别人的同时，不要丢掉自我

南阳慧忠禅师身边有个跟随了他三十多年的侍者，一直任劳任怨，忠心耿耿，所以慧忠禅师想对他加以点化，以感谢他平日对自己的照顾。

一天，慧忠禅师像往常一样喊道："侍者！"

正在煮茶的侍者听到禅师的招呼，以为慧忠禅师有什么事要他帮忙，于是立刻跑来问道："禅师，有什么事要我做吗？"

慧忠禅师说："也没有什么事。"

侍者以为自己听错了，就又回去煮茶。

过了一会儿，禅师又喊："侍者！"

侍者又跑来问是什么事。

慧忠禅师还是说："没什么事要你做！"

这样反复了几次以后，禅师喊道："佛祖！佛祖！"

侍者听到慧忠禅师这样喊，感到非常不解，走过来问道："禅师，您这是在叫谁呀？"

禅师双目盯着他，启示他道："我叫的就是你呀！"

侍者迷惑地问道："禅师，您在抬举我吗？我哪里是佛祖？我是你的侍者呀！你糊涂了吗？"

慧忠禅师看到他如此不可教化，便说道："我并不是在抬举你，只不过你太让我失望了！"

侍者感到不安，以为自己有什么事情做得不好，便说道："禅师，不管到什么时候，我永远是你最忠实的侍者，任何时候都不会改变！"

慧忠禅师的目光暗了下去，说道："虽然你并未辜负我，但你却辜负了你自己，我的良苦用心你完全不明白。你只承认自己是侍者，而不承认自己是佛祖，佛祖与众生哪里有什么区别？众生之所以为众生，就是因为众生不承认自己是佛祖。实在是太遗憾了！"

佛思禅悟：

关心他人并没有错，但不要忘记了自己的存在，世界上的每个生命都是独立的个体，如果只是作为别人的附庸而存在，活着还有什么意义可言？所以在关注别人的同时，更要自我实现，明白自身存在的价值。

勇于接受批评，才能完善自我

一位住在森林里修行的人，心地非常纯净，也非常虔诚，常常热心帮助他人，以坦荡无私，严格律己而著称。

一天，他感到百无聊赖，于是起身到林间散步，偶然走到一个莲花池畔，池中莲花正在争奇斗艳，竞相开放，十分的美丽。修行人心里升起了一个念头："这么漂亮的莲花，我如果摘一朵插在书房中，让自己沐浴在莲花的芬芳中，感觉一定会好得多呀！"于是，他俯下身来，在池边选摘了一枝，正当他转身想离开的时候，忽听耳边一个低沉而巨大的声音说："你是谁？竟敢偷采我的莲花！"

修行人被吓了一跳，但他环视四周，什么人也看不到，只好对着天空发问："你是谁？凭什么说这里的莲花是你的呢？"

"我乃莲花池神，这池里的莲花都是由我精心照料的，枉你是一个修

行人，竟然心起贪念，偷采我的莲花，自己不知道反省、检讨、惭愧，还敢问这莲花是不是我的！”空中的声音说。

修行人瞬间醒悟，内心不禁很是惭愧，于是对着空中躬身忏悔：“多谢你的提醒！我一时迷失了心性，欲将莲花据为己有。从今以后我定会加强心性的修炼，不再贪取任何不属于自己的东西。”

修行人正在自我检讨的时候，又有一个人来到池边，自言自语地说：“这里的莲花多漂亮呀！我可以采来到市镇去卖点钱，再去赌一把，很有可能会把昨天赌输的钱赢回来！”那人说着就跳进莲花池，三下五除二就把池里的莲花摘了个精光，原本漂亮的莲池被践踏得不成样子，池水变得污浊不堪，连池底的污泥也翻了起来。然后，他捧着一大束莲花，大笑着扬长而去。

修行人一直在期待着莲花池神能出来制止、斥责或处罚这个摘莲花的人，但是池畔始终一片静默。看着那人渐渐远去的背影，他心中充满了疑惑，转回身来愤愤不平地对着虚空责道：“莲花池神呀！我刚才只不过虔诚地采了一朵莲花，你就严厉地斥责我，说我的不是。而刚刚那个人采光了所有的莲花，毁了整个莲池，你为何一句话也不说呢？”

空中的声音又出现了，说：“你本来是个修行人，就像一匹洁白的布匹，沾上一点点的污痕就很明显，所以我才来提醒你，赶快除去污浊，恢复纯净的本性。而那个人沦陷日久，已无可救药，就像一块抹布，再脏再黑，他也无所谓，我即便有心帮忙也起不到作用，所以只能沉沦下去，这才保持沉默。你不要因为受到别人的指责就心生怨恨，你应该为此感到高兴，因为你的缺点能够被人看见，还帮助你纠正，教导你怎样改正，你应该感到庆幸才是。”

佛思禅悟：

有时候，批评并非是坏事，在批评中会让自己变得更加成熟和懂事，勇于接受别人的批评，可以让自己变得更加完善。古人语，“闻过

则喜”，“言者无罪，闻者足戒”。接受别人的批判你需要一个宽广的胸襟，因为只有心胸坦荡，才能接受直言批评、当面刺过。

守好自己的心门

有一个富豪因为朋友有急难，必须远行去帮助他，于是把家中的奴仆找来，交代道：

“我现在临时有急事，需要出门一段时日，我不在的时候，你要好好看紧门户，并且把草棚里的驴子拴好，不得有一点闪失。”

主人走了以后，奴仆果然依言日夜不休地守着门户，丝毫不敢怠慢。恰巧邻村举行祭祀大会，请来了技艺精湛的乐班来表演，几里路内的邻人竞相前往听戏取乐。奴仆的朋友满怀热情地来邀请他前去同乐，奴仆虽然很想去参加，但是一想到主人的叮咛嘱咐，面有难色说道：

“谢谢你的一番盛意，我虽然很想过去听戏，但是我的主人临出门时曾经指示我，要把门好好守住，我不能违背他的命令。”

朋友听了，仍然锲而不舍地劝诱他，奴仆经不起朋友的一再劝说，突然灵机一动，说道：“我想到一个好办法，我只要把门卸下来扛在身上走，把驴子绑在腰间跑，就可以和你一起去玩乐了。”

奴仆说完，毫不迟疑地把两扇朱红的大门拆卸了下来，用绳索小心地系在驴子的身上，再把另一头的绳索绑在自己的腰际，然后欢欢喜喜地和朋友一起进村，通宵达旦尽兴玩乐，彻夜未归。

奴仆走后，留下空空荡荡的门户，无人看管。半夜，有人跑来偷窃，一看，富翁家门户大开，于是放大胆量，把细软值钱的东西，塞满鼓鼓的一布袋，然后从从容容地逃逸了。

富翁办完了事赶回家中，一看家里财物被洗劫一空，悚然大惊，把奴仆传来询问：

“我出门时一再叮嘱你，要把门户看好，你怎么让小偷来闯空门呢？”

“主人！你是曾经交代我要守门，把驴子照顾好，因此我出外的时候，也不敢忘记把门和驴子随时带在身边啊。”奴仆一脸无辜的回答。

主人说：“我要你守好门户，就是要你把财物守护好呀”

“你只叫我把门和驴子看好，你并没有叫我看管财产啊！”

“叫你守住门户，就是要你守住一家的财物，财物既然已经尽失，徒然空守住两片大门，又有什么意义呢？”主人为之气结，无奈地教训奴仆。

佛思禅悟：

为了面子而丢了里子，是本末倒置的愚行。人生要守住的不仅仅是外在的门，还有含藏无限宝藏的心门。如何守好我们的心，则取决于每个人的智慧运用。

空中楼阁不会长久

有一位富翁，虽然有万贯家财，但是却缺乏聪明才智。有一天，他的朋友盖了一幢大楼，举行落成完工典礼，就邀请这位翁前去观礼。

这幢楼房一共有三层，建得美轮美奂，高广轩敞，极为华丽。朋友带着观礼的客人一层一层的欣赏，只见第一层楼建筑得错落有致，回廊围绕，花影飘香。

第二层楼比第一层楼更为美丽华贵，屏扇桌椅的摆设，都可以看出主人的高雅品味。客人们个个看得目不转睛，口中不绝地赞叹。到了第三层楼，大家惊得屏住了呼吸，只见第三层楼极尽庄严，人间难得一见，客人们瞠目结舌，无法言语。

富翁欣赏了朋友的三层楼之后，心中悻悻然，心想：我和他一样富有，他能建这么豪华的三层楼，我为什么不能呢？主意打定，于是把建筑这幢楼阁的工匠找来说：

“某某人的三层楼是不是你建的？”

“没错！是我的精心杰作。”

“你能不能依照它的蓝图，为我建筑一模一样的三层楼呢？”

“没有问题，一定让你满意。”

工匠第二天就找来一批人，开始挖掘地基，准备大兴土木，把三层楼建设起来。恰巧富翁巡视经过，看到一群工人正在挖地，疑惑万分地对工匠说：

“你们为什么挖地呢？”

“地挖得深，才能建高楼呀。”

“我只喜欢那第三层楼的设计模样，你只要为我建第三层楼就行了，何必要如此煞费周章呢？”

“没有第一层、第二层楼做基础，怎么能兴建第三层呢？纵然盖得起来，也是一幢禁不起风雨的建筑呀。”

“怎么盖不起，你只要有几根木头支撑，上面就可以盖第三层楼了。”

工匠一生为人兴建许多大楼，从没听说不打地基而凭空建楼的新鲜事，看到富翁执意不变，只好依照富翁的意思，打下木条，架空兴建那庄严而沉重的第三层楼。

三个月后，第三层楼果然如期建好了，富翁雀跃万分，发下帖子，也请他的朋友来参观第三层楼。朋友们看到摇摇欲坠的三层楼，都害怕地裹足不前，只有富翁一个人兴致勃勃地向人炫耀他的独到巧思，并且举家都迁入居住。这幢只有第三层的楼阁，由于承受不了压力，终于倒塌了，富翁也被埋在了瓦砾堆中。

佛啊禅悟：

不论是做人还是做事，都不能一蹴而就，更不能急功近利，否则只能前功尽弃，像空中楼阁一样，不会存在长久。要脚踏实地打好基础，付出辛勤的劳动和汗水，才能有所收获。

刻意模仿就会丧失自我

在佛教的《百喻经》中，有这样一个故事：

在印度有一位富有、但是缺乏智慧的农庄主人，一日进城去拜访多年不见的挚友。他的朋友在皇宫里当侍卫，因为违逆了国王的心意，受到笞打的处罚，背部被皮鞭抽打得皮开肉绽、鲜血淋漓。

农庄主人到达朋友家里的时候，正好碰到朋友叫家人拿马粪贴在背部，治疗血肉模糊的伤口，他一脸纳闷地问道："你的背部被马鞭打得稀烂，为什么还在伤口上面涂一层厚厚的马粪呢？"

"因为热气腾腾的马粪可以消毒，使伤口很容易愈合，虽说马粪臭气熏人，但也不得已啊。"

农庄主人高兴极了，自以为得到秘密的智慧宝藏，欢欣愉悦地回到了家里，把家里的仆从都集合到太厅，神情诡异，故作神秘地对大家说：

"我今天进城去探望朋友，想不到无意间却得到旷世的宝贝秘诀，真是太稀奇了！"

"主人！你是不是得到宝藏地图啦？"

"主人！你不是找到地下皇宫的通道了吧？"

仆人们七嘴八舌地胡乱猜测，发挥各自的想象力。农庄主人不耐烦地挥挥手说：

"都不是，你们不要乱猜，现在去拿一条皮鞭过来，我马上把宝贝告诉你们。"

仆人依言拿来一条又粗又长的皮鞭，主人把上衣脱掉，裸露出的细皮嫩肉的背，指着一脸迷惑的年轻仆人说：

"你用皮鞭抽打在我的背部，愈用力愈好，最好能打得皮开肉绽、体无完肤，我会重重有赏。"

仆人一听，惊愕不已，踌躇不敢下手，深怕冒犯了农庄主人。主人一看仆人迟迟不动手，盛怒大骂："好个不知好歹的东西，胆敢不听我的使唤，你给我好好地毒打背脊。"

惊弓之鸟的仆人，抓起皮鞭，死命打在主人的背上，雪白的背脊顿时

现出一条一条烧炙般的鞭痕，殷红的血汩汩地流出，吓得一室的仆人一脸惨白，但是主人却洋洋得意，忍着剧烈的痛苦说：

“去马厩拿些马粪来，把它涂抹在我的背上。”

仆人不得已，只好抓起一把刺鼻的马粪，小心翼翼地贴在主人的背上，主人睥睨着面面相觑的大家，骄傲地炫耀说：“你们大家看！这马粪乃是天下第一神奇的灵药，涂了它，我背上的溃烂就能痊愈。这是我今天得到的稀世秘方，现在毫无保留地把它传授给你们，你们以后也可以如法炮制。”

佛思禅悟：

刻意模仿就会失去事物的本来面目，使原有的自我变得面目全非。依样画葫芦，有时模仿不当，就会变成东施效颦后果。如果因此而失去本来的自我，就纯粹成了跟自己过不去。

第五篇 禅是励志修身的妙语

知识是知识，悟道是悟道

香严智闲是百丈禅师的弟子，他勤学好问，日夜苦读佛学经籍。在百丈禅师圆寂以后，他感到自己仍然学浅识薄，就继续到师兄沩山灵佑禅师处参学。

沩山禅师见了香严智闲，劈头就不客气地说："听说你读遍经籍，在佛教知识上谁也比不过你，不过，你要知道，那只是知识上的了解而已，不是真正的悟道。"

香严智闲迷惑地问道："那您说悟道要掌握哪些内容呢？"

沩山禅师回答："我现在不问你经卷册子上的知识，请你说说看，一出娘胎，什么是你的本分事？"

香严智闲从来没有思考过这个问题，只好说："师兄您给我讲讲吧。"

沩山禅师严厉地说："我讲，那只是我的见解，对你什么益处也没有。"

香严智闲讨了个没趣，就回到僧堂，翻出来一堆经籍语录，他在里边查找了半天，也没有找到答案，不禁叹息道："光口说好吃的饮食填不饱肚子，用手画个大饼也不能充饥，看来，师兄真看透我的问题所在了。"

于是，他下决心把自己熟读的经籍语录付之一炬，决绝地说："这辈子我再也不走这弯路了，再不研究这浩繁的典籍了，免得空耗心神。从此以后，好好做个粥饭僧，悟出真道。"

后来，香严智闲在割除杂草时，无意中听到瓦砾击中竹子，发出清脆的声响，他豁然开悟。

佛思禅悟：

知识是从分别意识上认知的，而悟道则是从无分别智上体证的。

我国宋代大诗人陆游曾经有言："纸上得来终觉浅，绝知此事要躬行。"无论是做什么事情，都不能只是一味地迷信书本，而要观察和实践。有的博学的人就像知识的蓄水池一样，可是，他们却缺少智慧，他们不是智慧的源泉。是我们生活的大自然给予了我们智慧的种子，而不是书本的知识。想要真正悟道，需要在生活中处处留心。对微小事物的仔细观

察，就是事业、艺术、科学及生命各方面的成功秘诀。

成为一流剑手的秘诀

宫本武藏和柳生寿郎是日本近代两位一流的剑客，宫本是柳生的师傅。

柳生的父亲很善于剑术，可是，柳生却对剑术没有什么灵气，天赋一般。精通剑术不是容易的，需要一个人有冷静的头脑和敏捷的反应速度。

柳生的父亲跟天下所有的父亲一样，望子成龙，希望儿子能子承父业，为家族争气。可是，柳生的父亲不管怎么教，儿子就是不开窍，进步甚微，父亲把儿子培养成名剑手的心又那样迫切和强烈，所以两人不免发生争吵，父亲一气之下，把儿子赶出了家门。

柳生寿郎实际上跟他父亲一样，是个很要强的人，他的理想就是成为有名的剑手，他心中暗想："哼，父亲既然不愿再教我，对我失去了信心，我偏要练出来个名堂来不可！"

下定决心后，柳生千里迢迢投奔宫本武藏了，宫本武藏住在二荒山，当时已经是日本著名的剑手。

柳生寿郎费尽千辛万苦找到宫本武藏，可是，宫本见了他，却说："你不行！没法达到我的要求，学剑是要有天赋资质的。"这跟柳生父亲是一个腔调，柳生不禁心中怅然。可是，又不甘心，就问："如果我拼命努力，需要多少年时间才能成为一个名剑手呢？"

宫本武藏沉思片刻，回答道："也许要十年光阴。"

"我等不了那么久，如果您肯热心教我，我又勤学苦练，加倍努力，那样的话，又需要多长时间？"

宫本武藏回答："那样也许得二十年。"

柳生又问："如果我日夜苦练，闻鸡起舞，一心练剑，这样又需多长时间才能成为一个名剑手呢？"

宫本武藏回答："那样的话，就需要三十年，甚至更长的时间。"

柳生大惑不解，鼓起勇气问道："为什么我越是努力，反而成为名剑手耗费的时间越长呢？"

宫本武藏严肃地告诉柳生："一个眼睛只盯着名剑手这个荣誉的人是

练不好剑的，眼睛只向外看，哪里有心提高自己的内在本领？眼睛只盯着名剑手这个牌子，哪里还有时间看到自己哪方面不足呢？”

柳生听了宫本这番指教，受益匪浅，遂下定决心拜到宫本门下一心练剑。

宫本对柳生说：“你既然是想跟我学剑，就听我的安排。首先，不准碰剑，更不要谈论剑术。”

柳生按照师傅说的，不再碰剑，心里倒比以前平静多了。

宫本看柳生浮躁气已经除去，静下心来了，就对柳生说：“你在我这里，只要专心认真地打扫庭院、浇花植草即可。”

柳生在宫本家里就这样干着日常杂役，不知不觉就过了三年。

柳生在这三年中，内心十分惦念剑术，渴望师傅有一天发话，自己可以大练一番。可是，想到师傅是名剑手，这样安排自有道理，虽然柳生练剑的心痒，可是，还是隐忍不发，顺从地按照师傅的吩咐干些杂事。

有一天，柳生跟平常一样，打扫完庭院后，又到花园中去浇花、除草、修剪花枝。

宫本武藏此时悄悄走近，宫本趁柳生没有注意到自己，从柳生背后悄没声地走过来，猛地用木剑向柳生猛击了一下，这一击又准又根，要是真的剑，柳生早没命了。柳生被师傅的木剑打懵了，愣了半天，才悟过来，原来是师傅开始教他剑术了。

第二天，柳生正在擦拭干活的工具，有个人影一闪，就闪到了他的背后，那人迅即举起木剑就朝柳生刺过来，柳生一个不提防，又被击中，身体站立不稳，一屁股坐在了地上。原来又是宫本师傅在练剑。

从此以后，柳生长了记性，无论是白天还是黑夜，都提防着师傅的突然袭击，连睡觉都不敢放松警惕。柳生知道，师傅是日本剑术第一高人，自己稍有疏忽，就可能被击中，况且，要是没有进步的话，会给师傅丢脸的，那将是怎样的耻辱啊！

柳生暗暗下定决心，高度警觉，无时无刻不在警惕师傅猝不及防的进攻。就这样，柳生在严酷的训练下渐渐学会了怎样躲闪迅雷般的刀光剑影。

宫本武藏感觉到柳生的躲闪功夫在增强，就更频繁地突然袭击他，方式也多样化起来，柳生被击中的次数越来越少，反应越来越迅速灵敏起来。

天长日久，宫本发现，无论在什么时候，什么地方袭击自己的徒弟，都是徒劳，这个徒弟已经完全掌握了躲闪的要领了。

这时候，宫本大为高兴，为自己徒弟的长进十分满意，他决意把剑法毫无保留地传授给自己的得意门生。

这个故事告诉我们，学剑不能老盯着名剑手这个荣誉和光环，学剑的功夫在剑外，首先是老老实实做人，虚心求学，静心修炼。在我国，也有一句关于学诗的秘诀就是："功夫在诗外"，说的也是这个道理。陆游是我国宋代杰出的大诗人，他的儿子也想像父亲一样写出脍炙人口的好诗，于是，陆游就告诫儿子要踏实，从根本上提高自己的文学素养，而不要只是在表面辞藻上稍下一点功夫。他想来想去，就拿自己的经历写诗劝儿子：

我初学诗日，但欲工藻绘；
中年始少悟，渐若窥宏大。
怪奇亦间出，如石漱湍濑。
数仞李杜墙，常恨欠领会。
元白才倚门，温李真自郐。
正令笔扛鼎，亦未造三昧。
诗为六艺一，岂用资狡狯？
汝果欲学诗，工夫在诗外。

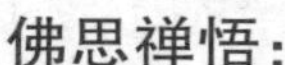

佛思禅悟：

无论做什么事，不能仅仅凭靠一时之功，而要从根本上下功夫，做长期的努力。一位佛教大师曾告诫学僧们：念佛功夫要得力，主要在于看破、放下，你的功夫才真正能够得力。心浮气躁，只想快点开悟的人实际上很难真正开悟，而下笨功夫的人却事半功倍。我們对目标的希望不能太高，太高就难以达到，我们把要求的水平降到最低，逐字逐句地用功，日积月累地勤学，这样逐步积累才能有所长进。

有定力的人不左顾右盼

《五种遗规》这部书是清朝乾隆年间一位叫陈弘谋的居士编撰的。其中记载着这样一个故事：

从前有一个官员叫刘自然，是泰州人。在某处做官的时候，听说当地有一个叫黄知感的老百姓，他妻子的头发乌黑乌黑的，美得很，就勾起了他的爱欲，于是他找到黄知感，跟他说："我想要你妻子的一头乌发，要是不允，你服兵役的事免不了，要是愿意给我呢，兵役就免了。"因为服兵役上战场打仗，生还的人很少，黄知感也拿不定主意，就回家跟妻子把这件事一五一十地说了，他妻子就说："要是我的头发能够使你免去兵役，那我心甘情愿，别说头发，就是拿我的命换你免去兵役，也值得啊。"黄知感感动万分。虽然作为丈夫，很不情愿把妻子的头发献给别人，但还是这样做了，可是，刘自然是醉翁之意不在酒，他看中了黄知感的妻子，想霸为己有，所以，虽然得到了乌黑美发，为了支开黄知感，最终还是把黄知感送去服兵役了，后来黄知感死在战场上。

黄知感死后，就在当年，刘自然也死了。后来黄知感的一个亲戚家，有头母驴产下了一头小驴，人们不经意间发现这个驴的左肋下面有字，隐约写着"刘自然"，就是刚死的这个官员的名字。这个消息不胫而走，大家争相来看稀罕事。

后来刘自然的妻子也听说了，就想用钱把这头驴买下来，她思索片刻，跟她的儿子说："你的父亲生前很好饮酒吃肉，你要不然拿点酒肉去供养这头驴，看看这头驴是不是喜欢饮酒吃肉。"这儿子就拿着酒肉去供养这头驴，结果发现这头驴果真酒量很大，肉也吃了不少。吃完之后嘶叫一声，留下两行热泪，大概是认出了自己前世的儿子了。于是，这个儿子就硬要用重金从黄知感亲戚处赎这头驴，但黄家亲戚死活不肯卖，天天就用这个驴来干活，鞭打它，抽得这头驴身上道道血痕，并让它做苦活、累活，后来这头驴就累死了，刘自然的儿子也因为伤心悲痛，不久郁郁而终。

在这个故事中，刘自然本来是百姓的父母官，应该致力于为政之道、关怀爱护百姓才对。可是，他在任上却见色心动，没想到美人还没有到手，自己奔了黄泉，并且来生投胎竟然做了畜生，受尽折磨而死。并且，祸及下一代，他自己的儿子也死了，等于就绝后了。刘自然起这一念邪心，果报竟然这么惨烈，怎不发人深省！

所以，在生活中，我们要高度警惕，遇到诱惑要马上提起正念。现在的社会诱惑特别多，譬如说走到路上，一些广告画面，乃至男男女女的穿着举止，乱人心性的诱惑无处不存在。在当今信息社会，电影电视，网络

上的内容，一些新闻媒体，报刊杂志所刊载的不健康的东西等等，都是容易使人乱性、偏离正道的东西，如果我们没有定力，就会起贪心，陷入罪孽中。如果没有办法降伏自己的欲念，而让这个欲念念念相续，终究就会产生邪行。所谓一念之差，后果不堪设想，一失足成千古恨，自己的名誉地位和家庭等全都毁灭了。

修心培养定力的功夫，古人为我们总结出了三个方面，即“未见不可思，当见不可乱，既见不可忆”。假如我们能够在过去、现在、未来这三种情况下成就我们的定力，我们的心就清净了，我们的事业就有了强大的、持续的、可靠的动力。

孔子有一天到楚国去，经过一片树林，看见一位驼背老人用竹竿粘蝉，粘起来就像在地上顺手拈来一样。孔子看了一会儿，仍然不清楚这位老人是怎么抓到蝉的，就问这位老人：“老先生您是有什么诀窍吧？这里面也有道？”

老人回答说：“我的确是有道。这粘蝉小技，我练过五六个月呢。起初，在竿头上叠放两个泥丸，练到这两个泥丸不掉下来了，再去粘蝉，那么蝉跑掉的就很少了。后来在竿头上叠放三个泥丸，再去粘蝉，失手的机会只有十分之一，再后来在竿头上叠放五个泥丸，这五个泥丸仍不掉下来，然后再去粘蝉，就好像在地上拾取一样容易了。我立定身子就像木桩那样一动不动，我用手臂执竿纹丝不动，就像枯槁的老树枝一样。虽然天地广大，物类纷杂，但我心却只定在蝉翼，我心无杂念，不去左顾右盼，不因万物纷杂而分散对蝉翼的注意力，怎么会粘不到蝉呢？”

可见，专心致志，聚精会神，把心思定于一处，才能成事功。

佛思禅悟：

三心二意，左顾右盼的人，实际上等于在浪费自己的精力，甚至是在自毁长城。有妻子的丈夫，如果不能专情，有一天会祸起萧墙，妻离子散；有自己的专业专长的人，眼睛总被别的专业、别的行业的丰厚利润和发展前景所诱惑，就可能荒废自己的专长，到头来后悔莫及。比如，挖一口井，如果挖了几下，一看不出水，又换个地方挖，一看，还不出水，就又放弃，去别处再挖，什么时候才能挖好水井呢？倒不如定在一处，往深处掘进，只有这样，才有挖出水的一天。

佛法大意是什么

唐代著名的诗人白居易曾经向鸟巢禅师发问："佛法的大意是什么？"

鸟巢禅师回答："诸恶莫作，众善奉行。"

白居易鼻孔里哼了一声，说："就这个啊，连三岁的小孩也知道这样说。"

鸟巢禅师说："虽然三岁的小孩也说得出，但即使是八十岁的老翁也未必能够做到。"

白居易心中服膺，谦恭地施礼感谢。

佛思禅悟：

世上的事业大多是说着容易做着难，所以有很多人踌躇满志，但实践上缺少韧性，结果功败垂成。追求向善的目标也是一样，大家思想上都知道要向善，可是行动上真正约束自己不做恶事却很难。所以，我们要不断自勉：悟佛之言，定要行佛之行。

故纸堆中悟不出佛

唐代时，在芙蓉山有一位神赞和尚，他在行脚时遇到了百丈禅师，对百丈禅师充满敬佩，就跟随百丈禅师修佛，不久就悟道了。他想起自己在芙蓉山的师父还没有开悟，就告辞百丈禅师，起程回芙蓉山，打算帮助师父开悟。

师父见神赞回来，便问他："你在外参学可有什么收获？"

神赞回答道："没有什么收获。"

师父听了，也没有说什么，就让他干寺庙里的杂活去了。

又过了一些时候，有一天，师父在窗下读经，正好纸窗上有一只苍蝇在乱飞乱撞。神赞自言自语道："世界如许广阔不肯出，钻他故纸驴年

去！”师父听了这话，就叫他来问话。神赞说：“空门不肯出，投窗也大痴。百年钻故纸，何日出头时？”暗示师父整日读经，却未见开悟。师父此时已经明白神赞学有大成，于是把经书放下，问他：“你出外行脚都遇到了什么人？学到些什么？”神赞就详细地讲述了遇到百丈禅师并跟从他开悟的事。师父听后，就请神赞升座说法。

神赞于是向众僧说法道：“灵光独耀，迥脱根尘，体露真常，不拘文字。心性无染，本自圆成，但离妄缘，即如如佛。”师父听了，大为感慨，称赞他道：“我已垂垂老矣，竟还能听如此精妙的佛法演讲啊！”

后来宋朝的白云禅师根据这则公案写了一首诗：

蝇爱寻光纸上钻，
不能透处几多难；
忽然撞着来时路，
始觉半生被眼瞒。

佛思禅悟：

禅法思想虽然也有种种佛典依据，但更注重会通佛性与般若，真心与人心。当年释迦牟尼在灵山法会上，以“拈花微笑”的方式，将佛法传授给大弟子摩诃迦叶，这被认为是禅宗“不立文字，教外别传”的开始。在禅的修习中，突出的是体悟心证，禅悟的内容或境界更是“如人饮水，冷暖自知”，“说似一物即不中”，任何语言文字都不能精确地表达出来。禅宗的文字所要表达的是禅意、禅境或禅味，因而即使是文字禅，也往往是借助诗歌偈颂或其他一些含蓄的语言来“绕路说禅”，以体现禅的“不说破”的原则，目的仍然是引导人们去体悟言外之旨或心法。禅重在悟，而不是经籍典故的考证，因此，没有必要在故纸堆中耗费过多的时间和精力。

覆船生死的争辩

有一个学僧十分仰慕雪峰禅师，于是，他想拜在雪峰禅师脚下学佛，雪峰禅师问他道：“你从哪里来？”

学僧回答说：“我从覆船禅师那边来。”

雪峰禅师就故意幽他一默：“生死之海还没有渡过去，你为什么先覆船呢？”

这个学僧不了解雪峰禅师的意思，就牢牢记住这句话，回去后就把这句话原原本本地告诉了覆船禅师。覆船禅师训斥这个学僧道：

“你头脑太不灵活了，怎么连这个问题也转不过弯来，为什么不说我已超越生死苦海，所以才覆船呢？”

于是这个学僧又回到雪峰禅师这儿来，雪峰禅师又问道：

“既已覆船，还来做什么？”

学僧此番有所准备，沉着地回答道：“因为既已超越生死，还覆船做什么？”

雪峰听后，就注视着这个学僧，说道：“这句话肯定是你老师教的，不是你自己想出来的，我这里有二十棒请你转给你的老师覆船，告诉他，另外还有二十棒，留给我自己吃，这件事与你无关。”

雪峰禅师给覆船和尚二十棒，自己也甘愿挨二十棒，这个公案的含义在于：禅，应该是无言说教，不应在语言上变来换去，可是两个人都卖弄了禅，所以各挨二十棒！这不关学僧的事，学僧还不够资格、没这水平挨二十棒呢！

佛思禅悟：

水善利万物而不争。佛的世界是不争的精神世界。在参禅学佛的过程中过分地斟酌字句，死抠字眼，卖弄语言就会忽视佛的精神实质。我们的传统观念也认为：“争名者失于名，争利者失于利，唯不争者，天下莫能与之争。”学僧禅师较长论短地激辩，于心境平复后，就随之淡化在轻笑中。只有舒缓心态才可以闲步青云，遨游于佛的博大精深之中。

玉不琢，不成器

当初，道宣十五岁时入长安日严寺跟智頵律师学习佛法，二十岁又到大禅定寺拜有名的智首律师为师，学习各种戒律，并受了具足戒，也就是取得了正式出家的资格。

有一天，智首讲完《四分律》，道宣觉得自己已经完全理解了，各条戒律已经都记住了，心情轻松愉快，便向智首请求学习禅定的功夫。没想到智首律师脸一沉，说："你才听讲了一遍，就以为都领悟了？"

道宣的轻松愉快的心情一下子消失得无影无踪。他知道师父是在批评自己太浮躁。他抬头看了一眼师父，发现师父正用严厉的眼神盯着自己，不觉惭愧万分，跪在地上谢罪。

寺里静悄悄的，只有断断续续的钟鼓声在回响。

智首律师说："你想多学些佛理，快些获得无上的智慧，可是，不能操之过急。凡事无规矩不成方圆。自己的举手投足、言语思量都不能越过规矩。你受了戒，只等于师父给了你一个可以积善防恶的空钵子，你自己要不断地往里头注入善行和佛性，注满之日，智慧自然会流溢出来，教化众生。《四分律》精深博大，既然要学，就要学出个样子，不能毛毛糙糙、听完了事。研修佛理是天长日久的事，依我看，你再听我讲二十遍《四分律》也不多。"

道宣这一听又听了十年。他终于明白了，在一遍又一遍听讲的过程中，他本身就在实践着戒律，领悟着戒律，他对戒律的理解随着对内容的进一步熟悉而不断加深，到后来，已经可以阐述自己的见解了。

此后，道宣到人迹罕至的终南山深处修习定慧。他的著作有《四分律戒本疏》、《四分律删繁补阙行事钞》、《四分律拾毗尼义钞》、《四分律删补随羯磨疏》等，使律学成为专门学问，并形成以他晚年住地终南山命名的"南山宗"佛教，使律学成为了专门的学问。

佛思禅悟：

我国古代大教育家孔子曾提出学习上要"学而时习之，温故而知

新”，不断复习旧的已经学过的知识，就会有所领悟，有所创新。道宣律师正是在严师的督促下，在不断听课、循环复习的过程中，对律学的认识不断加深，才有了自己的独到见解，创立了南山律宗。不但佛学的研究如此，在其他各学科的教育上也是一样道理。重视启发式教学，重视教学的循序渐进，强调激发学生内在的学习动机，培养学生学习的自觉性是关键。教学内容上要注意由浅入深，从易到难，从简单到复杂的教学顺序，并不断复习，反复练习，才能使学生真正掌握所学内容并能最终灵活运用。

迟钝的人反复吟诵悟禅理

释迦摩尼传扬佛法的时候，给随他的人众多，其中有个叫般特的弟子，生性迟钝，领悟得很慢。释迦摩尼就让别的弟子们轮流帮他补习，可是，他仍然不开窍，学起来非常吃力。弟子们都对他不抱希望了，而释迦摩尼诲人不倦，不忍放弃，释迦摩尼想，既然这个弟子天生愚笨，就从简单的开始起步，不一定非要跟众人一起学。于是，释迦摩尼就一字一句地教他背诵一句偈语：“守口摄意身莫犯，如是行者得度世。”

禅本来是不立文字的，主要靠心领神会，所以，愚笨的人只要下功夫，虽知识的摄取比较慢，但也同样可以空心见性。释迦摩尼给这个般特弟子的偈语看似平常，实际上里边的含义也不是轻易可以领会的。

这个般特弟子知道自己很笨，就特别勤奋精进，他整天就在想这句偈语，反复地吟诵，反复地思考，有一天，终于从中悟出了禅理。

有一天，佛祖指派般特去给附近的一个村子的民众讲经说法，那些村民早就听说过般特的愚笨，一看，今天是般特讲经，都很失望，有的人不停地小声埋怨：“世尊对我们这个小村子太不重视了，怎么派这么个迟钝的人来给我们开悟？这不是像派个盲人给我们治疗眼疾一样可笑吗？”

般特虽然愚笨，但是人情世故他还是懂得的，他感觉到了人们对他彬彬有礼的殷勤招待后面的怀疑。他一站上讲台，就向大家道歉，他说：“我生来愚笨，在佛祖身边学到的东西不多，只有一句偈语经佛祖开示领悟了，现在请允许我试讲给大家。”

他刚说完这句偈语，村民们就不安静了，大家窃窃私语：“就这么一

句话，我们早就懂得了，还用他来给我们讲？”

但是，般特接下来开始有条有理地阐述这句话的意思，讲出了很多新意，并结合释迦摩尼的言行作为佐证，从这句偈语中总结出了深邃的哲理，发人深省，来听讲经的民众都渐渐被他的讲述吸引了。

当般特结束讲经的时候，民众还意犹未尽，还要求他多讲一些，大家纷纷议论：“听说他很愚笨，没想到悟道这样深！这一句偈语能理解到这样的程度，那里是笨啊，简直是天才！”般特感觉到大家对他的态度有了大的变化，心里很高兴，他说：“我的确是笨，我只学会了这一句偈语，吟诵了好几个月，为了今天的讲经，又准备了两天，才算讲得像个样子。”

佛思禅悟：

学贵在有恒，正如古话所说：“只要功夫深，铁杵磨成针”。有的人天生学得慢一点，就被人视为愚笨；有的人接受能力快一些，就沾沾自喜，自以为比别人聪明。其实，世界上很多伟大的事业都是笨人干出来的。爱迪生和爱因斯坦都曾经被别人视为笨人、白痴，可是他们却成为了科学巨匠，而无数聪明人自恃聪明，后天不努力，结果一无所成。

轻装前进登峰顶

有一个年轻人，父母对他期望很大，也着力培养，他也很聪明伶俐，多才多艺，但是，他在学业上却没有太大的进步，他自己也很苦恼，他的父母是在家居士，长年吃斋念佛，就让他去请教一位禅师，期望能给他指点迷津。

这位禅师跟他谈了几句后，没有多说什么，只是请他品尝斋饭，桌子上摆满了各种做法、不同花样的斋饭，这个年轻人大开眼界，想要都尝尝，就不分青红皂白地海吃了一通，吃完之后，他擦了把额头上的汗，长舒了一口气。禅师问他：“你刚才吃的饭，味道如何？”

这个年轻人刚才吃得太多，肚子开始不舒服起来，脸色难看，很痛苦地说道：“这么多菜，我怎么能分辨滋味呢？只是吃得太撑胀，我受不了了。请问，厕所在哪里？”

禅师笑了笑，给他指了指厕所的方位。

第二天，这位禅师邀请这个年轻人一起去登山。年轻人平日里忙忙碌碌，哪里有闲工夫登山？现在奉父母之命来请教禅师，得到登山机会，喜不自胜，便欣然前往。当两个人爬到半山腰时，年轻人看见山涧里有很多晶莹剔透的小石子，映着阳光熠熠生辉。年轻人就停下脚步来，攀援到山涧去捡拾小石子，很快，行囊就装满了小石子，一下子沉重了许多，走山路的时候，累得直喘粗气。可是，年轻人对小石子爱不释手，一个小石子也不愿意丢下。

两个人又走了一段路，年轻人实在走不动了，额头上的汗珠直往下掉，禅师劝他："该放下了，要不，怎么能登上山顶、领略'一览众山小'的无限风光呢？"

这个年轻人终于有所领悟，他望着远远的山顶，再看天色已经不早，断然决定抛弃行囊里的沉重小石子，轻装前进。两人登上山顶之时，年轻人也终于明白了禅师带他登山的用意，顿时大悟。

几年后，这个年轻人跟在父母后面去拜谢这位禅师，因为他已经金榜题名、学有所成了。

佛思禅悟：

习禅者必须能够有足够的集中力来观察目标，观察心与目标是否能一致，不仅仅是习禅要求专注，任何事业如果想要干出成绩，都需要专注。如果在向目标前进的过程中闲情逸致过多，走的岔路过多，就会空耗注意力，妨碍目标的达成。在企业的经营管理上，也是一样道理。一个企业必须集中资源和精力，聚焦一个核心业务进行重点突破，什么都做的企业，失败的风险极大。前进过程中的岔路和分心是阻挡我们朝向目标迈进的障碍物，是前进的重负，一个人能否成功与他所持有的目标的明确性有很大关系。在向目标前进的过程中，面对苦难，不能选择逃避或绕开，或者节

外生枝，而是要面对它们，克服困难。

一休禅师巧晒经

一休禅师常常用机智的言行来教育人们。有一天，他来到一个山乡，看到一群群信徒正往山上走去，一休一问才知道，山上的寺庙里正在晒藏经。人们都相信寺庙里晒藏经的时候，风从经书上吹过，然后，又吹到一个人身上的话，这个人就能祛病延年，智慧大增。所以，一到寺庙晒经书的时候，山下乡村的人都闻讯赶来，一群群地蜂拥上山。

一休禅师问明了事情的原委，灵机一动，就说："晒藏经这样受大家欢迎，我也晒晒藏经！"说完，他就把袈裟脱下，坦胸露怀地仰面躺在山坡上，太阳正暖融融地照着，一休禅师惬意地闭上眼睛养神。

许多上山的村民看到一休懒散随意的样子，开始非议他，背后说他没有出家人的修养，可是，一休不理不睬，只管晒太阳。山上寺庙的僧人们听见信徒们议论一休，就找到一休，劝他要顾及出家人的威仪和体面。

一休看到观看他袒胸露背晒太阳的信徒和僧人越聚越多，就对大家说法，他说道："我这是在晒肚子里的藏经啊！你们寺庙晒的藏经是死的，只有书虫才啃咬。我晒的藏经是活的，会说法、会走路、会吃饭，有头脑的人，请你们想想，那一种藏经更珍贵呢？"

佛思禅悟：

一休禅师用幽默的方式教育寺庙的僧人和信徒学佛参禅需要用心领会，而不是简单地趁着晒经书吹吹风就可以受益的，正如我们学知识是学书中的内容，而不是真的像耗子啃书本一样把书吃下肚去。

棒喝有助于开悟

古时候的禅师们，大多手持禅杖，这是一种权威的象征。禅师的棒，

不仅仅是用来教训人的，也是助学僧们开悟的。后来，“吃棒”就专指在老师那里收到了训斥。而“喝”则是指禅师猛然的一声叱责，与棒的作用相同，是禅师为了督促学僧尽快开悟使用的一种手段。

有两个学僧在无德禅师门下学经参禅，他们俩每次小参请示时，总是吃棒，小参是佛教用语，禅门中称登堂说法为大参，定时以外的说法为小参。这两个人都很年轻，身体敏捷，可是，怎么也躲不过禅师的棒，因此，每次都被结结实实地痛打一棒。两个人私下直伸舌头，惊叹无德禅师使棒真是百发百中，棒无虚发，具有稳、准、狠的特点。有一天，年长的学僧就说：“咱们来此参学已经有很长一段时间了，吃了不少棒，可是，还是不见开悟，还不如另寻门路。唉，找一个比无德禅师的水平更高的禅师实在不是容易的事。”年纪轻的师弟也抓耳挠腮没有好主意。

年长的学僧想来想去，忽然想到了一个解决办法，他对师弟附耳说道：“以后小参问法的时候，咱们不要进去，就咱在法堂外边，这样禅师的棒再厉害也够不着我们！”师弟一听，这真是个好主意，喜滋滋地点头称是。

两天后，两个人在法堂外边恭恭敬敬地向禅师提问：“禅师，弟子有个问题想不明白，请您开示，什么才是祖师西来意？”

无德禅师一听，两人成心躲得远远的，拿以前的老问题试探自己，不由得大喝一声：“你们这俩无礼怠慢佛法的混账东西！”

这一声大喝犹如晴天霹雳一般，把这两个学僧震得半天说不出话来。两人赶紧进法堂来，屈膝跪倒，请求宽恕。他们没想到，禅师的棒厉害，禅师的喝比棒还厉害，更有威力。

佛思禅悟：

教育人的时候并不总要保持和风细雨，在适当的时候，也要用强硬的手段使被教育者慑服。世间任何事都讲究刚柔相济，张弛有度。一味地对学徒讲慈悲、讲仁爱，学徒就会产生轻慢的心，不懂得尊敬老师。对学徒的溺爱也会使学徒有恃无恐，变得狂妄、无礼，对他们的发展是很不利的。

只欠深深一拨

灵佑禅师在悟道之前，曾经在百丈禅师门下学佛。有一天，灵佑像平时那样，念经打坐，百丈禅师觉得灵佑修行得到了一定程度，就想借机给他一些教诲，使他尽早开悟。

白丈禅师见灵佑来到自己身旁，就问："是谁在这里啊？"

灵佑说："是灵佑，师父。"

白丈禅师发话道："你拨一拨火炉，看看里边还有没有火。"

灵佑赶忙答应。他在炉子中拨了两下，看黑黢黢的，没有红色，就回师父话："师父，没有火了，火灭了。"

百丈禅师好像早就料到这个回答，他起身亲自到炉边来，用火钳子在炉子中用力往深处一拨，拨出几块红红的木炭，他夹起来给灵佑看，一边说道："你说没有火了，这是什么？"

灵佑惭愧地说："我只是未能深深地一拨！"

修行不能浅尝辄止，而要彻悟。

佛思禅悟：

参禅悟道如果浅尝辄止，就不能真正开悟。在任何学问上也都是如此。在学习研究上，如果不打好一定的基础，没有理论上的准备，没有第一手资料的收集，就出不了什么有价值的成果。并且，无论古人、今人或某个权威的学说，都需深入钻研，仔细咀嚼，独立思考，切忌囫囵吞枣，人云亦云，随波逐流，粗枝大叶。

一字之差结果殊

有一段时间，百丈禅师上堂说法，发现堂上总有一位老人来听，一次都不错过。

又一次听完讲法后，这位老人没有随着众信徒散去，而是留下来，似乎要提问。禅师就问到：“堂下是什么人啊？”老人回答：“五百年前我曾经住在这个山上，山上也有个寺庙，我当时也是个出家人。有个信徒问我‘大修行人还落因果吗’？我说‘不落因果’，结果我这一错使我遭到了报应，我转世成了一只野狐狸。今天请您务必替我说句转语，使我脱离这个苦境。”

虽说这个老人因为教错别人佛理而受到了严厉惩罚，但是百丈禅师对他的遭遇很同情，就说：“您请提问。”

老人便问同一个问题：“大修行人还落因果吗？”

百丈禅师回答：“不昧因果。”

老人听了百丈禅师的回答，总算明白了自己原来错在哪里，就是这一字之差使他转生为野狐狸！老人大悟，对百丈禅师千恩万谢。最后，老人告诉禅师：“这一开悟，我已经脱离了野狐身，这野狐身就在山坳深处的那个大洞里，乞求禅师大发慈悲，依照死去的僧人的葬礼礼节烧送烧送我。”

第二天，百丈禅师让众僧到山坳深处寻找死去的僧人，大家听了他的话，觉得莫名其妙，哪里有僧人死在那里啊？可是，既然禅师发话，他们就跟着禅师寻找，最后，在一个洞穴中的大盘石上发现了一具已经僵硬的野狐狸的尸首。在斋后就把这只野狐狸按照死亡的僧人的葬礼火化了。

后来，人们就把学道没有学通，流入邪僻、没有开悟可是谎称开悟这样的假禅道统统称为“野狐禅”。

“不落因果”和“不昧因果”两者仅仅一字之差，意义却大不相同。

佛思禅悟：

学知识重在领悟，在理解的基础上背诵，而不是死记硬背。如果对内容没有真正理解和掌握，在教授他人时，就难免出错，难免误人子弟。所以，我们在学习上不要盲从，不要盲目崇拜权威，做到真正理解，认真思考，也许才能够少走这样或者那样的一些弯路。

一心一意做一件事

惠灵禅师是一座大寺庙的住持，德高望重。他年轻时在求佛参禅上也曾经分过心，走过一段弯路。

惠灵在一个偶然的机会遇到一个嗜烟的行人，他与这个人同行，走了很长一段山路，然后坐在河边休息。那人掏出烟袋锅，抽起烟来，很惬意、很享受的样子。惠灵就问这个人："这烟有什么用？不能充饥也不解渴。"这个嗜烟的人就大谈吸烟的种种乐趣，并让惠灵也吸了两口试试。两人分别时，这个人干脆把自己的烟具都给了惠灵。惠灵很高兴地接受了这个热心人的馈赠，从此，迷上了吸烟。

惠灵自从开始吸烟后，越来越上瘾。后来发展到在禅定的时候，也不能去除这个欲念，惠灵一狠心，就戒除了烟瘾，与烟管、烟草绝缘了。

过了几年，惠灵又对易经产生了极大的兴趣。要弄懂易经谈何容易？惠灵为了易经，花费了大量的时间和精力，可是，还是只懂了点皮毛的东西，于是，惠灵开始反省自己：易经固然博大精深，但如果我沉迷于此术，怎么能够在普度众生的大道上有所成就呢？他从此再也不碰易经了。

又过了几年，惠灵随着学业的长进，毛笔字也越写越好，得到了师父和寺庙其他僧侣的称赞。惠灵就迷上了书法，每天练习，每天临帖，居然小有成就，得到了当地书法界名人的交口称赞，来求他的字的信徒也日渐多了起来。惠灵自己为此也很得意，可是师父有一天把他叫了过去，对他说："你的目标是成为悟道的禅师，而不是书法家，像现在这样下去，什么时候能真正悟道呢？"

一语惊破梦中人，惠灵从此摒弃杂念，不再分心，后来终于成为一代禅宗大师。

佛思禅悟：

我们每个人精力有限，时间有限，如果到处分心，就一处也得不到美满的结果。如何使注意力集中，是提高工作学习效率的关键。我们很多时候都不能集中注意力，但往往只有当注意力分散导致不能有效率地完成工

作甚至发生错误的时候，我们才会意识到问题的存在。容易让人分心的环境，胡思乱想和情绪因素都会导致注意力不集中。一个人的思路就像一只跳来跳去的猴子，训练自己集中注意力就是要驯服这只不老实的猴子。

思维缜密才能有所发现

在一个寺庙，有两个小沙弥一起跟着师父学佛，是师兄弟，年长一岁的小沙弥勤学好问，而另一个十分贪玩，只满足于一知半解的知识，听完师父的讲解后，觉得没有什么问题可问。老禅师对他的态度很是忧虑，有一天，就给他们俩讲了这样一个故事：

从前，有两个人一起去很远的国度。在路上，他们发现了大象的踪迹。师兄说：这是一只母象，并且怀着小崽，这个象有一只眼睛是瞎的，在这头大象的背上坐着一个妇女，这个妇女有孕，怀着女儿。”

师弟觉得不可思议，就问他：“你是怎么知道这些事的？根据什么推测出来的呢？还是凭空臆想？”

师兄说：“看到一些现象，再加以思索，就可推敲出来了，你要是不信，走到前面看看就信了。”两人加快脚步，赶上前去，果然发现一头象，象上驮着一个妇女，妇女有身孕，怀着一个女孩，跟这个人说的一模一样。

此后，师弟就想：我跟他一起跟着师父学佛，学业都是一样的，他能发现辨别象的踪迹，而我却辨别发现不了，怎么会这样呢？这个人回去后就跟师父说：“我和师兄一起行走，他在路上见到一处象的踪迹，就能推测辨别出很多其他情况，而我却不能从现象判断出任何东西，可见，师兄学业大有长进，而我的水平差远了。我希望师父从新开始讲课，从此我再也不贪玩了，我会专心听讲。”

师父听了他的话，就向学徒打听情况，问问到底是怎么回事。老师问：“你怎么看见象就能推知那么多情况呢？”师兄回答：“我能推知判断很多情况，正是得益于师父平时所强调的那些方法。我见到大象的小便痕迹，就判断出是头母象；又看到它的右脚踏踩在地上的脚印比较深，就知道这头象必定怀有身孕，怀着一头小崽。我又观察到道路右边的青草没有被大象啃吃过，就推知这头大象肯定右眼是瞎的；我又观察到大象停下

的地方有小便的痕迹，从这个痕迹看出是个妇女在骑象，又观察到她右脚踩地比较深，就知道她一定是身怀有孕，怀的是女孩。我是从这些纤细微小的现象来思考分析的。”

师父说道：“学习这件事，就是要从现象出发，深入思考，只有缜密思考才能有所发现。那些学习思考粗枝大叶的人是发现不了什么的，这并不是我作为老师的过错。”两个小沙弥津津有味地听完师父讲的这个故事，会心一笑，念经去了。

佛思禅悟：

师傅领进门，修行在个人。师傅教授徒弟的不应当只是琐屑的知识，而应当是观察事物和分析思考的能力。如果没有缜密的思考，简单的问题也会成为难题；而勤于观察、缜密思考的话，就会发现常人所未注意的细节和线索，并从表面现象进行分析研究，得出有价值的结论。我们需要训练自己的观察能力，并养成检查机遇提供的每一条线索的习惯，不但要悉心观察，还要对现象分析和理解，而理解之后才能把握事物的本质，才能学有所用，学有所得。

学法不修习将一无所获

《华严经》中有这样的譬喻：

修习才能真正领悟佛道。比如说，一个人在水上漂流着，他很口渴，可是因为怕被水淹死就不喝水，再渴也不张开口，最后就渴死了。学习佛法时不修习佛法，只是听别人讲佛法知识，这就像人善于给人看病开药，自己的疾病却不能及时治疗而最终病死一样。学法不修习，也好比是在为别人点数财宝，自己却没有得到半分钱。学佛法不修习，又好像聋子演奏音乐，别人得到了音乐欣赏的满足，而自己却什么也听不见。听闻了佛法真理的人，自己若不去修行，那么对自己一点好处都没有。

佛思禅悟：

修习的过程就是实践的过程，一个人头脑中填鸭一般装满了各种知

识，可是，如果不运用到工作实践中去，活学活用，就不能真正掌握所学内容。知识要转化为能力，转化为自己的悟性，一定要有一个对知识的消化吸收和变成对自己有益的营养的过程。

清净从内心求

从前有一位古印度的崛多禅师，他有一天行脚到了太原定襄县的历村，见到有一个僧人结草为庵，在一间茅草屋里独自打坐参禅。这个僧人是北宗神秀大师的弟子。崛多禅师上前问这个在打坐的僧人："你这是在做什么呢？"这个僧人回答说："我在探寻清静。"崛多禅师接着说："你探寻的清静是什么？你是什么人？"这个僧人听了崛多禅师的提问，越来越感到这位长者不是凡人，提的问题很深奥，于是，这个僧人起身行礼，向崛多禅师问道："这话该怎么讲？请求师父指教我！"崛多禅师说："为什么不去探寻自己的内心？为什么不自己使自己的心清静而去寻求外部的清静？"这个僧人被问得无以作答。

崛多禅师感到这个僧人根性迟钝，悟性很差，就好奇地问："教你修行的师父是哪一位啊？"这个僧人回答说："是神秀大师。"崛多禅师问道："你的师父只教你这种方法吗？是不是还有别的内容呢？"这个僧人回答说："他只教我去探寻清静。"崛多禅师听了回答，叹了口气，说道："在西方世界属于低劣的外道修行方法，在这里却被当做禅宗，真是误人不浅啊！"

这个僧人便问崛多禅师："那么您的师父是哪一位呢？"崛多禅师回答："是六祖慧能大师。"

崛多禅师劝告这个僧人说："在这里是学不到什么真正的佛法的，你为什么不到六祖那里去学法？"这个僧人觉得此话有理，就去曹溪礼见六祖，拜在六祖门下参禅，并向六祖慧能叙述了自己的上述一段巧遇。六祖对这个僧人说："确实正如崛多禅师所言，你为什么不去探寻自己的内心，为什么不自己使自己清静呢？如果自己的心不清静，你还指望谁让你的心清静呢？"

这个僧人听了六祖的开示，立即大悟。

佛思禅悟：

北宗禅强调坐禅静思，长期修心，南宗禅则强调直指人心，见性见佛。心静才是真正的静。如果不能制服自己的内心，总是受外界因素的干扰，就会感到“树欲静而风不止”，无论是在什么样的深山老林幽静之处都无法找到清静。

心若有佛，处处皆是庙

在一座寺庙里，有一个小和尚每天都在诵经，有一位香客问他：“你每天都在这里诵经不觉得枯燥吗？难道你就不向往外面的世界吗？”

小和尚对这个香客说：“为什么要觉得枯燥呢？外面的世界有那么好吗？”

香客说：“外面的世界多好啊！宽敞明亮，要什么有什么，不愁吃喝，你何必在这里做苦行僧呢？”

小和尚回答：“可我现在也很好啊。我每天一心向佛，佛祖赐我屋檐遮挡风雨，风不吹头雨不打脸，还可以天天和师父交流得道的乐趣。”

香客问：“可是你自由吗？”

小和尚沉默了。

于是，香客把小和尚带到了外面的世界，安排在了一处豪华奢靡的人家。

一年后，香客突然想起了小和尚，便去看他。

见到小和尚后他问：“我的佛祖，你过得还好吗？”

小和尚答道：“我佛慈悲，我过得还好。”

“那你能说说在这个精彩的世界里的感受吗？”香客很真诚地问。

和尚长叹一声，说：“唉，这里什么

都好，只是这寺庙太大了。我每天早上一醒来就看见满院子的佛光普照，比起我以前的那个小寺庙好多了。”

说话间，小和尚已然入定。

佛思禅悟：

无论身处什么样的环境，只要心中有佛，那么处处都是寺庙。修行如此，做事亦如此。无论做什么，只要心中有坚定的信念和目标，并且能够持之以恒的坚持下去，就一定能到达成功的彼岸。

舍身忘我，才能成佛

《大般涅槃经》中有这样一个故事：

很久以前，在一座雪山里，住着一个品行纯洁的人。他追求真理的心情也非常迫切，但却不知道什么是正道。

一次，他有事外出，在回来的路上遇到了一个相貌非常凶恶的人。他心里非常害怕，不敢跟那人打招呼。那个人看见他有点儿躲躲闪闪，就故意拦住他的去路，不让他走，并且对他念了两句偈语：“诸行无常，是生灭法。”他听见了这两句偈，觉得很有道理，再想想，更觉意味深长，心里非常高兴。

他四面望望，除了那个相貌凶恶的人，没有别人，不相信相貌那样凶恶的人会念出这样有意义的偈语来。再望望四面，还是没有其他的人，他就大着胆子上前行礼请教：“先生，刚才两句偈语是你念出来的吗？”那个相貌凶恶的人点了点头。他就倒身下拜，真诚地赞叹说：“你念的这两句偈，好像久旱的甘露，沉疴的良药，又好像暗路的明灯，大海船上的舵师。请问你是从哪里听来的？可惜只有半偈，还有一半你是否也晓得？”

那个相貌凶恶的人听了他的问话就大声斥责道：“你问这个干吗？我饿了很久找不到东西吃，心烦意乱，念这两句偈，你怎么当起真来！”

他面色温和，言辞恳切地恳求道：“先生，还有半偈你如果对我说了，我非但供养你上好的衣食，还愿意终身做你的弟子，我恳求你快说吧。”

那个人听了哈哈大笑道："你说得倒好，可知道我要吃什么东西？我吃惯了人的血和肉，你有吗？你肯吗？"

他稍稍考虑了一下就对那人说："下半偈的道理比生命还宝贵，我愿意把这个身体供养你。"说罢就把上身的衣服脱下来铺在地上，请那个人坐着，然后自己合掌跪在前面。

那个人说了下半偈两句："生灭灭已，寂灭为乐。"就要他实践他的诺言。他静静地思考了一下，然后很高兴地礼拜了站起来对那人说："先生，谢谢你的教导，使我知道了天地间最真实的道理。我现在心里非常清凉和快乐，没有一点儿恐惧和烦恼，应该酬谢你。先生，请你接受我的供养。"说完他就爬上树去，投身而下。谁知道那个相貌凶恶的人是天神变化了来点化和试验他的，所以他就被接住了并没有摔在地上。

据《大般槃盘经》上说，那个求半偈的人也是释迦牟尼佛的前身。释迦牟尼前身因为半句偈语肯舍身命，所以超越十二大劫，在弥勒菩萨之前成佛。

佛思禅悟：

佛学中，要想从凡人修炼成佛，必然要经历一个艰苦修行的过程。只有舍身忘我，虚怀若谷的人，才能成佛；只有坚持真理，以身作则的人才能成佛。在现实生活中也一样，只有经历千辛万苦的磨难，才能取得生命的"真经"。

只要心中有佛，你就是佛

慧忠禅师在河南的深山里苦修了四十年，与世人隔绝，没有任何烦恼与欲念，终于见到了清明的世界。

有一个僧人问他："怎样可以成佛？"

南阳慧忠微笑着回答："放下，忘掉。"

"怎样才能放下，忘掉呢？"

"超越一切，无欲无求！"

"佛到底是什么呢？"

慧忠扬眉大笑道：“佛就是你的一举一动、一言一行、一想一念，你就是佛。”

慧忠禅师问紫磷供奉道：“供奉学佛多年，‘佛’是何义?”

紫磷不假思索，随口答道：“佛者，是学悟之义。”

慧忠禅师又问道：“佛会迷吗?”

对慧忠禅师的问题，紫磷不以为然，仍忍耐着反问慧忠禅师：“已经成佛，怎会迷呢?”

又一次，供奉在批注经典，慧忠禅师在一旁道：“批注经典者，必须契会佛心，所谓上契诸佛之理，下契众生之机，才能胜任。”

紫磷不悦地答道：“没错，否则，我怎么会下笔呢?”

慧忠禅师听后，让侍者盛来一碗水，在水中放进七粒米，碗上摆了一双筷子，然后问紫磷供奉这是什么意思?

紫磷茫然不知，无语可对。

慧忠禅师终于不客气地训诫道：“你连我的意思都不懂，怎敢说已经契会佛心了呢?”

大珠慧海师曾言：“本自无缚，不问求解，直用直行，是无等等。”佛家又云：“忧生于执着，惧生于执着；凡无执着心，亦无所忧惧。”面对贪嗔痴及诸烦恼时，我们能够悠游法界，心灵自由，就会当下自在。

现代社会是浮躁的，人们会为了蝇头小利耿耿于怀，会为了一些冲突和矛盾彻夜难眠。要想从苦难中解脱，就要超越个人的存在，拥有一颗无着心，无着心便是没烦恼的状态。

《金刚经》上说，“应生无所住心”、“应无所住而生其心”。对于事事无着的人而言，内心是虚空的，所以大肚能容，没有偏袒，不必执求。

有一位修行非常高的老和尚，收养了一条流浪狗，每天都要在傍晚喂食。老和尚在为狗送饭的同时，总是念念有词地唤着：“放下！放下！”

徒弟们觉得很奇怪，就问：“您为什么总是说‘放下’呢？”

老和尚不语，让他们自己去悟。徒弟们就观察老和尚，终于发现：每天当师父喂完狗后，就不再读经了，而是自己到院中打打太极拳、悠闲地散散步或者看看日落，惬意地享受生活。

徒弟把观察的收获告诉了师父，老和尚微笑地点点头说：“你们终于明白了。其实我在叫狗的时候，也是叫自己‘放下’，让自己放下许多事情。因为人们不可能在一天内做完所有的事情，你只要将一天中最重要的

事情做完就已经很好了。”

佛思禅悟：

佛家的理论和思想都是比较高深莫测的，离现实生活似乎很遥远，普通人也很难理解和懂得。实际上在想走进这些东西的时候，这些思想和理论已经在不知不觉中存在于我们身上，只是人们没有察觉而已，人的一言一行，一举一动，都是一种佛性的显现，只要心中有佛，自身便是佛。

不识本心，学法无益

有一次，崛多禅师游历到太原定襄县历村，看见神秀大师的弟子结草为庵．独自坐禅。

崛多禅师问他：“你在干什么呢？”

僧人回答：“探寻清净。”

崛多禅师又问：“你是什么人？清净又为何物呢？”

僧人起立礼拜，问：“这话是什么意思？请你指点。”

禅师问：“何不探寻自己的内心？何不让自己的内心清净？否则，让谁来给你清净呢？”

僧人听后，顿时大悟。

按佛祖的说法，人的自性本来清净，不染一尘。如果已经蒙尘，向外求清净，哪求得到？只能悟出自性清净，才能得到清净。

南怀瑾大师说：“有些修行功夫的人到达了清净的境界，没有杂念妄想，但是，见解不透彻，认为清净才是道，认为不清净、不空则不是佛法，于是，自己把自己给障碍住了，“故于圆觉而不自在”，对于不垢不净的圆觉自性没有认识清楚，执着于空，执着于清净，不能自在，不能算是大彻大悟。”

唐代龟山智真禅师有诗曰：“心本绝尘何用洗，身中无病岂求医。欲知是佛非身处，明镜高悬未照时。”如果本心清净，就不用去求清净，就像没有病的人不用去求医一样。如果刻意求清净，一定是因为心里不清净了。

有一天，禅宗四祖道信与五祖弘忍渡过滚滚长江，到庐山云游。随

后，他们乘坐轻舟，顺江而下，来到一处，他们弃舟登岸，来到了五色祥云笼罩的牛头山。这里有一座幽栖寺，比较有名。他们问寺里的僧人：“这里可有道人？”

一个僧人不高兴地说：“出家人，哪个不是道人？”

四祖道信一笑说：“请问哪个是道人？”

道信的话里充满了禅机，是啊，剃个光头不等于心清净了，心不清净，何称“道人”？那位僧人心里发虚，不敢答腔了。

一位老僧悟性较高，想了想，说：“从这里向深山更深处走十里，有一个名叫法融的僧人独自住在那里。他每天只是坐禅，见了人从不理睬，所以大家都叫他‘懒融’。据说他打坐时，有白猿献果、百鸟衔花的神异，他莫非是道人？”

道信师徒翻山越岭，来到法融修道的地方。法融对他俩视而不见，端坐如故。四祖不动声色地说：“观是何人，心为何物？”

过去禅师之间常互参话头，也就是考较对方领悟佛法的境界。道信提出话头，法融无法应对，知道遇到高人了，便乖乖地站起来。

道信又问：“除了这里，还有更清净的地方吗？”

法融一愣，这里空山无人，没有任何俗事缠身，已经十分清净，哪里还有更清净的地方呢？其实道信的意思是，你固执地守在清净，为了所谓清净忙得不亦乐乎，内心已经很不清净。可惜法融听不懂，错过了一次开悟的机会。法融将道信师徒引到他认为更清静的地方——他安歇的草庵。由于他平日与虎狼为伴，所以他的草庵前猛兽乱窜，很是吓人。道信故作惊恐，举起了双手。法融疑惑地问：“你还有这个在？”

道信反问：“你看到了什么？”意思是你不要被表面现象所迷惑。

法融仍没听懂，他拿起一只瓦钵，去给道信师徒盛泉水来喝。道信趁机在法融经常打坐的石凳上写了一个“佛”字。法融端水回来，刚想落座，忽然发现自己差点坐在“佛”上，悚然一惊，跳起身来。

道信笑问：“你还有这个在吗？”

法融不禁打了个寒战，终于感受到了禅的机锋，跪倒在道信跟前，请示禅的真要。道信说：“千百万法门，同归于方寸之间；无数美妙的德

行，也都源于心灵。佛法所说的戒、定、慧，以及神通妙用，你都自然具备，这一切都不离你的心。心即是佛，佛即是心，无二无别。”

法融还是有些疑惑：“如果此心作观想修行的功夫，因外境干扰而生起烦恼时，如何对治它呢？”

四祖说：“外境本来就没有好恶、美丑、静闹等分别，所有的差异都是因自心而生。我们以自己的好恶为标准，外境才会出现差别。比如，我们认为污泥很脏，美丽的莲花只有在污泥中才能生长；你若好心好意将泥鳅放在清水里，它只会死亡。我心若不起波澜，烦恼又从何而生呢，心灵平静如镜，便能平等观照外界一切，你就遍知无遗了。尽管天上风云变幻，你只要随心自在，无须对治，自会风消云散。”

法融终于大彻大悟了。他一改往日“懒”的习惯，开门授徒，讲经说法，整天忙得不亦乐乎。唐高宗永徽年间，山中缺粮，已经年老的他，每天早出晚归，到四十里外的丹阳化缘，背米一石八斗，供养寺里300多名僧众修行。因此，牛头山成了吴越之间规模最大的禅修道场，牛头宗也成了禅宗一个重要的分支。

禅宗五祖弘忍曾告诉六祖慧能说：“不识本心，学法无益。”如果不知道种种杂念、妄想、烦思的要源本自内心，想去外界去寻找清净，无论学到多少修行的方法，都是没有用的。

一位高僧曾说：“随流性转，只是凡夫。”这句话跟佛祖的“凡夫随顺觉性”含意相近。凡夫不了解本心，不清楚自性，也不肯诚实地对待自己，总是在追求别人认为好的东西。

佛思禅悟：

禅宗五祖弘忍曾告诉六祖慧能说：“不识本心，学法无益。”学佛不等于学懒，能够在闹市里修行，才上得了境界，能够在红尘中一尘不染，才是真正一心清净。

真修在内心，而非外在

马祖在般若寺怀让禅师的座前修行，开始的时候，他整天盘腿而坐，

静心冥思苦想，希望自己能够早日修得正果。

怀让禅师看到马祖这样坐在自己的前面，觉得奇怪，于是就问道：“你在这里做什么呢？”

看到师父向自己问话，马祖马上站了起来，并回答道：“我在坐禅，希望我能早日修得正果。”

怀让禅师听后，弯腰从地上拾起一块砖头，走到台阶边，俯下身便在石头上一下一下地磨了起来，神情严肃而专注。

跟在后面的马祖非常疑惑，便问禅师：“你这是要做什么呀？”

怀让禅师头也不回，答道：“难道你看不见我在磨砖吗？”

马祖又问：“你磨砖干什么用呢？”

怀让禅师说：“我想把它磨成一面镜子。”

马祖说：“可是砖磨得再平，也照不出人影，又怎么做镜子用呢？”

于是怀让禅师就停了下来，反问马祖说：“如果砖不能磨成镜子，只是静坐又怎么能够成佛呢？”

马祖明白了师父这是在点化自己，惭愧地问道：“弟子愚笨，还请师父指点，我应该怎样才能早日开悟呢？”

怀让禅师并没有正面回答他，说道：“比方一个人在赶车，可是那个车子就是不动，马儿在那里低着头吃草，于是他就拿起鞭子狠命地抽打马车，车子还是不动。你说是应该打车，还是应该打马儿呢？”

马祖终于醒悟：“弟子明白了！坐禅只是成佛的一种方法，若想真正地成佛，只是坐禅是没有用的，而应从心里面感悟。”

心念是修行的关键，一个人的成功或失败就在于一念心。若能好好照顾自己的心，保持平常心，就会处在宁静之境。照顾心念，保持平常心的方法，就是要培养大爱和善念。

要用何种方法使内心时时欢喜，没有烦恼、障碍呢？端视自己是否能多用心，时时培养心中的善念，并好好照顾这份心念。

佛思禅悟：

生活如禅，需要用心去感悟。只有心灵到达了彼岸，才能洞彻生命的真意。修行重在修心，外在的形式并不重要，即使外在修饰得再好，如果没有心灵的悸动，仍然无法体会生活的意义。

唯有用心领悟，才能融会贯通

在一座大山上有两个寺院，每天早上，两个寺院分别派一个小和尚到山下的市场买菜。因为他们两个总在同一个时间出去，所以总能碰面。

有一天，两个小和尚在路上相遇了。

此小和尚问彼小和尚："你要去哪里？"

对方回答说："风带我去哪里，我就去哪里。"

本来是随口一问，没想到对方会与自己打机锋，小和尚被这番话吓住，一时哑口无言。

问话的小和尚想：我只不过是问他一个简单的问题，他大可简单回答我就好了。但是他那样回答，我又该怎么回答他呢？

于是，小和尚回去后向师父请教："今天我与另一个寺院的小和尚交谈，我问他'你要去哪里'，他说'风带我去哪里，我就去哪里'。师父，我当如何回答他？"

师父微微一笑，道："明天你再碰到他，就问他：

'当风不吹的时候，你要去哪里？你能去哪里？'"

小和尚将答案默记在心。

次日，小和尚再去买菜，又碰见上次那个小和尚，心里暗自期盼着有扳回的机会。

于是他问道："你今天要去哪里？"

但是对方却说："我的双腿想走去哪里，我就去哪里。"

小和尚一听，对方没有提到风，这下该如何是好？他准备了半天的那套回答看起来很荒谬，现在再去讲风一点也没有意思。

于是，他又垂头丧气地走回去。

小和尚再去向师父请教，师父说："明天他再这样说，你就问他：'要是你没有腿，那你怎么办？'"

第二天，小和尚又一次遇见对方，便问他："你要去哪里？"

没想到这次对方说："我去买菜。"

小和尚又没有话了，回到寺院后他垂头丧气地向师父禀告，师父感叹

道：“有心才能有‘悟’啊！”

佛思禅悟：

只有用心领悟，才能融会贯通，否则禅还是禅，人还是人。无论做什么，都要懂得灵活运用，切不可教条主义。唯有如此，才能将知识变成可用的智慧，否则就是一种不切实际的空谈。

懂得谦卑才是真正的智者

有这样一个故事。

有一天，五根手指头都闲着没事做了，便聚集在一起，召开了一个重大的会议，讨论谁才是真正的大哥。

大拇指首先发言说：“如果要比大，我才是真正的大哥。你们看，五根手指头当中，我排行第一，我最粗大。当人们赞叹某人最优秀的时候，总是翘起我，因此我才是大哥。”

大拇指的话刚讲完，食指马上迫不及待地抢着说道：“我们兄弟之中，属我最重要。民以食为天。民生问题，是每个人每天必须面对的大事。饮食不能解决，个人会因为营养不良而致病死亡，国家则会因为饥荒而成为乱邦。况且当我这根食指如果大动的时候，就可以太快朵颐，有美食可吃了。人们在煮菜烹调的时候，总是用我食指来品尝食物，因此我应该最大。另外，当人们问路的时候，通常用我来指明方向。我有如此多种的功能，当然最有资格当你们的大哥！”

听完了食指的长篇大论，中指不以为然地抢白：“你们两位不要不自量力了，净往自己的脸上贴金。大拇指你长得又矮又胖，食指你常常乱动，一点儿也不稳重威仪。哪像我长得最适中，站在最中间，你们就像众星拱月一般围绕着我。另外，我长得最修长，好比将帅统领群兵，白鹤立于鸡雉之中，因此我才是大哥中的大哥呢。”

耐着性子聆听中指自得其乐的演说，无名指终于无法忍耐，“霍”地一声站了起来，趾高气扬地大声说：“你们各位都吹嘘说自己多么的了不起，多么的伟大，其实我才是真正最伟大的。你们听说过‘无名乃大名’

的古训吗？无以为名，以无为名，故为大名。我无名指岂止是世间的符号名相可以局限的，因此我比你们都大。还有当人们举行订婚结婚的仪式时，最爱把金戒指、钻石戒指套在我的身上，我是多么的有分量，大哥的位置当然非我莫属了。”

四个手指头争着要当大哥，彼此谁也不让谁。正争得不可开交时，突然发现小指头坐在一旁，一语不发，一副神闲气定的老僧模样。四指异口同声问道：“小指老弟，你怎么不说说你的想法？难道你不想当大哥吗？”

小指悠悠闲闲地回视四指，慢条斯理地说：“各位大哥，你们每一位都有显赫的成就，在各位面前哪还有我小指头说话的余地呢？不过，当人们双手合十拜佛，或者向别人打躬作揖问好的时候，我则是最靠近真理和对方的那个。”

小指朴实平淡的一番话，惊得四指瞠目结舌，各个都说不出话来。

佛思禅悟：

真正的智者懂得谦卑，懂得收敛自己的锋芒，绝不会在与别人的攀比中来显示自己的高明。更不会用压制、诋毁别人来抬高自己。而真正的智慧与外在的形势没有关系。

计较越多，失去就越多

从前，有一个年轻人脾气非常不好，动不动就与人打架，因而人们都很讨厌他。

一日，这个年轻人无意中游荡到了大德寺，正遇到一休禅师在讲佛法，他听完之后异常懊悔，决定痛改前非，并且对一休禅师说：“师父！今后我再也不与别人打架斗口角了，即使人家把唾沫吐到我脸上，我也会忍耐地拭去，默默地承受！”

“就让唾沫自干吧，别去拂拭！”一休禅师轻声说道。

年轻人听完，继续问道：“如果拳头打过来，又该怎么办呢?”

“一样呀，不要太在意，只不过一拳而已。”一休禅师微笑着答道。

那个年轻人实在无法忍耐了，便举起拳头朝一休禅师的头打去，继而

问道：“现在感觉怎么样呢？”

一休禅师一点儿也没有生气，反而十分关切地说道：“我的头硬如石头，可能你的手倒是打痛了！”

年轻人无言以对，似乎对禅师的言行有所领悟。

一休禅师的境界确实了得，可能很多人很难做到这些。但是我们生活在红尘之中，大度包容的心还是不可缺少的。如果一个人气量狭小，遇事斤斤计较，那么在生活中就会处处碰壁，烦恼无限。假如能以实际行动理解、包容别人，那么也会得到别人的理解和包容。

凡事不要斤斤计较这种道理，如果仅是从理论的角度来说明可能会让人觉得晦涩高深，在此我们还是以工作中发生的一些具体事情来加以说明。

生活中常常有这样的人，斤斤计较自己的得失，为了一点儿小小的利益就与别人争破头皮，从来不肯吃一点儿小亏。这样的精明，表面上看起来似乎十分实用，实际上正是与人相处中的一大禁忌。

在与别人相处的过程中，最怕的就是太过认真仔细、斤斤计较。相反，如果能够做到宽容别人，那么就没有处理不好的关系，没有化解不了的恩恩怨怨。

不同的生活经历、不同的兴趣爱好、不同的文化背景和性格，由不同的人组合在一起，形成了一个个或大或小的集体。在这样的环境里要营造和谐的人际关系，对于每一个人来说，都是一个无法回避的问题。

如果非要认真计较的话，每天随便也可以找到四、五件生气的事情。在这个问题上，有些人处理得好，有些人处理得不好。于是，常可以看到，有些人受人欢迎，在生活中如鱼得水，有些人却四面树敌，很难融入集体之中。为什么会造成这样的情况呢？

原因多种多样，归根结底就是，不同的为人处世原则导致了不同关系的产生。有些人在与别人相处中，什么亏都不能吃，什么便宜都想占，看别人时戴着显微镜，高标准、严要求，对自己就总是网开一面、另当别论。这样的人怎么会招人喜欢？相反，如果能够做到严格要求自己，在生活中与人为善，以宽阔的胸怀待人处世，以严格的标准要求自己，不为一点点的蝇头小利计较，怎么能不受别人欢迎呢？

所以，与别人相处，要本着“宽以待人、胸怀大度”的原则，要目光长远，宽容大度，才能有所作为。

佛思禅悟：

人生的幸福不在于得到的多，而在于索取的少。凡事斤斤计较的人看似得到的比别人多，其实再多又有何用。当你离开这个世界的时候，还不是孑然一身，争来争去的无非是一些微不足道的事物而已。

用礼拜之心做事

寺院钟楼上的大钟名为梵钟。梵者，清净之意也。据说，借着钟声，可使人开启心眼，破却烦恼。钟声所传递的，是不能言说的神性与心性。撞钟者要把心性的修炼融化在钟声里，而浮躁，苦闷，都有可能影响钟声。

有一天，奕尚禅师从早禅中起来时，刚好传来阵阵悠扬的钟声，禅师感觉今日的钟声与往日大有不同。于是专注地站在那里静耳聆听，钟声方停，他便忍不住召唤侍者，询问道："早晨司钟的人是谁？"

侍者有些奇怪，回答道："是一个新入寺的小沙弥。"

于是奕尚禅师马上叫侍者将这小沙弥找来，小沙弥以为自己的钟敲得不好，连忙解释说："这，这是弟子第一次敲钟，难免……"

奕尚禅师摆摆手说："你敲得很好。我是想问问你，你早晨是以什么样的心情在司钟呢？"

小沙弥不知禅师其意，回答道："并没有什么特别的，只为敲钟而敲钟而已。"

奕尚禅师道："好像不是吧？你在敲钟时，心里一定在想什么？因为我今天听到的钟声，是一种非常高贵响亮的声音，只有心正意诚的人，才会撞击出这样的钟声。"小沙弥想了想，然后说道："回禀禅师，其实当时我也没有刻意在想什么，只是听师父说，寺院钟声就是佛祖旨音，所以

要敬钟如佛，撞钟之时，如同请佛说法，我就是怀着这样一种虔敬礼拜的禅心来司钟的。”

小沙弥的回答，奕尚禅师非常满意，他再三提醒小沙弥：“往后处理任何事务，都要确保有今天早上司钟的禅心。”

这个小沙弥一直记着给自己剃度的师父和奕尚禅师。不但司钟，做任何事，动任何念，均保持着司钟的禅心。终成一代圣僧，他就是后来的森田悟由禅师。

佛思禅悟：

如果做任何事情都能用一种礼拜之心，那么一定会取得意想不到的效果。只有虔诚认真的态度，才能投入其中。没有任何的私心杂念，一心一意做事，就一定会成功。

懂得适度赞美，生活才会更美

佛经中有这样一则故事：

有一个美食主义者，平时的兴趣就是尝尽天下的美味佳肴。他尤其偏嗜鸭腿，说是鸭子靠两条腿下水能游，上岸能行，肌肉矫健，是鸭子全身质感最好的地方。他经常要妻子陪着他吃遍大小的烤鸭店。妻子每次为了陪他吃烤鸭，总是弄得一身疲惫，于是下定决心研究烤鸭的技艺，准备亲自当炉，能让丈夫大快朵颐。

后来，妻子用心地烹调，居然也能色香味俱佳，手艺之精湛并不亚于专业的厨师。从此丈夫不再到餐厅去吃烤鸭，每天回家享受妻子充满爱心的美食。最初丈夫对妻子烹饪功夫还赞不绝口，渐渐地丈夫的赞美没有了。他只是按时回家吃饭，妻子也本分地端上一盘烤鸭，满足丈夫的口福。

有一回，迷糊的丈夫突然发现盘里的烤鸭只有一条腿。他咬着汁液饱满的鸭肉，满嘴油腻，指着盘中的鸭腿说：“奇怪！最近我们家上桌的鸭肉怎么只有一条腿？”

妻子理直气壮，没好气地反驳说：“我们家的鸭子本来就只有一条腿。”

丈夫一副不罢休的样子，质问道：“胡说，鸭子生下来都是两条腿。

我们家后院池塘中饲养的一群鸭子，当初买来的时候也是两条腿呀，为什么你烹煮出来的烤鸭，都只剩下一条腿呢？难道鸭腿自己会长翅膀飞走了。事有蹊跷，我一定要到池塘看个明白，弄个水落石出。”

夫妻俩一前一后来到了花木扶疏的庭院。只见池塘中三五成群的水鸭，有的在碧波上悠然地游荡，有的栖息在岸边闭着眼睛打盹，也有的缩着腿，躲到浓荫的树下享受清凉。

只见妻子指着正在睡午觉的鸭子说：“你看！我们家养的鸭子只有一条腿。”

丈夫睁眼一瞧，原来鸭子把一只腿缩到厚厚的毛羽里面，舒舒服服地睡觉，从侧面看起来，好像金鸡独立的勇士。丈夫不发一语，双手使劲地击掌：“啪！啪！”

熟睡中的鸭子听到突如其来的拍掌声，从正酣的美梦中惊醒，纷纷放下另一条腿，一会儿潜入水中，一会儿浮出水面，一幅春暖鸭先知的美丽画面。

于是，丈夫高兴地拍掌大叫，得意洋洋地说：“你看，我们家的鸭子明明就是两条腿。”

妻子语意双关地暗示说：“那是因为你给他们鼓掌，因此才有两条腿。”

佛思禅悟：

生活中适度的赞美，可以消除很多的隔膜和怨恨，可以增进彼此的感情。赞美别人，如同一只蜡烛，给别人的生活带来一线光明，也照亮了自己前行的脚步。

万事万物，不要因其小而心生怠慢

佛家认为，一切众生都有佛性，只是渐渐被红尘所遮盖，心灵渐渐被贪、嗔、痴三毒控制，离佛境越来越远，离地狱越来越近了。只要勤加修炼，扫除魔性，又可复归于佛。

印度夏天的天气是非常炎热的，七月十五日，是僧众们自由活动的日子，即佛欢喜日，也是解夏的日子，更是信徒们表达虔敬之心的僧宝日。

在这一天，通常信徒们会备办食物、鲜花等东西，来供养有修有证的出家人，希望借着供僧的福德因缘，增长自己的福慧。

早晨的曙光刚照射到皇宫的屋顶，阿育王便迫不及待地起床梳洗，吩咐随从侍卫打点好一切。几天前，阿育王便差人到精舍送递邀请帖，礼请精舍的所有出家人七月十五日到皇宫来应供，接受他的虔诚供养。阿育王为了慎重起见，亲自四处察看一切是否就绪，饮食、医药、卧具、衣服四种供养是否齐全，应供的座位是否安排妥当，中午时分，一千余位出家人，身着橘黄色的袈裟，手捧着应量器，踏着三千威仪的步伐，按照顺序鱼贯进入皇宫，接受阿育王的供养。阳光照射在他们的袈裟上，绚烂的光芒霎时照得皇宫更为金碧辉煌。

依照当时印度的习俗，即使是九五之尊的国王，供养沙门僧侣，也要行五体投地礼拜之仪。因为有修有证的出家人是出世间的导师，是人天师范，是弘扬佛陀圣教的使者，是众生的福田，堪受众生的恭敬。阿育王端肃恭敬地献上供养。并且一一向各位出家人顶礼。

礼拜到最后一位出家人的时候，却是一位年仅7岁的小沙弥。阿育王眉头一皱，赶忙将小沙弥拉到帷幕里面，避开所有的卫兵宫女，腼腆地对小沙弥说："小沙弥，我是万民景仰的国王，至尊至贵，今天不得不依照国家的礼俗，向稚幼孩童的你顶礼膜拜，如此难为情的事，你千万不要告诉别人啊。"阿育王说完，摘下璀璨的皇冠，万般无奈地匍匐于地上，行起五体投地礼。

忽然，小沙弥笑嘻嘻地从座位上爬了起来，然后，突然将手中的瓦钵往空中抛掷，飘然一跃，腾飞在空中，瓦钵应声变大，小沙弥忽而钵外，忽而钵内，忽而钵沿，手足舞蹈、姿态曼妙。钵中突然涌出一股清澈的水柱，水柱中喷出一条殷红的火舌，小沙弥奋身跳入水火之中，忽而火中出水，忽而水中出火。小沙弥就像一条蛟龙，悠游自在，看得阿育王瞠目结舌，惊得说不出话来。

小沙弥如一片树叶轻落地上，若无其事地对阿育王说："国王！刚才我在空中嬉戏，在钵里翻筋斗的事，你也千万不要告诉别人哦！"说完他大摇大摆地走出了宫门。

这时，阿育王才恍然大悟，原来小沙弥是已经了脱烦恼、神通自如的阿罗汉尊者。他懊悔自己的无知短见，与圣弟子失之交臂。第二天上朝的时候，阿育王把顶礼小沙弥的事告诉了大臣们。大臣们听了便议论纷纷：

“你是我们最尊敬的国王。你的头最为尊贵，卑微幼小的小沙弥怎么能够承受你的礼拜？”

阿育王却说道：“你们认为我的头最为尊贵，现在我们就来进行一项试验吧！看看这世界上什么人的头最尊贵无比。”

于是，阿育王就派遣了两位大臣化妆成平民百姓。一个人手持肥壮的猪头，一个人拿死囚犯的人头，佯称为阿育王的头颅，分别去街道上叫卖，看看哪一个价钱比较好。大约一盏茶的时间过去了，卖猪头的大臣喜滋滋地禀报卖了一两钱，而阿育王的头因为百姓们害怕惹来无妄之灾，无人问津。

最后阿育王召集大臣们说：“国王的头甚至不及猪头来得有价值，能够礼敬三宝，向圣贤真理谦卑顶礼的头，才是世间最尊贵的头。”

佛思禅悟：

大海就是由一滴滴的水汇聚而成，小小的蚂蚁联合起来，力量也是巨大无比的。世间有很多小东西，不要因为其小，就忽略了其价值和意义，而心生怠慢。佛家讲求众生平等，所以对于小人物应该平等对待和尊重。

重要的是心灵虔诚

有一个佛教徒喜欢到寺院礼拜菩萨。他看到菩萨的法相庄严，心想：“如果我也能有这样一尊菩萨该有多好呀，这样我就可以天天顶礼膜拜。”

有一次，他出去办事，路过一家文物店，看到里面摆着好多佛像案桌，而且这些佛像案桌，个个手工精致，刀法细腻，每一尊佛像都雕刻得栩栩如生。浏览间，他眼前突然一亮，有一尊骑在鳌龙上的白瓷观音，白衣飘飘，迎风婆娑而降，左手拿着净瓶，右手拿着杨柳枝。菩萨慈眉善目，仿佛俯瞰着滚滚红尘中被痛苦煎熬的众生。这位信徒非常喜爱这尊菩萨，于是用高价把菩萨像请回家。他想：如此庄严的观音菩萨，应该请方丈师父为我开光。于是，他虔诚地把佛像请到寺院，请方丈为菩萨开光。

开光完毕后，这个人决定把菩萨像放在大雄宝殿内礼拜几天，沾点香火气息。于是，他每天准备丰盛的素菜、沉香、水果、鲜花，去供养他的

观世音菩萨。但是，案桌前往往已经摆满了其他信徒供养的东西，挡住了他的菩萨的视线。他想："这些人岂有此理，怎么把供品堆积如山丘，让我的菩萨看不到我供养的东西。"

于是，他就趁着香灯师父不在殿内，动手把案桌中间的糕饼、菜肴等供品，搬到旁边的角落，然后把自己祭拜的东西往中间一摆，自鸣得意地说："这样菩萨就能看到我的诚意了，能够接收到我虔诚地供养了。"

这件事虽然让他得意了几天，可是，过了几天后，他又发现了让他生气的事情，原来，他买的那些沉香是上等的，所以燃起后，顿时让人感到神清气爽，但是风一吹来，袅袅的轻烟就在大殿内四处飘荡，所以从观音菩萨像前飘到了其他佛像前。

这位信徒一看，着急极了："这怎么得了！我上好的沉香都被其他信徒所供奉的菩萨像吸光了，我的观音菩萨一点儿也嗅不到我特地为他准备的香火。菩萨怎么会有灵光呢？我要想个好办法，不能让其他信徒占了便宜。"

他想来想去，终于想出了一个好办法，他找到一根透明的吸管，一头接到香头上，一头接到观音的鼻子上，并且开心地说道："如此一来，别的菩萨也分不到我的香火了，我的菩萨就可以专门享用我为她上的香火了。"

虽然观音菩萨可以独享这位信徒的香火了，但是本来白白的一尊佛像，却被熏成了黑乎乎的样子。

佛思禅悟：

《金刚经》上说："若以色见我，以音声求我，是人行邪道，不能见如来。"烧香拜佛虽然有不可忽略的礼仪规则，但更重要的是心灵虔诚，而非外在形式。如果一味地注重外在形式，便不能与真理契合。日常生活中也一样，在为人处世的过程中，不要光注重表面，本质的东西才是最真实最重要的。

第六篇

禅是慈悲为怀的仁心

为了大义不惧人言

名誉是人人追求和珍视的，然而，在有些时候，在见到有人遇难、有人困窘时，出家人慈悲为怀，宁可冒着名誉和小节的损失也会舍身相助。

有一个经典的佛学哲理故事，说的是坦山和尚助人的事迹。

坦山和尚天分很高，并且在修行时十分勤奋，所以，虽然年纪轻轻，悟道已经很深，他常常做出一些让人匪夷所思的事情，事后仔细考量他的行为，的确深合佛理，发人深思。

有一年深秋的一天，坦山和尚带着一个小沙弥如约拜访一位仰慕已久的高僧。那位高僧在几十里外的一所山中寺庙里当住持。临出门那天，天阴沉得很，隐隐感觉充满了雾气，远远传来阵阵雷声，冷风忽起，刮起地上的尘土，飞扬到了半空。小沙弥看着天色不好，不禁打起了退堂鼓，嘴里嘟囔着："什么日子去不行，偏偏选了这么个糟糕的日子！"小沙弥央求坦山和尚："师父，快下大雨了，这事还是稍微往后推推，等雨下过后，天晴了再说吧。"

坦山和尚正忙着收拾上路的行李，对天气的变化根本没有放在心上，他准备完毕，挎上行李，拿着伞就出了门，并对小沙弥说："出家人还怕什么风风雨雨！"小沙弥看师父根本没有把将要到来的大雨放在心上，就不好意思再说什么，山高路远，怕师父一个人有什么闪失，就跟着师父上了路。

他们才走了不到一里山路，瓢泼大雨就倾盆而下。坦山和尚和小沙弥相互搀扶着，深一脚、浅一脚地艰难跋涉着。路上走了大半天，也未遇到一位行人，未找到一户人家可以暂避风雨。

前边地势低洼，路越走越难走，有好几次，小沙弥一不留神，差点摔到泥坑里。坦山和尚拉着小沙弥小心翼翼地慢慢行进，忽然，坦山和尚发现小沙弥脚不挪动了，愣在那里，他毫不奇怪，顺着小沙弥的眼光望过去，原来，前方不远处有个年轻标致的女子，正在艰难地行走，狂风呼啸，几乎要把她手中的伞吹跑。这四周围是荒无人烟的山野，前不着村，后不着店，这女子的处境多么危险啊！

坦山和尚和小沙弥正在望着，那女子忽然停下了脚步，不往前走了，原来，在她面前是湍急的水流，平时，这里只是个一跳步就能过去的小溪，可是，在这大雨天，雨水一冲，就变成了深不可测的激流，因此，这女子踯躅不前，十分作难。

坦山和尚和小沙弥此时也要过这激流，如果脚下一打滑，被冲到河里去丧了命也不是不可能，但是，坦山和尚毫不畏惧，向高僧求知问禅的心意坚定，所以，毫不慌乱，并一再叮嘱小沙弥小心脚下路滑。

再说激流对面的那个年轻标致的女子，在雨中叫天天不应，正在绝望之中，望见有两个和尚过来，不禁欣喜。那女子秀美的脸庞，弯弯的黛眉，一双晶莹闪亮的大眼睛，挺直的鼻梁下是樱桃般鲜红的小口，真是天女下凡一般惹人怜爱。

且说坦山和尚二人已经越过激流，到了这女子近旁，坦山和尚与这女子稍微交谈问候几句，得知这女子家就在绕过此山坳的不远处，就伸出双臂，抱着这女子趟过激流，把她送到了对面，又折返回来，与小沙弥继续前行了。

小沙弥跟在坦山和尚后边，一路走一路嘀咕：“这样妥当吗？出家人怎么能抱一个二八女子呢？寺庙戒规严格，出家人应当时时处处警醒啊！坦山和尚悟道很深，我们都很敬重他，可他应该以身作则，而不应在无人处放纵自己……”

小沙弥越想越想不通，一路无语。

黄昏时分，雨终于停住了，天边现出一抹橘红的晚霞。坦山和尚和小沙弥投宿在一个小客栈。晚间就寝时，小沙弥来到坦山和尚榻前，忍不住问了这个令他困惑的问题。小沙弥说：“师父一直教导我们，出家人不偷盗，不淫邪，尤其是年轻漂亮的女子，更是乱人心性的尤物，不可接近，

今天您怎么忘了这个戒律，抱着她呢？”

坦山和尚愣了一下，才想起今天是有这么一回事，就说：“啊！是说那个女子啊！我早就把她放下了，你怎么还没放下呢？”

这个小沙弥在悟道修行上，思想上的结仍然很多，只懂得照章而为，却不懂得为他人着想之心，救人危难的大义。

坦山和尚心中并无女色美貌的念头，所以，心中了然坦荡无牵挂。求禅悟道的目的是济人，普度众生，不可拘泥于所谓“佛门规”，何必给自己加上那么大的心结呢。

正如我国古语所说：“大行不顾细谨，大礼不辞小让。”这句话的意思是，做大事的人不拘泥于小节，有大礼节的人不责备小的过错。

无独有偶，在东瀛日本，也有一位得道的高僧，他的修行悟道也到了一个俗人不可企及的境界，他的名字不但在日本妇孺皆知，在中国也家喻户晓，他就是一休和尚。

日本僧人是可以娶妻生子的，一休和尚就曾经为救人危难定过一次亲。佛教的流派非常丰富，日本有日本的戒规，在我国藏传佛教中，也有些流派对修行的僧人要求很宽松，甚至可以结婚生子吃肉，但都不能杀生，这是不变的规定。

有一天，一休和尚正在打坐，一位佛教信徒急匆匆地来到寺庙，向他哭诉道：“师父啊，我没法活下去了！我要自杀，您超度我吧！”

一休和尚关切地问：“怎么平白无故地要寻死呢？有什么过不去的槛吗？”

这人就把经商失败、债台高筑、被债主逼得走投无路的苦况讲述了一遍，一边讲，一边忍不住地掉眼泪。

一休和尚一边思索，一边启发他：“难道除了轻生自杀，再没有别的办法了吗？”

这位佛教信徒绝望地说：“再没有了，家里值钱的东西都被债主拿走了，老婆看我穷了，也跟人跑了，我现在除了一个年幼的女儿靠我养活，再也没别的财产了。”

一休和尚灵机一动，说道：“说不定那就是个办法！你可以把她嫁人，找个乘龙快婿，不就能帮你渡过难关了吗？”

这位信徒听一休和尚给他出这么个主意，不禁大失所望，有气无力地说：“一休和尚，您有所不知，我这女儿现年只有八岁，远未到结婚成家

的年龄啊！”

一休和尚略作停顿，说道：“那就嫁给我吧！”

这位信徒惊得说不出话来，怔怔地看着一休和尚，看一休和尚并不是在开玩笑，就问道：“小女年幼，可怎么嫁人啊！”在日本，僧人的确可以娶妻生子，但是娶这样年幼的孩子还是奇闻，对一休和尚的名誉也定会有不好的影响。

但是，这位信徒已经到了穷途末路，没有别的办法可想，想到一休和尚一向聪明过人，必有相助的诚意，绝无残害自己幼女的恶意，就依照一休和尚的话回去安排了。

一休和尚在日本妇孺皆知，名气大得很，这位信徒回家一说一休要娶亲的事，立即轰动四方，人们又好奇又纳罕：一休师父怎么耐不住寂寞，连一个年幼的八岁女子也想娶啊？到了迎亲的那一天，看热闹的人聚集在这个信徒家所在的地方，真是人山人海，路上拥挤，水泄不通。

一休和尚果然如约到了这个信徒的家，他吩咐在门前摆上桌子和文房四宝，旁若无人地作起画来。一休和尚很有书法和绘画才能，他的画自成风格，他的字更是千金难求，今天众人好不容易见到了一休和尚，都纷纷求他的墨宝，争相购买，大家竟然忘了今天是来看一休娶亲的。一休和尚专注地画着，卖字画的钱越聚越多，不久，就把纸篓都装满了。

这位信徒预备了酒饭饮食，看大家热心欣赏一休和尚的画，就把这些原本用来嫁女的饭食招待了买画买字的客人。一休和尚把信徒拉到一边，问道：“你看，这些卖字画的钱够你还债了吗？”

这位信徒恍然大悟，大为感动，连声说：“够了！够了！师傅真是慈悲为怀，一下子就募集起这么多钱帮我！”

一休和尚微微一笑，对他说：“好了，我该回去了，你的难关可以渡过了，那么我这亲也不娶了，小女尚幼，你父女俩多加保重吧！”

一休和尚就这样帮助有危难的人解决了大问题，而他自己，为济苍生不惜牺牲自己的清誉的崇高品德，也被人们代代传颂。

佛思禅悟：

中国有句成语叫“义不容辞”，在别人危难之时，帮助人渡过难关是出家人的本分，更是我们的道德标杆。送人玫瑰，手有余香，帮助别人解决困难、减轻痛苦才是人生最大的幸福和快乐。心大则百物皆通，心小则

百物皆病。规章制度是人定的，本质上也是为人所用的，不能片面理解戒律条文，该变通的时候要灵活变通。

鉴真的勇气感动观音

众所周知，唐朝的鉴真大师发心去日本传法，经历了千难万险，东渡日本之行曲曲折折，前后共尝试了六次才成功。

在第五次东渡尝试中，船由于遭遇逆风，在海岸边滞留了近三个月，随行的僧侣和船员们都急坏了，大家都在埋怨老天爷怎么对传法如此磨难。鉴真召集大家说："昨天夜里，我梦见三个官人模样打扮的人，一个穿红，两个穿绿，站在岸上向大家作揖告别，这定是天神鼓励我们。想来这次渡海该成功啦！"

过了一会，果然刮起了顺风。船上的中国僧众齐齐跪下来，面朝西方的故土，不停地叩头，因为他们明白，这一走，不知道什么时候才能回到故乡了。

船离岸越来越远了。傍晚时分，突然刮起大风，大海顿时像沸水一样，白沫乱滚，狂风呼啸，海浪在咆哮，海水像一头发狂的巨兽，似乎要把他们打翻吞咽下去。船一会儿被抛上浪尖，一会儿又被摔入谷底。船上的人被船颠簸得头晕眼花，立不定脚跟，有的人呕吐得厉害，好像连肠子都吐出来了。此时，僧人们断断续续念起《观音经》来。

"船要沉啦，快把货物扔下海去减轻重量！"船夫忽然大声命令道。

僧人们无论如何也不肯把法器等珍贵物品抛下海去，于是死死抱紧箱笼，说："这都是法器，比性命还重要呢！"

"现在还有什么比保命更紧要的！快扔！"船夫急了。几个水手强行抱起箱笼就要往海里扔，正在这时，只听空中传来一个清晰的声音："莫抛！莫抛！"这声音一时压过了风浪声。船夫吃了一惊，马上松手放下手中要抛的东西，愣在了那里。

鉴真道："大家不必惊慌，菩萨一定会帮助咱们渡过险境！"

第二天，风浪平静了许多，船又继续航行。鉴真大师就这样经过六次东渡才最终到达日本，开始了伟大的传法传奇，也开启了中日友好的新篇章。

佛思禅悟：

鉴真大师怀着宽广的慈悲胸怀，冒着死亡的危险东渡日本，至今为中日两国人民所敬仰。我们在生活中也应当借鉴和学习鉴真大师的勇气和面对困难坚韧不拔的态度。

断臂立雪的坚定求法意志

一千五百年前，达摩一苇渡江，来到嵩山少林寺。他看到嵩山山林茂密，山下阡陌纵横，山色秀丽，民风淳厚，就决定把少林寺作为传教的道场。达摩就是中国禅宗的始祖。少林寺就成为中国禅宗的祖庭。

当时，在中国有一位叫神光的高僧，在南京讲经说法，听他讲经的信众众多，讲坛下黑压压的一片。神光自觉讲经有道，不免傲气十足，不大谦虚。可是，神光渐渐悟到达摩佛法的精深奥妙，就历尽千辛万苦，终于渡过长江，追赶达摩到达少林寺。神光一到少林寺，就要拜达摩为师，可是，达摩曾经在南京雨花台和神光见过面，当时，神光声名极盛，面有得意，而今神光提出向他求教，达摩不免有些犹豫，便婉言拒绝。神光并不懊丧，从此就步步不离达摩身后，非要达摩向他传法。达摩在洞里面壁坐禅时，神光就双手合十，侍立在侧，对达摩精心侍奉。就这样，九年过去了，神光仍然执着地跟随着达摩，对达摩的一举一动，都悉心学习和领悟，对达摩的修行心悦诚服。

有一天，达摩站起身，走出面壁洞，回到少林寺，神光也跟随着回到了寺庙。寒冬腊月天气，达摩仍然坚持在达摩亭坐禅，神光仍旧双手合十，侍立在侧。夜晚，达摩入定以后，狂风四起，鹅毛大雪沸沸扬扬飘落下来，不到一个时辰，院里的积雪就有了半尺厚。神光的双腿都埋在了大雪里，雪在他的肩头堆得厚厚的，好像穿上了一件白绒羊毛坎肩，神光冷得直打哆嗦，嘴唇铁青，但是他仍然双手合十，没有挪动半步。第二天一早，达摩开定了，他看到神光在雪地里一动不动，就问道："你站在雪地里干什么？"神光答道："向佛祖求法。"达摩早就知道神光会这样回答，他沉思片刻，缓缓地说："要我给你传法，除非天降红雪。"神光解

意，他意识到这是达摩指点他禅悟的契机，就毫不犹豫地抽出随身携带的戒刀，向左臂砍去，只见刀光一闪，一只冻得硬邦邦的胳膊落在地上，鲜血飞溅，地上的积雪和神光的衣衫上都染红了。

这虔诚求法的刀光穿云透雾，飞报西天，惊动了佛祖如来，如来随手脱下袈裟，抛向东土。一时间，整个少林寺红光一片，彩霞四射，飞舞着的大雪片被红光映得红彤彤的。神光围绕达摩亭转了一圈，仍静静站立在红雪之中，达摩见到此情此景，心中大为感动。他断定神光为了向他求佛法，长期侍立在侧，今日又有立雪断臂之举，这说明原来的骄傲自满情绪已经彻底消失了，对禅宗的信仰坚定虔诚。达摩就决定传给神光衣钵和法器，并给他取法名为“慧可”。

神光断臂以后，忍受着剧烈的刀伤疼痛，双膝跪在雪中，用右手恭敬地接了“法”，顶礼膜拜而退。神光后来接替达摩，成为禅宗的“二祖”。

清朝乾隆皇帝曾经光临少林寺，他对神光“立雪断臂”的故事颇有感触，就挥毫撰写了一块“雪印心珠”匾，以戒后生：佛业来之不易。

神光凭借超人的意志力和坚持力，才修成佛业，终成一代佛祖，他的求佛之路也成为千古传奇。

佛思禅悟：

人人都渴望成功，可是并不是人人都能坚持到成功。在通往成功的道路上，人们往往因为自己的懒惰、懦弱、畏惧、骄傲、贪婪等弱点而半途而废。在通往成功的道路上，只有不畏牺牲，不畏艰苦，坚持到最后的人才有希望。在今天竞争激烈的世界中，付出多一点，便可赢得多一点。在众多的竞争者中，得第一的往往比第二、第三名只多付出少许，只是这多付出的少许，便成就了他的成功。

威武不能屈的大丈夫法愿

在我国南北朝时期，有一位名声远扬的算命先生。此人叫钟武厉，曾任过新道县令，擅长算卦相面。后来，钟武厉请求出家，接连向朝廷请求了三次，才如愿以偿。他从此出家，取号法愿。

一次，法愿与人商议，想减少僧人的床脚，使之合于八指之制。没想到这样一来冒犯了当时在江西赫赫有名的高僧僧导，他忿忿不平地指责法愿胡乱管教僧人。僧导十岁出家，博读诸典。神机秀发，并著书立说，在当时是很有影响力的佛教界名人。因此，僧导这样一说，影响之大是可以想见的，纷争很快就传到孝武帝耳朵里，孝武帝命令法愿速回京城。

这位孝武帝是我国历史上一个荒淫残暴的昏君。他在位期间，因担心各兄弟藩王会对自己不利，便不惜骨肉相残，杀害刘氏宗室多人。并且，他生性好淫，凡是闺房之内不论尊卑长幼，只要略具二三分姿色，看见合意的就引她入宫侍寝。

法愿听从孝武帝命令，只得回到了京城，他刚一上殿，孝武帝就放肆地说起了粗鲁话："法愿，为什么假装吃素呢？"

"贫僧吃素已经整整十年了，未曾假装。"法愿不卑不亢地回答。孝武帝见他竟敢这样直白地顶撞自己，顿时大怒。他命令臣下："把肉拿来，我看他吃不吃？"臣下人等不敢违背他的旨意，恐怕有杀头之祸，就拿肉硬往法愿嘴里塞，可是，法愿双唇紧闭，牙关紧咬，臣下几人合力，硬往他嘴里塞，可是，折腾了半天，法愿的门牙都被弄掉了两颗，肉还是未曾咽下一星半点。一贯任性恣肆的孝武帝气得脸色煞白，发誓非要治治他不可，就命令他还俗，做广武将军，在华林殿值班伺候。法愿只好顶盔戴甲，做起了将军，每天在朝廷听差，伺候着喜怒无常的荒淫皇帝，远离自己追求的佛法，心灵上经受着无尽的折磨。

但是，法愿虽说无奈当了将军，但仍然谨守禅戒，从未破犯。不久孝武帝驾崩，昭太后才令他重新出家，法愿终于如逃出了囚笼的鸟儿一样脱下将军装，回到了寺庙。

孟子曾说："富贵不能淫，贫贱不能移，威武不能屈，此之谓大丈

夫。”法愿就是这样的有骨气的出家人。

佛思禅悟：

在挫折和打击面前，在世俗的侮辱和讥笑面前，忍耐和坚持是一件痛苦的事情，但是，唯有如此，才有成功的希望。如果没有恒心，没有坚持的勇气，就只能随遇而安，随波逐流，丧失了自己的追求。我们在生活中，遇到挫折和阻力时不要失去信心，要坚持不懈。不管环境变换到什么地步，不要改变自己的初衷，不要失去希望，而要想办法克服困难，以达到预期的目的。

断指以示决心

唐朝有一位仰山慧寂禅师，是广东人。他九岁时，父母听信算命先生的话，担心孩子有个三长两短，便送他到寺庙，当了个小沙弥。等到慧寂禅师长到十六岁，已经长成一个俊美少年时，他的父母又后悔当初送他出家，所以，父母想尽办法，想让他还俗回家，准备给他娶亲。慧寂不理解父母的做法，迟迟不愿还俗。

有一天，父亲又来寺庙劝说儿子："从前是没有办法，有一个算命先生说你成年以前命中会遇到凶煞，我们怕你小命难保，才把你送到寺院来。现在托菩萨保佑，你已经安然无恙，长大成人了，理应继承家业，撑起门户。我和你母亲已经给你定亲，女方才貌双全，家庭也是书香门第，你怎么想不通，非要在这荒无人烟的山上寺庙里生活呢？"

慧寂多年不见父母，心中已经不再想念他们。得知父母当初送他出家是为了他性命得以保全的真相，心情十分复杂。一方面，他理解父母用心良苦，是为了儿子的将来，另一方面，又觉得父母这样做太功利，不是真心向佛，因为一看到儿子如今性命危险过去了，就要把他领回家。

慧寂自幼出家，在佛的世界里被熏陶感化，他对佛充满了虔诚。父母对他讲的那些经世致用的道理，他其实根本听不进去。他的心中早已经定下了一生的追求。

父母爱子心切，不断地来寺庙看儿子，劝说儿子赶快还俗回家，并且，父母还动员其他寺庙僧人劝说，慧寂越来越感到父母一心想让自己追

求世俗功利，自己与父母的思想有很大的鸿沟。慧寂最终下定决心，一生追求佛理。为了使父母断念，他在父母苦劝他时，用早已准备好的一把锋利的刀子切下了自己的两根手指。父母一见，心如刀绞，赶忙拦住他。慧寂跪倒在地，祈求父母："孩儿已经深入佛门，当时已经祈愿回向，决不愿还俗成家。如今，要我背叛自己的誓言，孩儿不如一死了之。我断两指是为了表示我的决心，请双亲成全我！"父母看他已经下了决心，决不动摇，只好悲悲切切地回家去了。

慧寂禅师从此勇猛精进，参禅修佛无一日怠惰，终于成为中国禅宗中一支"沩仰宗"的开山祖师。

佛思禅悟：

如果人做事的目的动机不纯，就难免会在名利面前动摇，有始无终，半途而废。然而，无论是做什么事，追求什么目标，都是"逆水行舟用力撑，一篙松劲退千寻。"

猕猴王的仁德堪比古圣贤

从前，有一个猕猴王，经常带着五百只猕猴在山野间采摘野果，游戏玩耍。有一年，遇上大旱，山上的野果都长得很不好，稀稀拉拉的。猕猴们无以充饥，饿得两眼昏花，四肢乏力，都来求告猕猴王，请它出个主意。这五百猕猴活动的山野离国王的王城不太远，只隔着一条小河，猕猴王就决定带领众猕猴到国王的宫苑里去摘果。猕猴王知道，宫苑里的果树常常浇水施肥，长得高大茂密，果实累累，正是解决众猕猴肚中饥饿的良策。

看管宫苑的官员听说了这件事，就把猕猴王要带猕猴们来摘果的事报告给了国王，在大旱之年，宫苑里的水果是很稀缺昂贵的，怎么能让猕猴们随便摘走呢？国王当然不乐意，于是，他下了旨意，说："严密防守住宫苑，千万不要让这帮猴子们得逞！"

猕猴王得到了情报，知道国王和手下不会对猕猴们心慈手软，心中悲伤，对猕猴们说："我是你们的首领，来宫苑摘果，不管是成功还是失败都是我的责任，我承担后果。本来是贪图摘些宫苑里的果实充饥，没想到

却误了你们，办不成事。”

猕猴王知道猕猴们肚中饥饿，再不找些吃的就会饿死，心中焦虑不安，思忖了好半天，对众猕猴下令说：“兄弟们，快快去四下里寻找一些藤条拿回来。”

猕猴们不一会儿就各自手中举着藤条回来了。猕猴王教大家把藤条一根接一根地连接起来，猕猴王把藤条的一端系在一棵大树的树枝上，猕猴王自己把一端系在腰上，爬到这棵大树上去，一跳跳到对面的树上，攀爬上了小河对岸的树枝。因为藤条太短，猕猴王就用身体作为藤条的一部分，垂下身子，对众猕猴下令说：“快快抓住藤条攀援过来！”

众猕猴就这样都过到宫苑这边来了，众猕猴都过来以后，猕猴王因为力气使完了，胳膊承受了巨大的重量，胳膊竟然折断了，坠落在小河的岸边，疼昏了过去，好一阵子才苏醒了过来。

国王早上出来散步，听到有些动静，就循着踪迹走了过来，刚好发现倒在岸边的猕猴王，就把它捉拿归案。这个猕猴王会说人的语言，叩头作自我介绍：“我们是些不足道的猕猴，就住在小河对岸的山野中，在您的管辖区域之内，因为时逢大旱，山上果实都结得很少，无以果腹，没办法才来打扰您，到宫苑里找些能吃的水果。罪过都是我一个人的，因为我是它们的首领，我请求您饶恕其余的猕猴们。我这身猕猴肉，虽然不成敬意，但是如果您让负责宫中膳食的太官把我宰割了，也可供养您和宫中的人们一个早上的早餐之用。”

国王听了这番话，长叹道：“猕猴王不过是虫兽之长，还知道牺牲自己来解救众猕猴，它有古圣贤的仁义和胸襟。我是一国的君主，可是我的德行还比不上一只猕猴王。”国王为猕猴王舍身救众猕猴的精神感动得眼泪汪汪，他亲自给猕猴王松绑，搀扶猕猴王安稳地站好。

国王下令任由猕猴们吃树上的果实，不准捕获惩罚它们。如果有不听命令，抓捕猕猴的人，就按照惩罚盗贼的刑罚治罪。国王还向王后说起猕猴王的仁德：“我国的古圣贤都比不上这只猕猴王。我的仁德好比是一丝头发那样细小，而猕猴王的仁德就像巍峨的昆仑山一样。”

王后听了国王的话，也很感动，就对国王说：“这真是一只奇特有灵性的猕猴！陛下您应当让这些猴子们随意吃就是了，不要让人再抓捕它们。”

国王说：“我已经这样下令了。”

佛思禅悟：

这只猕猴王非常有责任感，他知道领导的责任就是保护下属，给下属带来福祉，所以，他在危难之时舍身救众，以“出了事我担着”的勇气使众猕猴得到了赖以为生的果实，并且，它的仁德感动了国王，使得众猕猴从此衣食无忧。这只猕猴王之所以感动了国王，正是因为世上少有这样的人，更多的是有了功劳算自己的，有了失误总是推在别人身上的人。

善行必有善报

从前，有一个叫多福的人，家财万贯，没有人知道他到底有多少钱。后来，多福信奉了佛教。

他想：“世事无常，世上的一切都是变化不定的，世界上任何东西都不是永远属于自己的，说不定什么时候就没了；只有多做善事、多积点功德才是真正有意义的事。”

他叫自己的仆人贴出告示说：“没钱吃饭、穿衣的，请到我家来取，我会尽量满足大家的需求。”

可是告示贴出去后，没有人前来，由于当时国家安定，百姓生活富足，谁也不需要他的钱。

多福心想：“看来大家并不需要钱，不过人总是免不了会生病的，还是用钱给百姓买药治病吧。”于是多福便四处采购，买来各种名贵药材，每天在集市上免费提供给那些生病的人们。

多福的善心得到大家一致的赞许。没过多久，他的名声便传遍远近四方。于是，东南西北各地的病人，都慕名前来接受治疗。

就这样日复一日，年复一年，多福为了给老百姓看病，用尽了全部的家产，但是他仍然不遗余力的四处为病人求医问药，最后为了给病人看病，他竟然欠下了很多的债务，过着窘迫的日子。

那个时候，时常有一些商人为了赚钱，结伴下海去捞海底珍宝，多福也想碰碰运气，于是就跟着一伙商人出海寻宝去了。

众人辛辛苦苦地努力了许久，得到了不少宝物，多福也找到了许多的宝物，他们于是兴高采烈地返乡。

一路上交通非常不便利，再加上天气炎热干燥，大家都口干舌燥，每个人经过长途跋涉疲劳至极，多福忽然发现路边有一口水井，就快步奔过去，开怀畅饮起来。

那些商人早已注意到，多福采集的海中宝物里，有一颗灿烂夺目的水晶球，是世上稀有的宝贝。他们心里又羡慕又嫉妒，总希望自己也能得到。于是这几个商人趁多福在井边弯腰喝水的时候，便齐拥上前，将多福推下了井。

由于多福以前做了那么多好事，他的善行感动了天神。天神就在这危险的时刻，在井底接住了他，使他安然无恙，没有受到任何的伤害。

那些商人们回国后，去见国王。国王发现多福不在，便问道："你们都回来了，那多福到哪儿去了？"

商人们装作什么都不知道的样子对国王说："陛下，自从离开国境之后，他就与我们大家分手了，我们也不知道他去了哪里。"

国王感到很怀疑，于是又问道："你们是不是把他害死了？"

商人们赶忙否认地说道："绝没有这样的事。"

多福被天神托住后，发现井壁上有个洞，正好能容他钻过去。他顺着洞走，不一会儿就见到亮光，从另一个洞口走出了水井。又经过几天的跋涉，多福终于回到自己的国家。

国王见到他，问道："商人们都满载而归，你怎么两手空空地回来了？"

多福含糊地说："我没有发现任何宝物，所以只得空手而归。"

国王看他说话的语气和神态感到很疑惑，心里沉思着："这其中必定有什么缘故。"他随即命人把那些商人都找了来，命令道："你们必须从实招来，你们都做了什么不可告人的事情，否则只有一死。"

商人们吓坏了，便老老实实地招了供。

国王听说他们在归途中谋害多福的事，十分生气，便下令把他们统统关进监牢，要将他们定为死罪。

多福听说后，心里焦虑万分，急忙赶到王宫，向国王叩头请罪，并恳求国王道："国王陛下，请无论如何原谅他们的愚昧无知吧。"

国王经多福再三请求，便答应了他，赦免了商人们的罪过，并让他们归还从多福那里夺走的宝物。商人们感激涕零，都把自己最好的宝物送给了多福，而多福却只取其中的一半。

商人们一看，又恳求道："都是因为您的善心，我们才保全了性命，您大人大量，请您一定要收下我们的心意。"多福只好收下那些宝物，将这些钱又施舍给老百姓。

邻国的人也听说了多福的事迹，都很佩服多福的崇高道德，对多福称赞不已。

佛经中还有这样一个故事：

有个富有的商人叫阿鸠留，他生长在山林之中，经营山产货物，从不曾见过大海。由于向往大海出产的珍宝，他决心要去大海里寻宝。

他和五百位伙伴向南海那一边慢慢前进。走了几天，粮食快吃光了，却没看见水源和草地的踪迹，牲口也没有力气再走了，于是阿鸠留派了几个人和自己分头去找寻水源。

找着找着，阿鸠留忽然看见一片树林，于是提起精神，快马加鞭向树林的方向骑去。快到树林边时，他看见一个壮硕的男子从树林深处走出来。阿鸠留非常高兴的问：

"您是这里的主人吗？求您救救我吧！我好几天没喝水和吃东西了。"

那人听了阿鸠留的话，便高举着右手，从指端流出泉水，味道甘美还有香气。阿鸠留赶紧大口大口地喝着，喝到满足了，水就不再继续流出，好像有机关似的，可以随意开启关闭。

男子把手放下后又再次举起，这次换美味的食物从五指指端涌现。阿鸠留拼命地吃着，吃饱后过了一会儿，突然大声哭了起来。

男子问："客人为了什么事而痛哭失声？"

阿鸠留回答："我自己的饥渴解决了，但我还有五百位伙伴和许多牲口，这三四天来他们没得吃、没得喝，就快支撑不住了，我想到这点就非常难过。"

男子说："那你快去将他们带来吧！我可以帮忙解除大家的饥渴。"

阿鸠留听了，赶快回原处将众人带来。男子见众人来了，便高举右手，从指端流出甘甜的泉水和美味的食物，供给众人与所有牲畜，一直到大家吃饱了才停止。

等到大家吃饱喝足后，男子好奇地问："你们要去什么地方呢？"

阿鸠留回答："我们要到大海搜寻珍宝。"

男子听了，笑一笑说："你们要什么样的宝物，可以随个人的心愿，从我手指中求取。"

说完便高举右手，从五指指端变出金银、琉璃、水晶、珊瑚、玛瑙、琥珀、贝壳、珍珠等各种宝物，众人都能随自己的心意领取，一直到所有人都心满意足才停止。

然后男子对大家说："你们拿了这么多宝物，回到家乡后，记得一定要发自真心的布施贫穷，千万不能吝啬，吝啬的人终究会堕入困苦的，慷慨的人才可以享用无尽。"

阿鸠留听到这番话，合掌恭敬地问："贤仁的先生啊！您究竟是什么人？怎么会有这样奇妙的神力呢？"

男子说："我是薜荔王。前世我是一个非常贫穷的人，虽然贫穷，心地却常保持纯净，敬重佛教徒和一切有道德的人。我因为贫穷不能布施，看见其他人布施时，总是心生欢喜，在一旁赞美这样的善行。

当时迦叶佛涅槃圆寂了，所有佛教徒都出来劝募化缘，当他们来到我面前向我化缘时，我说自己一无所有，但是遥遥指着城中，告诉他们哪一家既慷慨又有善心，可以求得饭食。我看见他们乞求到斋食，也替他们欢喜。

后来，国王替迦叶佛建造七宝塔，我常常伸手放到搭上，发心祈愿，希望自己得到多种福分。国王进献物品入佛塔时，我也伸手发心祈愿自己能得到许多福报。

只恨我自己贫穷，手中没有任何物品，从来不曾进献斋食给修道的人，死后仅仅做了薜荔王，因为我前生见到人做善事便替他欢喜高兴，所以现世让我的手指指端可以随心放出一切宝物来。"

阿鸠留听了男子的话，感叹地说："我以前不相信有前世今生，也不相信善有善报、恶有恶报。今天我亲眼看见这种事，从今以后我要多做善事，满足他人的心愿。"

后来阿鸠留回到家，马上发大善念布施，每天供养无数有道德的修行人。因为这段因缘，阿鸠留死后便投生到天界。

佛思禅悟：

人生在世，不可能孤立存在，所以，在生活中，不要吝啬自己的善心

和爱心。帮助了别人，自己的心灵也将得到升华。种下善因，必有善果，善行必有善报。

人有善愿，天必从之

明朝时，有一位小沙弥，住在普陀山的寺庙里。有一天，他心血来潮，想到郊外走走。他远眺普陀山的最高峰，心想普陀山是观世音菩萨的道场，感应奇迹应该有很多，在那最高的山峰说不定有道场或修行人呢。

于是在好奇心的驱使下，他就往普陀山最高峰走去。一路上蔓草丛生，荆棘遍布，小沙弥不畏艰险地爬上最高的佛顶山。没想到山顶竟然是一片平原。他站在山顶上往下一看，普陀山尽收眼底，他非常开心地四处游走，想看看到底有没有人在此修行，可是走了许久，也没有发现一个修行的人。正在他失望之余，他发现地上有一块石碑，而且石碑上还写着四个大字“慧济禅寺”。

小沙弥对“慧济禅寺”这四个字感到很熟悉，也感到很亲切。他心想：“这山峰以前一定有人在这里建过道场，不然怎么会有这样一块石碑存在呢？前人都能在这里建寺庙，为什么我不能建一个寺庙呢，不如我在这里建一个寺庙，好让更多的人来这里修行，就这样决定了。”

小沙弥充满自信的回到山下，向师父说：“师父，在普陀山最高的山顶上，我发现还有一片平地，以前好像建过道场，弟子想去那里建一个道场，不知师父意下如何？”

师父听到小沙弥说想在佛顶山建道场，觉得他是异想天开，于是就对他说道：“你有没有弄错，就凭你一个人想到佛顶山建道场，你要知道，光是搬木材上山就是一大难题了，更何况是在那里建造寺庙！你真是太天真了，也太不自量力了。要建自己去建吧”。

小沙弥说：“弟子已经发愿了，如果师父不帮忙，那弟子只好自己去建了。”

师父听了又说：“你以为建道场就像堆积木那么容易吗？你自己好好去想想吧，真是乳臭未干的小孩，我不想再听了。”

许多师兄知道小沙弥年纪轻轻就想建道场，都来劝说：“小师弟，算了，还是好好修行吧，不要自找麻烦了，赶快打消这个念头吧。”

小沙弥感到大家都这样打击他，看不起他，心里虽然很难过，但是他更加下定决心，要做给大家看看。于是他拜别了师父，走向大殿，跪拜在观世音菩萨的圣像前，虔诚地默默祈祷：“观世音菩萨，弟子发愿要建一个道场，请菩萨保佑弟子，使弟子完成宏愿。”

俗语说：“人有善愿，天必从之。”但是小沙弥发愿要在佛顶山兴建道场，的确是一件不容易的事。小沙弥左思右想：“要兴建道场，首先就要去化缘，因为只有有钱才能买木材，请工人来兴建道场。”

于是小沙弥就满怀信心地走向人多的闹市。有时候一家一家的去化缘，有时候就站在闹市的门口，有时候几天也化不到缘，有时候还要遭人的白眼，有时候会化到一些残羹冷炙。

就这样不知不觉已经过去三年了，小沙弥仍然在大街上敲着木鱼挨家挨户去化缘，可谓尝尽了人间的冷暖，他头发不知道有多久未剪，衣服破旧不堪，乍一看去，像一个又脏又穷的小乞丐，这样就更不容易化到缘了。

有一天，他伤心流泪地走到河边，看到潺潺的流水，想起悠悠的岁月！又想到三年换来的是理想的破碎，于是悲从中来，在河边号啕大哭，心想兴建道场原来只是一个不可以实现的梦，他已没有信心再走下去了。

于是他灵机一动，看看被他敲了三年的木鱼，早已破旧不堪了，不如把它放入河里，求菩萨保佑，看木鱼漂流到哪里，他就到哪里化缘，不再漫无目标地化缘了。于是他就把木鱼放入河里，他也跟着木鱼跑。奇迹竟然出现了，木鱼漂到某处竟然停在那里打转不再漂下去了。小沙弥心想，这里一定有大护法吧！否则木鱼怎会在此打转呢？于是他赶快把木鱼捞起来，可是当他捞起木鱼后，才看到这里根本看不到什么大户人家，连一个人影也没有，只有一大片的树林，小沙弥心想木鱼既然漂流到这里停下

来，那就在这里敲木鱼吧！

于是小沙弥在河边就念着："南无观世音菩萨，南无观世音菩萨。"一心念着菩萨圣号，手中敲着木鱼，可是三天三夜也没有看到半个人影。

在这儿附近有一个富贵人家前，这个富贵人家中的老夫人卧病在床已有数年光阴了，虽然儿子在朝为官，也聘请各地名医前来医治，服尽名贵中药，仍然毫无起色，但是连续三天来都听到远处传来的木鱼声，使她忘记了痛苦，更感到心里舒爽愉悦。于是老夫人唤来仆人，并对仆人说："你们赶快去找那位敲木鱼的人，也许我的病体只有那位敲木鱼的人才能治好。"

仆人听了老夫人的指示，循着细微的木鱼声寻去，终于在河边看到小沙弥，并对小沙弥说："老夫人有请，请您跟我走一趟吧。"

小沙弥因为三天三夜没吃东西，连一点儿走路的力气也没有了，于是仆人搀扶着小沙弥来到富人家中。

"回禀老夫人，这位就是敲木鱼的人。他已三年没理发，三年没换衣，三年没鞋穿，三天没吃饭了。"仆人向老夫人禀告说。

"真可怜啊！快吩咐下去，立即准备斋饭、僧衣、罗汉鞋，并请来剃头师父，先替小师父安顿吃穿的问题再说吧。"老夫人指示仆人赶快去办。

一会儿的功夫，小沙弥就恢复了原来清净庄严的模样。老夫人看小师父容光焕发的样子，心里也舒服了一些，于是对小师父说："你怎会落到这般凄惨呢？"

小沙弥就把发愿兴建道场的事，一五一十地讲给老夫人听。老夫人听完以后，感慨地说："真是观世音菩萨感应呀！想不到我花那么多钱，请来各处名医，服尽名贵中药都不能治好的病，自从听了您敲的木鱼声之后，身体的疾病居然不治而愈了，这真是不可思议呀！您明天起不用再化缘了，兴建道场的事，就由我来为你处理吧。"老夫人讲完，即刻吩咐仆人去请在朝为官的儿子，叫他赶快去普陀山的最高峰兴建道场。

儿子知道菩萨的感应事迹也很高兴，立即命人上山兴建道场。现在普陀山的最高峰佛顶山的慧济禅寺，就是这样建成了。

佛思禅悟：

俗语说："人有善愿，天必从之。"佛家认为，一个人若能长期发善愿，造福众生，那么福报就是无可限量的。因为上天以慈悲为怀，对众生

的仁爱是无微不至的。所以，只要一心向善，就能够得到天助，也能够得到人助，最后善愿也一定能够实现。

不要做损害别人的事

从前，有一位道长为了方便大家饮水，便在野外挖了一口水井，并在井边放了一只吊桶。凡是放牛、割草、旅行的人，路过这里，全都可以来这个井边喝水和洗澡。

一天黄昏，一群野狐狸来到井边，看见井水溢出地面，立刻喝那些水来润湿喉咙。而狐狸王却不肯喝地上的积水。它把头潜入井边的吊桶里，猛喝桶里剩下的水。喝完后，头潜在吊桶里忽然用力一摔，就把那个吊桶掷在地上，摔得粉碎。

其他野狐狸看见，忍不住劝告它："在极度渴的时候，连干燥的树叶都很有用，何况这个吊桶对于别人是多么重要啊，你为什么要把它摔碎了呢？"

"我喜欢这样做，有什么不可以吗？别人的困难，跟我有什么关系？我管不着。"

不管别的野狐狸怎么说，狐狸王都听不进去。吊桶被破坏的事情很快就转告给了道长，道长就又买了一个新吊桶放在井边。不料，狐狸王又来把吊桶摔碎了，就这样狐狸王一连破坏了十四个吊桶。虽然其他狐狸苦口婆心劝告它，但它依然我行我素，对部下的劝告充耳不闻。

道长知道了以后，心想："一定有谁觉得这个井不够好，待我亲自去察看一下。"于是他又买了一个新吊桶放在井边，自己藏在树阴下，看着一整天人来人往的喝水，却看不到谁来破坏吊桶。当夜幕降临的时候，一群野狐狸来到井边，纷纷喝地面的积水。只有一条看似领袖的狐狸，把整个头潜入桶里喝水。喝完后，用力把吊桶往地上一摔，摔得粉碎。

"原来是这个狐狸王在埋怨这口井。"道长明白了真相，即刻跑回道观去，又用木材造了一只头能伸得进去但拔不出来的吊桶，重新放在井边。然后，他手持拐杖，跟上次一样隐藏在路旁的树阴下，悄悄地等待狐狸王的到来。

黄昏来临，狐狸王照例走来喝水了。它没有注意到吊桶的改变，依然

把头伸进桶里喝水。喝完了水，它仍用力把水桶往地面猛撞。吊桶不但没有损坏，反而自己的头也拔不出来了。把吊桶往地面上摔的时候，即使令自己头痛，也无法打破吊桶，更不可能拔出头来，正在狐狸王惊慌失措之际，道长突然现身，挥起拐杖，打死了那只狐狸王。

佛思禅悟：

生活中有一些人喜欢一意孤行，不爱听别人的劝告，最终是害人害己。在做事情的时候，要多听听别人的建议，多问一问别人，这样才不会让自己变得孤立无援。

安贫乐道，视富贵如浮云

寒山与园清寺的僧人拾得是好友，二人经常往来，吟诗作偈。他们用树皮做帽子，衣服穿得破破烂烂，有时在长廊下大声念诗，有时在村子里高声唱歌，世人都把他们当疯子看。

闾丘胤要前往丹丘做官，临行时，遇到丰干禅师。丰干刚从天台来。闾丘胤便问道："天台那地方有哪些贤人可以为人师表？"

丰干禅师回答道："寒山与园清寺的僧人拾得二人，也就是文殊和普贤二位菩萨。"

闾丘胤拜别了丰干禅师，三天后来到了园清寺。见到二位菩萨立即施礼跪拜。

寒山大笑着说："丰干真多嘴！您连弥勒佛（指丰干）都不认识，来礼拜我们又有什么用呢？"说完，拉着拾得走出寺，回到岩窟，入洞穴而去。那洞穴自己就合上了。

寒山了悟人生，鄙薄功名富贵，过着清贫而自在的生活。他的人生就是自得其乐。深山有路，却不通往尘俗世界，无心无欲，还有什么值得攀援。他一颗清静之心，恰如"圆月上寒山"。

因此，当闾丘胤这个官府中人来见他和拾得时，他就看出闾丘胤的来意，不愿与之交往，以免污染了他的清净生活，便不客气地让对方吃了闭门羹。

寒山经常在竹子、树干、石壁上书写诗句。其中一首写道：自乐平生道，烟萝石洞间。野情多放旷，长伴白云闲。有路不通世，无心孰可攀。石床孤夜坐，圆月上寒山。

佛家言："知足之人，虽卧地上，犹为安乐；不知足者，虽处天堂，亦不称意。"又言："若欲学道，先须贫苦炼行。"

孔子说："吃粗粮喝凉水，睡觉时弯着胳膊当枕头，这里边也是有乐趣的。用不正当的方法得到的富足和尊贵，在我看来犹如浮云一般。"

孔子在此重申其看待和求取富贵的具体原则，违此而获，则被视如过眼烟云之不足取。同时亦表明其于清贫生涯甘之如饴、安贫乐道的生活态度与襟怀。

在现实生活中，有不少人"富"而不"贵"。真正的"富贵"，是作为社会的一分子，能用金钱让更多的人受到关怀。

人总有一天要离开这个世界，当你离开这个世界前，能够快快乐乐地回想起，这一生虽然人家为我服务了很多，但我也为人家服务了不少，那么，也就拥有了真真正正的财富。

佛思禅悟：

真正的高僧能够不为名利、财富所动，他们固守自己的一方天地，在日益精进的修行中，净化自己的心灵。这一点，在今天这物欲横流的时代无疑更具有借鉴意义。固然佛的境界我们很难做到，但至少能让我们找回本性，以免自己被物欲所吞噬。

懂得知足，才能快乐

一天，法眼与老和尚辩论佛是什么，法是什么，禅是什么。

老和尚说："什么都不是。"

法眼说："那我就不懂了。你什么都不是，那什么是呢？"

老和尚讲道："若论佛法，一切现成。"

法眼一下悟道了。

老和尚一语中的，说："若论佛法，一切现成。"也就是说，一切现

成，何必外求呢？快乐应该是一种平衡而满足的内在感受。要学会满足，不满足就是睡在天堂，也如在地狱中一般；假如懂得知足，就算身处地狱，也如在天堂中一样，所以满足是最大的收获。

获取快乐不难，生活本身就是在许多的辛苦和烦恼中存续的，放下包袱，超越自我，欢乐就会常有。一个人在任何情况下都可以选择快乐。

知足是自觉的、顽强的、坚毅的和勉为其难的。要摆脱情绪的纠缠，是很不容易的事。所以要求一个人保持一颗常乐之心很不容易，但是到底有多快乐最终还得取决于自己。

很多人习惯于渴求缺少的一切，于是总想寻求自己所没有的东西，寻求眼前以外的东西，然而，随着欲望的满足，却发现自己越来越不快乐，越来越不满足。

不要因为担忧过去而错过了未来更好的机会。为什么要被那些过失、羞耻和错误所缠绕呢?要学会彻底忘记。只有这样，才能甩掉包袱，选择快乐。

善于放下包袱，欢乐就会常在。只有卸下了种种包袱，轻装上阵，从容地等待生活的转机，不断有新的收获，踏过人生的风风雨雨，才能懂得放手和享有，才能拥有一份成熟，活得更加充实、坦然和轻松。

有个青年人常为自己的贫穷而牢骚满腹。

一位智者问他说：“你具有如此丰富的财富，为什么还发牢骚？”

青年人急切地问：“它到底在哪里？”

智者说：“你的一双眼睛，只要能给我你的一双眼睛，我就可以把你想得到的东西都给你。”

青年人回答：“我不能失去眼睛。”

“那么，让我要你的一双手吧，对此，我用一袋黄金作补偿。”智者又说。

青年回答道：“我也不能失去双手。”

智者微笑着说道："既然有一双眼睛，你就可以学习；既然有一双手，你就可以劳动。现在，你自己看到了吧，你有多么丰厚的财富啊！"

佛经上说："知足之法，即是富乐安隐之处。知足之人，虽卧地上，犹为安乐。不知足者，虽处天堂，亦不称意。不知足者，虽富而贫。知足之人，虽贫而富。不知足常为五欲所牵，为知足者所怜悯。"

唐代一尼僧在一首悟道诗中写道："尽日寻春不见春，芒鞋踏破岭头云；归来笑捻梅花嗅，春在枝头已十分。"

有些人虽然有了安身立命的物质，但总感觉不满足，于是在物欲的洪流中丧失了生命中许多宝贵的东西，最后，钱是越挣越多，可是并没有得到真正的快乐，或者说已经忙得无暇去享受快乐。

不过，现实生活中仍然不乏另外一种人，他们虽然清贫，但生活过得很快乐；他们有很多知心朋友，常常与友人在一起品茗谈心，与亲人和爱人在一起享受亲情与爱情。这些人能够懂得生命的意义，能乐天知命，安心淡泊地生活，追求生命的真谛。

一个懂得快乐真谛的人，能够超然物外，不为物质所累，贫穷不以为苦，富贵不以为乐，不管是顺境还是逆境都能够从容应对、自在生活。

佛思禅悟：

人的快乐并不在物质的丰富与否，而在心灵的感受，拥有一颗清净的心，就能快乐地活着，潇洒地活着。"知足常乐"意味着我们能够找准自己的位置，找到自己的快乐，"知足常乐"并不是一种消极思想，而是对现实的一种正确反映，是应该提倡的一种积极的心态。

种快乐于我心

一群年轻人到处寻找快乐，但是，却遇到许多烦恼、忧愁和痛苦。

他们向老师苏格拉底询问，快乐到底在哪里？

"你们还是先帮我造一条船吧！"

年轻人暂时把寻找快乐的事儿放到一边，找来造船的工具，用了七七四十九天，锯倒了一棵又高又大的树；挖空树心，造成了一条独木船。

独木船下水了，年轻人把老师请上船，一边合力荡桨，一边齐声唱起歌来。苏格拉底问："孩子们，你们快乐吗？"

学生齐声回答："快乐极了！"

苏格拉底道："快乐就是这样，它往往在你忙于做别的事情时突然来访。"

在日常生活中，人们牵挂得太多，太在意得失，所以他们的情绪起伏，并不快乐。快乐，是精神和肉体的朝气，是希望和信念，是对自己的现在和未来的信心，是一切都该如此进行的信心。人们必须体验过痛苦，才能体会到生的快乐。现代人时常心为物役，有太多的患得患失，因此，错过了许多的快乐。

人生就是不停地奔波，我们总免不了跌倒或无端的迷失。无由的抱怨，愤怒的发泄，只能使自己更沮丧。既然命运如此，不如改变我们的心态，快乐地接受命运的挑战，生命将会是另一种景象。

追求美好的生活是人们共同的心愿。但在实际生活中，每个人又会有所失才能有所得。有小失才能有大得；有局部之失，才能有整体之得。人生亦然。失去，本是一种痛苦，但也是一种幸福，因为失去的同时也在获得。

人在得意中常会遭遇到小的失败，后者与前者比起来，可能微不足道，但是人们往往会怨叹那小小的失，而不去想想既有的得。

譬如一位千万富翁，很可能因为失去了两百万元的账而郁郁不乐；一位经理可能因为遭受总经理的白眼而心萌去意。他们计较眼前的小不如意，却不想想自己已经是非常得意的人，正因如此，许多得意者反不如一般人活得快乐；甚至千万富翁自杀了，经理辞职了，到头来，这些得意的人由于自己的看不开，终于成了真正的失意者。

人生没有绝对的事。在某些时候，失去的同时也得到了，而且得到的远远比失去的要多。当你感到遗憾失去的同时，可能有另一种意想不到的收获。

有一个故事，说有个小伙子，还是穿开裆裤时，也记不得是哪一天，发现门前那堵墙上有一个闪光点，在阳光下生辉，艳丽无比。从此，朝思暮想，流连仰望。终于有一天，渐渐长高的小伙子决定爬上去看个仔细，百年危墙，高不可攀。近了，近了。最后，那只颤抖的手一把抓住了它，原来是一支破牙刷。他好失望，心情懊丧得很。事物的转换总是这样，小伙子在此之前，拥有一份好心情；一旦得到了那柄牙刷时，却又失去了昔

日的那份特好的心情。这正如佛经上所说的：“失就是得，得就是失。”

得与失在我们心中，真是只有一线之隔，我们意以为得，就是得意；意以为失，就是失意，所以颜回居陋巷，一箪食，一瓢饮，也能得意在其中。秦王统一六国，兼并天下，也能失意于其间。大约有得必有失，有失必有得；所得既多，便是增加，也不觉得欣喜，稍有所失，便惶惶恐恐；所失既多，就是再失，也不感到痛苦，稍有所获，便十分快乐。如此说来，得意何尝不是失意之由，失意又何尝不是得意之由呢？

更深一层想，我们人生最大的得意或失败，都无法由我们自己来左右。人生最大的得应该是“生”，我们从父母那里得到生命，不是最大的“得”吗？因为没有这个得，就没有以后的得，这是得的根本。而人生最大的失，应该是“死”，当这一刻来临，我们便抛出所得的一切，包括自己的生命，这不是最大的失吗？这最大的得与失，我们尚且无法掌握，又还有什么得失好计较呢？

孔子家语里记载：有一天楚王出游，遗失了他的弓，下面的人要找，楚王说：“不必了，我掉的弓，我的人民捡到，反正都是楚国人得到，又何必去找呢？”孔子听到这件事，感慨地说：“可惜楚王的心还是不够大啊！为什么不讲人掉了弓，自然有人捡得，又何必计较是不是楚国人呢？”

“人遗弓，人得之”应该是对得失最豁达的看法了。就我们个人而言，有得有失；就全人类而言，不是一样吗？这仿佛云来云往、雨来雨往，这世上总有晴朗与阴雨的地方；又正如生生死死，死死生生，这世间的一切总是继往开来，生息不断的。所以得与失，到头来根本就是一无所得，也一无所失啊！

患得患失的人，一生总是很苦恼的。他们对取舍疑虑不决，本来拥有一些自己并不需要而多余的东西，却又费尽脑汁想使这些东西不减反增，为这些终日烦恼，长此下去有损身心健康。与其担忧会失去，倒不如让它失去好了，换来了心情轻松和愉快，不是更好吗？

只要我们正视人生的得失，月亮即使有缺，也依然皎洁；人生即使有憾，也依

然美丽。

正确认识得失，得到了也可能失去，无论你得到了什么，都不妨时常这样提醒自己。这样，得到了的时候就会倍加珍惜，失去的时候也不至于无所适从。

不必为“失去”而难过，因为世间之物本来就是来去无常。我们所能做、所应做的只是在“得到”时珍惜它。

不能舍弃别人都有的，便得不到别人都没有的。会生活的人失去的多，得到的更多，只要这样一想，你就会有一种释然顿悟的感觉。

佛思禅悟：

生活中，我们牵挂的东西太多，太在意得失，所以我们情绪起伏，心事重重。人生苦短，总会有快乐与痛苦，当挫折与不幸来临时，不必对生活失去信心，更不能自暴自弃。无论在何种情况下，都应该选择快乐地生活。只有那些在绝境中仍然能抓住一丝快乐的人，才能领悟生命快乐的真谛。

无论什么时候，都要懂得为他人着想

唐代著名的智舜禅师一向在外云游参禅。

有一天，智舜禅师在山上林下打坐，忽然一只受伤的野鸡逃到禅师座前，禅师便以衣袖掩护着这只死里逃生的小生命。

不一会儿，一个猎人气喘吁吁地跑来向禅师索讨野鸡：“请将我射中的野鸡还给我！”

智舜禅师带着耐性，无限慈悲地开导猎人：“它也是一条生命，放过它吧！”

猎人说：“你要知道，那只野鸡可以当我的一盘菜哩！”

无论智舜禅师怎样劝解，猎人始终不依不饶地和智舜禅师纠缠。禅师没有办法，拿起行脚时防身的戒刀，把自己的耳朵割下来，送给贪婪的猎人，并且说：“这两只耳朵，够不够抵你的野

鸡，你可以拿去做一盘菜了。”

猎人大惊，终于觉悟到打猎杀生是件残忍的事情。

禅宗主张，人人都应该富有慈悲之心，不应该为了自己的一己之私而去肆意地伤害他人。

禅宗的这种观念，具体地运用到现实生活中就是要求人们要善于替别人着想，而不是凡事都从自己的私利出发。

替别人着想，虽然只有区区几个字，但是要真正地实施起来却并非易事。因为，替自己着想容易，而替别人着想却需要具有慈悲的关爱之心才行。

佛经中有这样一则故事。

从前，有一个骄傲的国王，想要建造一座王宫，便对大臣们说：“你们到森林中去找最高的树，我要用它来建筑宫殿。”

大臣们找来找去，终于有一天，在森林深处找到了这样的一棵树。这是一棵很茂盛的树，它的四周被一些小树围绕着。那天晚上，他们向国王报告说：“陛下，我们已经找到您要的树了，明天我们就到森林中去砍那棵大树。”

国王听了很高兴，就去睡觉了。那天晚上，他突然做了一个神奇的梦，他梦见树神出现在他面前说：“国王，请您不要摧毁我的住所。如果您这么做，每砍一斧，我就会痛苦一次，最终我就会死掉了。”但国王回答：“你是森林中最好的一棵树，我必须砍掉你用来建造皇宫。”无论这位神灵怎么恳求，国王还是很坚决，必须要砍掉这棵树。最后树神无奈地对他说：“好，你可以砍。但请你不要像砍一般的树那样从树下面砍断。你可以让你的臣民从树的最上面一枝一枝地往下砍，直到把整棵树全砍完了。”国王听到这种砍法，很惊奇，说：“那不是比一次从树根处砍下更加痛苦吗？”树神回答：“你说得不错。我是为森林中的其他生物着想，才建议你这样做的。我是棵很大的树，如果一次砍倒，就会压坏周围的小树，并会杀死很多小动物。但一枝一枝砍的话，就可以减少对它们的损伤了。”

国王这时醒了过来。他回忆起梦中的情景，心想：“树神宁肯挨数百次痛苦，也不要让小生灵们受苦，这树神是多么勇敢和仁慈，而我要砍树，只是为了满足我的虚荣心，我是多么的自私，我还是不要砍这棵树了，我应该对他表示尊敬才对。”于是国王第二天就亲自去森林深处，向这棵树献花致敬。

从那天以后，他变成了一位仁慈、有爱心的国王了。

能设身处地为他人着想，了解他人心里想些什么的人，永远不用担心未来。要想很好地生存和发展，就要学会为别人着想，学会与人合作，因为只有懂得为他人着想，人与人之间才会最大限度的减少矛盾和冲突，而一个懂得为他人着想的人，别人也会想着他。

人与人之间相处，难免有误解、有矛盾，这时，如果你能设身处地为他人着想，为对方着想，你就会选择宽容，选择忍让，如此一来，你的委曲求全也就能感化对方，所谓的矛盾也就迎刃而解了。

当别人无意间冷落了自己、冒犯了自己时，要尽可能以博大的胸怀宽容对方、原谅对方，而不是无论对谁、无论对何事都要针锋相对、都要斤斤计较。当然，能够原谅对方的前提是，你必须是一个习惯为他人着想的人。

有一个年轻人，他一心想知道天堂和地狱到底有什么差别，有一位哲人决定帮他解决这个问题，于是哲人就带着这个年轻人来到了一个破败不堪的地方，他看见那里有很多人，大家都围在一起吃东西，奇怪的是那些东西都是很好的食物，但那些人看起来却面黄肌瘦，一副痛苦不堪的样子，哲人对年轻人说："这就是你想知道的地狱。"

接着哲人又把年轻人带到另一个地方，同样的也是有很多人坐在一起吃东西，不同的是他们吃东西的样子都很满足和开心，哲人对年轻人说："这就是你想要知道的天堂。"

年轻人感到疑惑不解，就问哲人："为什么他们的境遇相同，而状态却截然不同呢？"哲人说："你再看看他们使用的筷子，因为筷子太长，如果只顾自己吃，那么谁也别想把食物吃到嘴里，地狱里的人都是只顾自己，结果什么都吃不到，而天堂里的人就不一样，也是同样长的筷子，但他们都把食物喂到对方的嘴里，所以最后大家都能吃到食物。"

年轻人恍然大悟，原来天堂和地狱的差别就在于是否为别人着想。

佛思禅悟：

俗话说，种瓜得瓜，种豆得豆。如果你种下善因，获得的当然是善果。也就是说，如果能常常为他人着想，那么，别人也会很自然地为你着想。

感恩之心，可以化解矛盾和怨恨

有一个年轻人总是闷闷不乐的样子，于是他就去找禅师开示。

年轻人对禅师说："在我小的时候我的父亲经常打我，有时候我真想离家出走再也不回来，可是又没有那么大的勇气和胆量。"

禅师问他："那现在还有人打你吗？你还有什么倒霉的事吗？"

年轻人说："没有人打我，也没有什么倒霉的事，只是我总觉得自己活得挺窝囊的。"

禅师问道："你所说的窝囊指的是什么呢？"

年轻人说："在单位，不管领导说什么，我都不敢发表自己的意见。他们都说我是个没主见的人，最可气的是，我的老婆也瞧不起我。"

禅师说："那也就是说，你的领导不会找你的麻烦，因为你很听话？"

年轻人说道："是的，可能是我父亲在我小的时候已经把我打服了，不敢再有自己的想法和意见。"

禅师说："那么如果当年你父亲没有打服你，你现在总和你的领导对着干，结果又会怎样呢？"

年轻人想了想说道："可能会失去现在的工作吧。"

禅师说道："你父亲无论怎么打你，也不会不养活你，可是如果你的领导'打'你，那就真不养活你了，我说的对吧？"

年轻人听了若有所思地说道："没错，父亲就是再生气也不会抛下我不管。"

禅师说道："所以说，当年你父亲打你，是为了让你今天能够顺利消除困难和阻碍，让你不那么轻易就丢掉饭碗，那么你现在是应该恨他，还是应该感谢他？"

年轻人一时竟然没有答出话来："这个……"

禅师又说道："你现在的单位，就像是一个大家庭，领导就是这个家庭的父亲。你也是其中一个成员。你之所以能够保住饭碗，是因为你已经从小在家培训出了服从的习惯。而那些学不会服从的人，自然会跟领导对着干，后果就可想而知了。这就是父母对孩子的爱。有时候确实没什么道

理可讲，只看事情的结果。所谓‘不打不成器’，指的正是这个道理。因此，我们今天要把对父母的抱怨和不理解转化为感恩，把真正的爱找回来，人才会开心，家庭才会圆满、和睦。”

佛思禅悟：

一个人如果能够怀着一颗感恩之心去做事情，那么一定能够赢得别人的尊重和喜爱。因为感恩可以化解很多的矛盾和怨恨，心怀感恩，所有的不快和委屈就可以在相互理解的关爱里消散。用感恩的心情来对待生活，不怨天尤人，不心烦气躁，生活便会幸福安康。

种什么因，就得什么果

王舍城里有一个富贵人家，有一年，这个富人家里诞生了一名相貌非凡的男婴，他出生的时候指头竟然放光，父母看到这种情况既高兴又吃惊，于是请法师来给他起名叫“灯指”，还邀请亲朋好友来庆祝了一番。

来参加宴会的有一个叫苦修的婆罗门学者，看了这个男婴的长相说：“这个孩子是天人下凡，将来必定不同凡响。”听到这样的赞美，富人夫妇更加高兴了，于是大设檀会，七天七夜不停的布施作福。

消息传到国王耳里，他心想：“出生指头就会发光吗？”国王感到很疑惑，于是就派人将这个男孩带到王宫中来，想亲眼见识一下。国王见到这个男婴的手指确实可以放光，惊异的说道：“果然因果是真的存在的。如果没有因果，为什么这婴儿一出生，手指就能发出光芒？这婴儿前世一定积了不少福德，现在才得到善报的。”

渐渐的，灯指长大了，父亲为他选择了一个门当户对的富家女子作

为他的妻子，过着无忧无虑的幸福生活。但是没过多久，灯指的父母相继去世，灯指从小娇生惯养，不懂得管理家业，只是每天过着安逸舒坦的日子，而家里的积蓄越来越少。

这天灯指出门享乐，妻子也回娘家探亲，一伙强盗乘虚而入，抢走了家中仅有的财产。灯指晚上回家发现被抢劫一空，不禁放声大哭，就在这个时候，他那神奇的指头也不再放光了。

可怜的灯指一夕之间什么都没有了，妻子也离他而去，仆人们也四散而去，亲朋好友更是与他断绝了往来。大家害怕他向自己乞讨，只要一看到他，不是急急忙忙躲开，就是大声把他骂走。灯指感到生不如死，不止一次想要自杀，却都没有成功。

灯指心想："想死又死不了，将来日子还那么长，要如何才能过下去呢？"后来灯指走投无路，就去做了抬尸体的工人。

有一天，他正把一个尸体抬到墓地准备放下的时候，死人却紧抱住灯指不肯松手，灯指用尽全力也不能甩开。灯指吓得乱跑，想要找人解救，可是没有人帮他，反而还骂他怎么背着尸体到处乱跑，然后用石头丢他，丢得他头破血流。灯指不禁难过地说："我本来家中富有，没想到现在却过着这样的生活，哪知道又有冤魂跟着我，我背的尸体竟然不离开我。我就算背着尸体也要回到原本的家，宁愿和尸体一起死，也不愿以后背着尸体苟且偷生。"

于是灯指背着尸体来到自家空宅，说来奇怪，灯指一到家，死尸就掉在了地上。这时灯指忽然看见死尸的手指闪闪发亮，再仔细观察竟发现是黄金。他拿小刀割开尸体，发现尸体的全身骨骼都是金子。这下灯指发财了，他的富贵更胜从前，妻子、僮仆都回来投靠他，亲戚朋友也都回来找他，灯指叹了一口气说："运势一去，所有一切都幻灭，生活有如地狱一般。运势一来，连尸体都变成黄金，之前无情的人立刻变得好像没事，对我依旧喜爱。"

经历了这些事，灯指看破人生，不再迷恋富贵繁华，把一切财物施给贫苦大众，之后放弃荣华富贵，出家修行，每天精勤修习，最终成为阿罗汉，但是尸宝还是紧紧随着他，不肯离去。比丘们看了，合掌问佛陀："灯指比丘因为什么因缘，从出生以来就指头发光？又是什么因缘要遭受大贫困？而且尸宝为什么一直跟在他身边呢？"

佛陀回答："好几世以前，灯指比丘出生在波罗奈国一个富有家庭

里。当他还是小孩子的时候，有天在外面玩得太晚，等到天黑回家时，家里的门窗都关了，他大叫开门也没有人来应门。过了很久母亲才来为他开门，他于是生气地骂母亲：‘全家都死光了吗？还是有盗贼来抢劫？怎么没人帮我开门！’造了这种口业，他死后堕入地狱，并且这辈子遭受贫困，至于指头发光及尸宝的因缘，则是另一件事。从前有一位佛名叫毗婆尸，他入涅槃后，佛法流传到世间。灯指当时已经长大，成为富豪。有天他到塔寺恭敬礼拜之后，见到佛像有一根指头破落，他马上花钱用金箔修补佛指。修好后，他祈愿能因为修治佛像的功德，以后得到尊豪富贵，如果漏失金钱，之后还能寻得。因为上辈子帮佛像修补指头的因缘，所以今世得到指头发光以及死尸成宝的福报。”

佛陀说：“在佛像前面种下微小的福德因缘，竟可以得到如此大的福报，甚至到了他将要进入涅槃境界时还跟着他。可以想见如果对如来法身种植福因，对于修行的功德将不可限量；相反的，恶业也将遭到苦报。”

从前波斯匿王听到两个侍从在对话，一个说：“今天我所有的一切都是因国王所赐。”另一个说：“我什么都不依靠，只凭自己的命运来获得。”

国王一听很喜欢前者，便先遣人去皇后那里交代一些赏赐的事，接着便叫那侍者端着国王喝过的半杯酒，送去给皇后。

但天不从人愿，侍者流起鼻血来，只好由那位凭自己命运做事的侍者送去给皇后，皇后因而给他很多赏赐。

得到赏赐的侍者回报给国王，国王觉得讶异，立刻叫之前的侍者来问原因，侍者说：“我刚走出门就流鼻血了，所以才请他代送国王的酒给皇后。”

国王叹气说：“我现在终于了解佛说的‘自作其业，自受其报’。业力是谁也无法更改的。”

“种如是因，得如是果。”善恶之报如影随形。不该得的福报，怎么都强求不来；是自己的福报，别人也抢不走。

佛思禅悟：

古语说：“种瓜得瓜，种豆得豆。”佛语有云：“种下什么因，就得什么果。一切皆有因缘果报。帮助了别人，就能够得到别人的帮助，而伤害了别人，也许某一天会受到同样的伤害。”

话要想好了再说

很久以前，有一个信佛教的富翁，他有万贯家财，而且人也很慷慨大方，他经常用钱财去行善布施，供养三宝。

有一天他又拿着很多财物，虔诚地去供养佛陀和僧侣。

佛陀接受了供养后就带领僧众回精舍去了。在回去的路上，佛陀和僧侣在一棵大树下休息的时候，突然从树上跳下一只猿猴，向佛陀求借钵具，佛陀就把钵具借给了猿猴，猿猴速去速回，并把钵具还给了佛陀，钵具里盛满了蜜，佛陀就把这些蜜分给了众位僧侣，猿猴看了，欢喜得直跳。

过了一段时间，这个猿猴死去了，转世为人后，生在这个富翁的家中。在他出生的时候，家里所有的钵体都盛满了蜜。富翁夫妇感到很奇怪，就给他起名字叫做蜜胜。

转眼几年过去了，蜜胜也长大成人，他对世俗感到厌倦，于是要求父母允许他出家，父母答应了他的请求。

得到父母的同意后，蜜胜来到精舍，投佛出家。因为他前世做了很多的善事，所以很快得到了果报。

有一次，他和同修的比丘们外出度化，走到半路的时候，天气炎热，大家都感到非常口渴，这时候，蜜胜比丘拿出自己的空钵，向空中一掷，然后用双手接住，钵体里已经盛满了蜜，于是他就把蜜分给大家吃。

回到精舍后，有一个比丘感到很纳闷，于是就问佛陀：“蜜胜比丘前世修的是什么福？为什么他随时随地都能够求到蜜呢？”

佛陀回答道：“你们还记

得有一次在半路休息的时候遇到一只猿猴？它向我求借钵体，装了满满的蜜来供养僧众。由于他的好善喜施，死后就转化成了人。由于他的诚心，所以今生今世，他都能在任何时候任何地方求得佳蜜。”

佛陀说完后，比丘又问道：“佛陀，那蜜胜的前世又是什么因缘让他变成一只猿猴的呢？”

不知不觉，佛陀身边已经聚集了很多弟子，佛陀看着这些弟子们说道：“蜜胜成为一只猿猴，是因为在五百年前，有一位比丘在看另一位比丘过河的时候，感觉那个比丘的姿势像一只猿猴，于是就笑说他像猿猴，因此犯了恶语的罪过，最后被堕为猿猴。后来他知道自己的错，向那位被讥笑的比丘忏悔，免去了地狱之苦，最后遇佛得度，今生也很快证得了罗汉果。”

佛陀讲完以后，诸比丘们都明白了：一句恶言就能招来苦报。从此以后，大家都非常注意自己的言语，再也不敢有戏言和恶语了。

人生很重要的一件事情就是管住自己的嘴巴，很多人常常犯这样的错误，说了很多话，却不知道自己到底要说什么，或者想起了什么就说，无所顾忌，结果是给自己制造了很多麻烦，也给别人带来了很多烦恼，所谓祸从口出，说的就是这样一个道理。

佛经里有这样一个故事：

有一天，释尊带着阿难到王舍城内托钵后，走出城外，他们看见一个巨大的深坑，乃是城内居民倾倒大小便的粪坑，雨水和脏水混入，臭气冲天。其中有一形似人状，而且有许多手脚的小虫。它从遥远处就看见佛来，不断从臭水中抬起头来，泪水直流地仰望着佛陀。

释尊见它那悲凄状，忍不住从怜恤的眼神里，呈现着悲哀，此时，一切反应都看在阿难的双眼里。

佛返回灵鹫山后，阿难铺好坐垫，佛静静地坐着。

阿难代表大家向佛打听刚才看见小虫时，为什么呈现难过的表情。

“世尊，刚才在王舍城外看见粪坑里的小虫，它前世到底做了什么罪业呢？何时投胎在那臭水坑里呢？何时才能脱离那种痛苦呢？”

“阿难，你们仔细听着。现在让我谈谈它的前后因缘。”

佛陀开始谈起往事。

这是过去佛出世教化一切众生结束，入灭以后的事情。当时，有一位婆罗门建造寺庙。供养许多僧伽，有位施主供奉了许多奶物。一天，适逢

一群云游和尚来访，该寺的知客僧心里想：

“施主特地送来一批供养品，来了一群不速之客，端出来未免可惜，干脆藏起来吧！”

知客僧果然暗中藏起奶物，不肯摆出来让大家吃。不料，那群做客僧伽早已知悉此事，就责问知客僧说：

“你为什么不让我们吃那些奶制品呢？”

“你们刚来做客，我是寺里的老主人，新来客人怎能享受佳肴呢？”

“奶物是施主供养的，现在住在寺庙的人，应该不分彼此，都能够分享才对。”

知客僧被人责备后，愈加愤怒，以至失去自制心，破口大骂：“你们去喝厕所的脏水吧！哪有资格享受这些美食呢？”

佛把话说到此，就转口说：

“妄开恶口，终有恶报，在以后数千数百年的漫长时间里，他就投生在厕所坑里了，也就是王舍城外那只小虫。他只是对许多出家人说了一次恶言恶语，就饱尝如此痛苦。凡我弟子都应该明白祸从口出，妄开恶言会惹火烧身，故不能等闲视之，对父母和其他人必须言谈温和。”

大家听完佛陀的说法，无不感激万分，各自合掌向佛礼拜，肃静离去。

佛思禅悟：

人生很重要的一件事情就是管住自己的嘴巴，很多人常常犯这样的错误，说了很多话，却不知道自己到底要说什么，或者想起了什么就说，无所顾忌，结果是给自己制造了很多麻烦，也给别人带来了很多烦恼，所谓祸从口出，说的就是这样一个道理。所以，平时要注意自己的言语，要想好了再说，要知道哪些话该说，哪些话不该说。

不要把自己的意志强加给别人

有一座千年古寺，寺庙里有一尊很灵验的观音菩萨，所以这座寺庙的香火很旺。每天有很多很多虔诚的信徒在观音菩萨面前朝拜许愿。

在寺庙里还有一位看门的人。他看到有很多的人在观音菩萨面前许了很多的心愿，于是就好奇地问菩萨："观音菩萨，每天听这么多人的唠叨，你坐在上面有什么感受呢？"

观音说："我的工作就是这样的啊，就是听他们唠叨，听他们许愿。"

看门人看着观音菩萨每天应付那么多的人，觉得观音菩萨太辛苦了，于是就自告奋勇地对观音菩萨说："我无法想象您坐在上面是什么样的感觉，我能否坐在上面感受一番呢？或许也能替您分担一下辛苦。"

观音想了想说："可以啊，这个很容易的，但是你必须答应我一个条件，当你在上面时，不管看到什么或听到什么，你必须一句话都不能讲。"

看门人爽快地答道："这个条件很简单，我一定能够做到的。"接着观音就抽出杨柳枝，对着看门人点了三下。于是看门人变成了观音，观音变成了看门人。观音与看门人调换了位置。

看门人每天就像观音菩萨一样坐在莲台上重复着观音菩萨所做的事情，每天来求观音的人要求五花八门各不相同，听着许多人的许愿和唠叨，看门人虽然惊奇万分，心里憋得慌，但他仍然信守自己的诺言，一句话也不讲。

有一天清晨，来了一个很有钱的富翁。他来到观音面前许愿："希望能赚更多钱，能够娶更多的美女做老婆。"当他磕完头转身走的时候，他随身携带的钱包不小心掉在了蒲团旁边。看门人看见了忍不住想提醒他，但一想到他的诺言就闭上了嘴。

第二个来许愿的人是个很穷的穷人。他希望观音菩萨能够让他有钱给孩子看病，能够买足够的粮食回家填饱一家人的肚子。当他许完愿望后突然发现了蒲团旁边的那个钱包。他打开一看，里面装满了钱。这个穷人万分感谢观音菩萨显灵让他心想事成，于是高高兴兴地拿着钱包离开了寺庙。

跟着进来了第三个人。他是个年轻的小伙子，正要外出远行谋生。所以他来到观音面前许愿说："我要坐船远行到外面去工作了，希望观音菩萨保佑我平平安安，一切顺利，并能赚很多钱回来。"

这个小伙子许完愿正准备动身离开的时候，那个富翁急匆匆的回来了，原来有钱的富翁发现自己的钱包丢失了，所以转回来了。他一把抓住小伙子的衣领说："我钱包丢在这里，一定是你拣到了，你赶快给我拿出来。"

小伙子说："我刚刚来到这里许愿，根本就没有看见你的钱包，更别说捡到了。"

富翁说："现在大清早的，寺庙里根本就一个人都没有，除了你还会有谁能捡到我的钱包呢？你要是不把钱包还给我，我就不让你走。"

小伙子着急的掏出船票说："你看我马上就要坐船了。我真的没有捡到你的钱包。我坐的船马上就要起航了，你再不让我走的话，我就赶不上那个航船了，这样就会延误我找工作的。"

两人就这样你一句我一句的争执起来。

坐在上面的看门人实在忍不住了，就说："你的钱包的的确确是掉在了这里，但这个钱包不是小伙子捡去了，是另外一个穷人。他刚走不久，他出门后往右边方向去了，你现在去找他就可以找回你的钱包。"

富翁听了这些话，赶紧放开了小伙子，依照看门人所说的，去找那个穷人要钱包，而小伙子也顺利地去坐他的船远行了。

这个时候观音菩萨开始说话了。菩萨对看门人说："你没有遵守你对我的承诺，现在你已经闯下大祸，你现在已经没有资格坐在上面了，赶紧下来吧。"

看门人说："我是违背了自己的诺言，但是我说出的是一件事情的真相，最后他们各得其所，难道我这样做错了吗？"

观音菩萨说："富翁丢掉了钱包对他来说根本就是九牛一毛，不值一提。对于穷人来说，这笔钱却可以为他的孩子治病，能让家里人吃饱穿暖，可以救一家人。这些都不是最要紧的，最严重的就是那个年轻小伙子。如果那个富人一直跟他纠缠下去，就会延误了他出海的时间，这样就能保住他的一条性命，而现在，他乘坐的那条船正在沉没……"

佛思禅悟：

有时候，很多人出于好心去帮助别人，但极有可能因为站在自己的立场去判断是非曲直，结果往往容易把事情搞砸。因为他们不知道别人到底

需要的是什么。任何事情都是有两面性的，在我们认为是对的时候，也许对别人来说并非是一件好事。

爱与不爱只在一念间

一天深夜，一座寺庙里有一个禅师与一个男人在对话，禅师坐着，男人垂手站立。

男人苦恼地对禅师说："我是一个已婚之人，现在却狂热地爱上了另一个女人，我真的不知道该怎么办才好。"

禅师道："那么你能确定你现在爱上的这个女人就是你生命里惟一的最爱的女人吗？你会不会再爱上别人呢？"

男人想了想，说："不会的，这个女人是我的最爱，也将是我生命中的最后一个女人。"

禅师立刻说："那你现在就离婚，然后娶她为妻不就可以了吗？为什么还要苦恼呢？"

男人却显得十分为难的样子，他对禅师说道："可是我现在的妻子温柔、善良、贤惠，并没有任何对不起我的地方，我这样做是不是太过于残忍？而且，我这样做似乎也很不道德。"

禅师道："在婚姻中如果没有爱还在一起，才是最残忍和最不道德的，你现在既然已经爱上了别人不爱她了，所以，你这样做并没有错。"

男人着急地说："可是我妻子很爱我的，我该怎么办呢？"

禅师听后说道："那她至少还是幸福的。"

男人感到迷惑不解，就问道："是我先要提出与她离婚，然后另娶他人，她应该很痛苦才对呀，你为什么说她是幸福的呢？"

禅师道："因为她仍然拥有对你的爱，正所谓拥有的就是幸福的，失去的才是痛苦的，所以痛苦的人应该是你而不是她。"

男人仍然十分迷茫，又说道："我另娶他人，而她不再拥有我，难道她不应该痛苦吗？"

禅师说："你又错了，你只是她婚姻中真爱的一个具体，当你这个具体不存在的时候，她的真爱还会延续到另一个具体，因为她的真爱从没有

失去过，而你却失去了，所以她是幸福的而你才是痛苦的。”

男人急切地说：“可是她说过，她这辈子只爱我一人，她不会再爱上别的男人。”

禅师反问道：“你也说过这样的话吧？”

男人听了禅师的问话面露惭色，没有说出话来。

禅师又指着烛台上的三根蜡烛问他：“你现在看你面前烛台上的三根蜡烛，哪根最亮？”

男人仔细端详了一会儿，道：“好像都是一样的亮。”

禅师道：“这三根蜡烛就好比是三个女人，其中有一根就代表你现在最爱的那个女人，大千世界，女人是无数的，你在这三根蜡烛中都不能把你最爱的人找出来，你又怎能确定你现在爱的这个女人就是你生命里惟一的最后一个女人呢？”

男人脸上惭色更甚。禅师看了看男人，径自说道：“你现在拿其中一根蜡烛放在眼前，再看这三根中哪根最亮？”

男人道：“眼前的这根最亮。”

禅师道：“你现在把它放回原处，再看看哪根最亮。男人看了一会儿，道：“现在又看不出来了。”

禅师缓缓说：“你刚才拿的那根蜡烛就好比是你现在爱的那个最后的女人，当你用心爱她时，你就觉得它最亮，当你把它放回原处后，你却找不到最亮的一点感觉，这就是你这种所谓的惟一的最后一个女人。”

男人恍然大悟：“哦，我懂了，你并不是要我与妻子离婚。”

禅师道：“看破就好，不要说破，你知道如何去做就可以了。”

男人终于大彻大悟：“我现在知道谁是我最爱的人了。”

禅师道：“阿弥陀佛，阿弥陀佛！”

得不到的东西，总是觉得最好，主要是因为对它了解的太少，没有时间与它在一起相处和了解。一旦有机会在一起，时间久了就会发现，它并不像想象中的那么美好，其实爱与不爱只在一念间，我们所爱的人无非都是芸芸众生中的一个人，只要用心去爱，就会觉得珍贵。

找一个喜欢的人不容易，找一个爱自己的人也不容易，如果不能确定哪一个才是自己最爱的人，为什么不在自己成为别人的爱人时珍惜自己拥有的感情呢？珍惜当前，永远胜过三心二意。

佛思禅悟：

有的就要学会珍惜，不要等到失去了才感到惋惜，得不到的不一定是最好的，爱与不爱都是一念之差，为什么不去爱眼前人，而去追求不可得的东西呢？

珍惜拥有，一切都不必苛求

佛经上记载着这样一则故事：

从前，在一片茂密的大森林里，住着一群孔雀。孔雀王有五百个妻子，但它把五百个孔雀妻子都抛弃了，爱恋上一只青雀。

这只青雀最喜欢吃甘露和一种美味的果子，所以，孔雀王每天清晨都踏着露水，到森林里去吸取甘露，并寻找那种果子给青雀吃。

有一个国家的王后患了重病，久治无效。有一天，王后做了一个梦，她梦见一只孔雀，用人话对她说："您的病，只有用孔雀的肉才可以治。"王后早上醒来把这个奇怪的梦马上告诉给国王。

国王听了以后，立刻命令全国的猎人都去这片树林里捕捉孔雀。

王后还对大家许诺说："要是有谁能捉到活的孔雀治好我的病，我就把小女儿许配给他，并赏他黄金一百斤。"

于是，猎人们纷纷出去搜寻孔雀。其中一个猎人发现了孔雀王，一连几天，都悄悄地跟在孔雀王后面，发现它常去采果子。

为了能捉到活的孔雀，猎人想出一个好办法，他将拌了蜜糖的面粉调成糊状，抹在孔雀王常常经过的树枝上。

孔雀王发现了这种食物，心想青雀一定非常爱吃，便带回一些给青雀，青雀果然非常喜欢。于是，孔雀王每次去采果子的时候都要带点这种食物回去给青雀。

过了一段时间，猎人见时机已到，就把同样的面糊抹在身上，躺在地上，一动也不动。

孔雀王像往常一样来取这种面糊，冷不防被猎人以极快的速度抓住了。

孔雀王知道自己跑不掉了，就对猎人说："你这样想方设法地抓我，

一定是想得到什么，我可以告诉你一座宝库，那里面应有尽有，它的价值真是难以估计，如果你得到它，你这辈子，甚至你的世世代代都不会受穷了，你放了我吧。”

猎人说：“我怎么能相信你的话呢，王后已经许诺说，谁要是捉住孔雀，就会得到一百斤黄金，还许诺将女儿嫁给我呢！”说着猎人就将孔雀王捆了起来，并带回去献给了国王。

孔雀王被猎人带到国王面前时，对国王说：“仁慈的大王啊，请给我一点水，我对着它念过咒语以后，喝了就可以治百病。若是没效，再杀了我不迟！”

国王听了觉得也有道理，便同意了，他拿孔雀王念过咒语的水给王后喝，王后喝了这种神奇的水，立刻觉得精神焕发，身体恢复了健康，而且变得比以前更加年轻、漂亮。

国王又把水分给宫里的其他人喝，个个都变得活力无限、神采奕奕。

大家都很高兴说：“幸好国王没有杀孔雀王，才能得到仙水，医好这么多有病的人。”

孔雀王又说：“大王，我虽然医治了宫里那么多人的病，但外面还有很多百姓，受着疾病的折磨，所以我要对附近的湖水施法术，这样，整座湖的水都可以治病，老百姓只要喝了湖水，任何病痛都可以痊愈了。若不灵验，您可用棍杖打断我的脚。”国王答应孔雀王的请求。

于是，孔雀王来到湖边，跳到湖中，念了一遍咒语。老百姓饮了湖水之后，果然病全都好了，个个都欢天喜地，他们心里都非常感激孔雀王。

孔雀王见自己已经脱离了危险，便飞到树上，对国王说：“陛下，您可知道，这世界上最傻的三个人是谁吗？一个是我，一个是捉我的猎人，还有一个是大王您。”

国王听了感到很奇怪，便问道：“你说的这话是什么意思？”

孔雀王说道：“人们都说美色如同烈火，可是这火是会烧掉自己性命的。我说我自己傻是因为，我有五百个妻子，却还是不满足，我把她们都舍弃了，唯独喜欢青雀，想要娶青雀为妻。为了讨她欢心，我每天早晨都去寻找她爱吃的果子，我跑来跑去地就像差役一样，最后被猎人捕获，结果差点儿送了自己的命。

我说猎人傻，是因为在他捉住我时，我曾经真心诚意地对他说我知道一座秘密的宝库，可是他不要无穷无尽的宝库，却偏偏听信王后的话，一

心想娶国王您的女儿为妻。王后的病早就治好了，可是她还不提许给猎人的承诺，而猎人偏偏要信她的，这猎人不是很愚蠢吗？

而大王您，费了那么大力气才得到我，凭借我神奇的法术而治好了很多人的病，可是大王您竟然轻易地把我放了，这就是大王您的愚蠢了。”

说完孔雀王拍拍翅膀，腾空而去。

人生最可怜的事，不是生与死的诀别，而是当面对自己所拥有的，却不知道它是多么的珍贵。

大卫·葛雷森说：“我相信，现在未能把握的生命是没有把握的；现在未能享受的生命是无法享受的；而现在未能明智地度过的生命是难以过得明智的。因为过去的已去，而无人得知未来。”

智慧的人多能顿悟人生，看淡尘世的物欲，抵御各种诱惑，舍弃烦恼和痛苦，踏踏实实做些有利于社会的事情。愚蠢的人混沌人生、贪求名利，在烦恼和痛苦中过早地耗尽自己的生命。

有一位国王，常为过去的错误而悔恨、为将来的前途而担忧，整日郁郁寡欢，于是他派大臣四处寻找一个快乐的人，并把这个快乐的人带回王宫。这位大臣四处寻找了好几年，终于有一天，当他走进一个贫穷的村落时，听到一个快乐的人在放声歌唱。循着歌声，他找到了正在田间犁地的农夫。

大臣问农夫：“你快乐吗？”

农夫回答：“我每天都很快乐。”

大臣喜出望外地把自己的使命和意图告诉了农夫。农夫不禁大笑起来，他又说道：“我曾因为没有鞋子而懊恼，直到我遇到了一个没脚的人。”

每个人总是看重自己的痛苦，而对别人的痛苦忽略不计。当自己痛苦不堪的时候，要是能够换一个角度来思考，痛苦的程度就会大大减弱。

懂得珍惜的人，每一天都是新的。拂去外表的尘埃，就会感受到生活的真谛。珍惜拥有就是对生命的尊重，也是对这个世界最好的报答。

佛思禅悟：

很多人总是羡慕别人所拥有的一切，总是埋怨自己得到的太少，从来不懂得珍惜自己身边所拥有的。珍惜所拥有的一切吧，一切都不必苛求，用感恩的心去对待所有的人和物，你会发现，这个世界是如此的美丽。

凡事都需量力而行

有一位非常有名的武僧归隐于山林中。听到他的名声，人们都千里迢迢慕名而来寻找他，想跟他学些武术。

他们到达武僧所住的深山时，发现武僧正从山谷里往回挑水。他挑得不多，两只木桶里的水都没有装满。他们心想，大师是学习武术的，应该有很大的力气，所以大师应该能够挑很大的桶，而且挑得满满的。于是他们就不解地问道："大师，您应该可以挑很多水的，为什么两个木桶都没有装满，这是什么道理？"

武僧回答道："挑水之道并不在于挑多，而在于挑得够用。一味贪多，也许会适得其反。"众人这时候感到很迷惑不解。

武僧从他们中拉出了一个人，让他从山谷里打了两桶水，这次水装得满满的。

那人挑得非常吃力，木桶摇摇晃晃，还没走几步，就跌倒在地，水全都洒了，膝盖也被摔破了。

这时候，武僧说道："水都洒了，岂不是还得回头重新打一桶？膝盖被摔破了，走起路来就更艰难了，岂不是要比刚才挑得还少吗？"

众人又问道："那么大师，请问应该挑多少，怎么去估计呢？"

武僧笑着说道"你们看这个桶。"

众人看去，桶的内壁里被划了一条线。

武僧接着说道："这条线就是底线，水绝对不能高于这条线，高于这条线就超过了自己所能承受的极限和需要。开始的时候需要画一条线，挑的次数多了以后就不用看那条线了，凭感觉就知道应该挑多少合适了。不过，有这条线可以提醒我们，凡事要尽力而为，更要量力而行。"

众人又问：“那么底线到底应该定多低呢？”

武僧说：“一般来说，越低越好，因为低的目标容易让人去实现，而人的勇气也就不容易受到挫伤，反而会培养起更大的兴趣和热情，长此以往，循序渐进，自然会挑得更多，挑得更稳。”

挑水就像是武术，武术也如同处世。不具备相应的能力，就不要去贪更重要的权位，否则不仅会让自己备受打击，还会让别人看不起。做什么事情都要懂得循序渐进，量力而行，逐步去实现目标，才能避免许多无谓的挫折。

人生有许多成长发展的阶段，必须量力而行以做到循序渐进。有的人喜欢好高骛远，过于急功近利，结果往往事与愿违，很难达到自己的目的。

有这样一则寓言故事：

一只老鹰叼走了一只绵羊。一只乌鸦见到了立刻想学它。

乌鸦尽管身单力薄，嘴却特别馋。它在羊群上空盘旋，盯上了羊群中最肥美的那只羊。这是一只可以用作祭祀的羊，天生是留给神享用的。乌鸦贪婪地注视着这只羊，自言自语地说道：“我虽不知你是吃谁的奶长大的，但你的身体如此的丰腴，我只好选你做我的晚餐了！”说罢，它呼啦啦带着风就扑向这只咩咩叫唤的肥羊。

绵羊可不是奶酪，乌鸦不仅没把肥羊带到天空，它的爪子反而被羊卷曲的长毛紧紧地缠住了，这只倒霉的乌鸦脱身无术，只好等牧人赶过来逮住它，并把它投进了笼子，成为孩子的玩物。

做事必须量力而行，别人的成功方法可能正是导致你失败的原因。无论做什么，都必须尽心尽力，付出代价，才能有好的收获。

世界上大多数人都是平凡人，但大多数平凡人都希望自己成为不平凡的人。梦想成功，才华获得赏识，能力获得肯定，拥有名誉、地位、财富。不过，遗憾的是，真正能做到的人，似乎总是少数。

水从高原流下，由西向东，渤海口的一条鱼逆流而上。它的游技很精湛，因而游得很精彩，一会儿冲过浅滩，一会儿划过激流，它穿过了湖泊中的层层渔网，也躲过无数水鸟的追逐。它不停地游，最后穿过山涧，挤过石隙，游上了高原。然而，它还没来得及发出一声欢呼，瞬间却冻成了冰。

若干年后，一群登山者在高原的冰块中发现了它，它还保持着游动的姿势。有人认出这是渤海口的鱼。

一个年轻人感叹说：这是一条勇敢的鱼，它逆行了那么远、那么长久。

另一个年轻人却为之叹息，说这的确是一条勇敢的鱼，但是它只有伟大的精神却没有伟大的方向，它最后得到的只能是死亡。

好高骛远者，总是不切合实际，这也看不惯，那也看不惯。或者以为周围的一切都与他为难，或者不屑于周围的一切。不能正视自身，是好高骛远者的突出特征。不要以己之所长去比人之所短。不要心中唯有自己的高大形象，从不患不知人，唯患人之不己知。

要想渡过人生的危难，战胜人生中的种种挫折，须从最细小最微不足道的地方做起，从最卑贱的事情起步。

常常看到有的人不顾自身的能力，看到别人做了什么事好，也跟着干了，最后弄得一败涂地。有的人埋怨自己不够幸运，有的人觉得自己没赶上机遇，殊不知机遇也是要有敏锐的目光才能捕捉到的。

现实生活中有很大一部分人，非常急功近利，这样的人太过于自负。只有了解自己，寻找适当的机会，再去表现自己才是最明智的选择。

佛思禅悟：

人要清楚了解自己的能力，做事情的时候要尽力而为，量力而行。只有做自己力所能及的事，才能充分展现自身的才华。否则，可能会适得其反，自己打自己的脸。好高骛远，想一蹴而就，只会使自己寸步难行，加深挫折感而已。

第七篇

禅是自强不息的坚忍

身怀宝物的流浪汉

我们每个人个性不同，才能不一，但只要努力，都会在社会中找到自己的安身立命之所。有个律师事务所的广告这样写道：本所尊崇法信天下的信条，坚信一个社会成员，只要身怀二件宝物，就可以纵横天下。第一是“法”，即知法守法；第二是“信”，即自信和诚信。本所始终追求并积极参与构建这样一个公平、法制、信用、和谐的理想社会。这是一个律师事务所铿锵有力的追求和理念，一个业体尚需理念支撑才能顺利经营下去，作为一个万物之灵的人，更需要理想和信念的支持，如果没有了人生的理念和自信的追求，就会自暴自弃，在人生中怠惰不求上进，失去了自己的价值。

在《一味禅》中讲述了这样一个实例：

从前，在一个小村子里有两个少年，他们一起玩耍，一起干农活，是很好的朋友。长大以后，他们各自出外谋生。若干年后，其中一个人在外做生意，发了财，并刻苦自学，学问大长，被朝廷委以重任，做了大官；而另一个人却混得很惨，经商失败，从此，越来越穷，渐渐地，流浪街头，成了人人嫌弃的乞丐。

这个流浪汉后来辗转得知自己少年时的好朋友现在官运亨通，家财万贯，便去投奔他，想着这个朋友肯定会念及旧情，让他也衣食无忧地享福。

流浪汉找到了这个好朋友的家门，两个人见面，有说不完的话。这个当官的朋友看到自己当年的伙伴现在落魄的样子，唏嘘感叹不已，对他的遭际充满了同情。他暗暗下定决心，一定要帮这个穷困潦倒的朋友一把。这位当官的朋友对这个流浪汉盛情款待，殷勤招待，并对他鼓励有加，希望他重新找回自信，开始新的生活。

流浪汉这么多年来一直过着饥肠辘辘的生活，哪里见过这么丰盛的饭菜？见朋友有情有义，他也就不客气地狼吞虎咽起来，朋友说了些什么话，他都没留意听。吃了荤素具备的饭食，享用了朋友珍藏的好酒，这个流浪汉酒足饭饱，不觉睡意绵绵，竟然呼呼地沉睡了。

看到自己的好朋友沉睡不醒，这位当官的朋友为难起来，因为他刚接

到新的任命，朝廷命他速去，如果耽搁公事，就会获罪遭到革职查办，然而他马上要到很远的地方去赴任，可是他的流浪汉朋友睡得很死，怎么叫也叫不醒。

这位当官的朋友很想跟这个流浪汉再多说几句知心话，问他有什么难处，想让他怎么帮他，可是，这个流浪汉自顾自地只管沉睡，不知道睡到什么时辰，这位当官的朋友想来想去，终于想出一个自认为妥当的办法。他把一颗自己珍藏的珍珠无私地赠送给这个流浪汉，亲手把它缝在了这个流浪汉的衣服里。办好这件事后，他就放心地赴任去了。

流浪汉平日里饥寒交迫，这回好酒好肉吃了一肚子，酣睡了一天一夜才好不容易从安乐乡中醒来。醒来后发现，朋友的宅子里人去楼空，只剩他一人，他来回踱了一圈，连朋友的影子也找不到，不由得气上心头，他心想，这当官的朋友太没有哥们义气了，即使不想帮助我什么，也不至于躲起来不见我呀！往日的友情看来是早忘到九霄云外了，真是“人一富，脸就变”。

流浪汉一边埋怨着这个当官的朋友，一边感叹人心不古，世道败坏。他只好继续过自己的流浪乞讨生活，一点也没注意到自己贴身的衣服里就有珍贵的宝物。

又过了几年，这个流浪汉在一个街市上乞讨，大街上忽然鸣锣开道，一位地位显赫的官员经过此处，仆从们要大家回避。这个流浪汉远远地望见这个官员似曾相识，定睛一看，才认出就是自己少年时的朋友，如今已经是朝廷大官了。这个流浪汉虽然仍旧怨恨以前这位官员不辞而别的旧事，但他生活没有着落，一见到这位官员，想到从此衣食无忧，就顾不得许多了，连忙赶上去相认。这位当官的朋友并没有嫌弃他，可是看到这个流浪汉依然破衣烂衫，很是诧异。他问流浪汉：“我赠给你的那颗宝珠呢？那可以换很多钱啊！你怎么不用作本钱做个买卖啊？买块田来耕种也可得温饱啊！”流浪汉听了，觉得莫名其妙，因为他自己从来没注意过他自己身上就有宝珠！

其实，我们每个人身上都有“宝珠”，有的人有聪明才智，有的人有一技之长，有的人勇敢英武，也有的人有耐心等等，这些都是各自的宝物，只要我们用心去发现自己身上的宝物并加以利用来奉献社会，我们就可以成为对社会有用的人，成为不仅仅独善其身，还可兼济天下的人。

佛思禅悟：

现在有很多人依赖性太强，什么事情都想让别人帮他去办，他们的内心根本没有认识到自身具有的健康、才能、智慧等就是无价之宝。求人不如求己，就是"自助"。境遇不好不必自卑，遇到困难不要放弃，微笑面对生活中的打击和挫折，坦然地对待世上的不公和不平才是人生正确的态度。"自助"就是一种积极的生活态度，一种乐观向上，充满爱心的态度，拥有它的人，定会充满坚定的生活信念，去改善自己一时面临的窘境。可是，生活中有很多缺少智慧的人，不挖掘自身的潜力，总是祈求老天爷的帮助，希冀机遇和"贵人"的帮助，本质上是畏惧生活中遇到的困难，这种自暴自弃的人神佛也会抛弃不顾的。真正的自助者会积极面对生活，像漆黑夜里的灯塔，不仅会照亮自己的方向，也会给更多的人带来温暖和希望。自助者不但自己不会堕落，还会帮助别人。

乐在其中不知苦

苦和乐是相对的，并且因人而异，有的人觉得很苦的事，有的人却乐在其中。

从前，有一位佛光禅师，他学佛参禅信念甚笃，十分专注，甚至到了忘我的地步。他所住持的寺庙里来了很多热心参禅的士大夫和社会名士，仰慕他的大名，来向他求教。小沙弥向他通报说某位学僧从某地远道而来，希望向禅师当面求教问禅。佛光禅师正在入定，思想自由驰骋于佛的世界，小沙弥的汇报对他来说如耳旁风微微吹过，佛光禅师怔怔地问道："谁是禅师啊？"小沙弥反而被问住了，继而才明白佛光禅师专心悟禅，对他的话根本心不在焉，所以没听明白。

佛光大师参禅已经到了废寝忘食的地步，佛学造诣更是无人能比，但他仍然不满足，勤学不倦，走路时吃饭时都在思考禅学上的问题，所以，有时候，手端着碗吃饭，可是，并不知道自己在做什么。小沙弥见他端着碗，拿着筷子，却没有往嘴里夹饭，就关心地问他："禅师，您吃饱了吗？"佛光禅师转过头来，答非所问地说道："谁在吃饭啊？"

又有一天，佛光禅师在田里专心地除草，从日出到日落一直在除草，一刻也没有歇息。寺庙里的其他僧人见佛光禅师这样努力地干活，不由得感动万分，可是又担心他的身体吃不消，就走过来劝他："禅师，您歇息一会儿吧！这样太辛苦啦！"禅师正在专心除草，听到有人说话，茫然而好奇地问："谁在辛苦啊？"

大智是佛光禅师的弟子，他出外参学，二十多年后才学成归来，见到佛光禅师，十分欣慰，他向禅师兴奋地讲起这些年在外参学的经历和见闻心得，佛光禅师认真地听着，为自己的弟子在学业上的长进而高兴。大智关切地问起禅师这些年的生活，佛光禅师微笑着回答："很好！很好！每天念经著述，讲学说法，在佛法里漫游，世上没有比这更快乐的生活啦！"

大智听了禅师的话，觉得禅师担当这么多事务，可能会感到烦劳和吃力，就建议禅师道："您应当注意身体，不要太劳累了。"

这师徒二人多年不见，谈起来不觉到了夜深，大智倦意顿起，佛光禅师催促大智："时候不早了，你快回去睡吧，以后我们有时间再谈。"

大智睡觉的禅房就在佛光禅师的隔壁，第二天凌晨，大智梦醒，窗外传来朗朗的诵经声音，倾耳细听，原来是佛光禅师在抑扬顿挫地诵经。

大智起身走出房门，太阳尚未升起，外边还冷嗖嗖的。大智走到禅师房间，关切地问道："禅师，我昨天晚上那么晚才离开您这里，您这么早就在诵经，是不是一夜没睡啊？"佛光禅师正在全神贯注地诵经，只是对他微微颔首致意，并未听到大智说什么。

大智回到寺庙这些天来，一直还想跟佛光禅师再畅谈一番，可是，白天，佛光禅师忙于接待一拨又一拨前来礼佛的善男信女，不厌其烦地为他们说法释佛，晚上一回到禅房，佛光禅师又忙着批改学僧们的作业，一直到深夜还在油灯下忙个不停。大智总是透过窗纸看到禅师伏案拿笔的剪影。大智不忍打搅禅师，希望等禅师闲下来再去叙谈，可是，很多天过去了，大智怎么也找不到这样的机会。

有一天，大智好不容易看到佛光禅师刚刚送走一位前来问禅的学僧，大智便抓住这个时间向佛光禅师问了一个问题：“师父，分别这二十多年来，时光荏苒，您经年累月地诵经，不停地传法，忙忙碌碌，生活过得十分辛苦，可是，我怎么看不出您有衰老的迹象呢？您看起来还跟二十多年前我们分别时一样精力充沛啊！”佛光禅师微笑着回答道：“大智，我专注于弘扬佛法，哪里有时间衰老啊！”

大智一下子悟出了一个道理：达到忘我境界的人，时光是永恒的，青春永驻并不是空话。

忘我的人除了使时光永恒外，自己的人格也得到了升华。佛光大师整日为弘扬佛法忙碌，他不知老之将至，乐在传法之中，所以，他一直很快乐，这样，他一直精力充沛，就不容易衰老疲惫。反之，如果一个人把自己所做的事当做苦事，在做事的时候就很容易厌倦，容易疲惫，天长日久，这个人自然就衰老得快了。所以说，关键在于是否“乐在其中”。我们平常人在升学、择业时一定要考虑这个“乐在其中”的兴趣因素，而不要只从名利上考虑。

在生活中，我们看到有的人在科研上稍微做出些成绩，就想以此作为敲门砖，升官发财，这样的人在科研的道路上是不可能走远的。只有拥有佛光大师这样的专注和乐在其中，才能成就真正的事业。

我国国画界的泰斗齐白石出身贫寒，没有经过正规的阶梯式学习，没有一张标识学历的文凭，从一个年近三十的乡村木匠，历经半个多世纪的奋斗，终于成为具有世界影响力的文化名人，实在可称是一个能够发人深思、催人奋进的奇迹。

齐白石出生于1864年，湖南湘潭人，早年为木匠，27岁拜当地文人为师，学诗书画印。57岁后定居北京，卖画治印。60岁后，“衰年变法”重视创造，融传统写意画和民间绘画技法于一炉。所画花鸟虫鱼虾蟹，笔墨纵横雄健，造型简炼质朴，色彩鲜明热烈；阔笔写意花卉与微毫毕现的草虫巧妙结合，神态活现。齐白石是在各方面造诣都很高的现代绘画大师，他的风格对现代乃至当代中国画创作产生了极为巨大的影响。这样的大画家，并非出身于书香门第，更没有家学渊源，他的成就就是因为他在画画的道路上矢志不渝，乐在其中。

他在自述中谈起幼年时期的生活：我在家里帮着编筐，又要上山砍柴，一天忙到晚。偶或有了闲工夫，我总忘不了读书，把外祖父教过我的

几本书，从头至尾，重复地温习。描红纸写完了，祖父给我买了几本黄表纸钉成的写字本子，又买了一本木版印的大楷字帖，教我临摹，我每天总要写上一页半页。写字本上的纸，不敢去撕了，找到了一本祖父记帐的旧帐簿，把账簿拆开，页数倒是挺多，足够我画一气的，就这样，一晃，两年多过去了。我十一岁那年，家里因为粮食不够吃，租了人家十几亩田，种上了，人力不够，祖父出的主意，养了一头牛。祖父叫我每天上山，一边牧牛，一边砍柴，顺便捡点粪……

由此可见，齐白石家境多么贫寒，然而齐白石对学习、对绘画情有独钟，所以毫不觉得苦，反倒觉得很快乐。

齐白石家世代务农，仅在12岁前随外祖父读过一段私塾。他12岁学木匠，15岁学雕花木工，挣钱养家。那时雕花，差不多千篇一律，齐白石也可以像别的雕花匠那样照猫画虎地照着现成的图样完成客人的定制，但是，齐白石并不是那种只为了挣钱的匠人，他对美、对艺术很痴迷，并且把自己的美术天赋运用到雕花工作中，突破陈规，“造出许多新的花样”。

齐白石作为职业画家，他画画，是为了卖画，以养家糊口，但不只是为了养家糊口，他对人生有自己的追求。在抗战时期，北京被日本人占领，齐白石闭门谢客，坚决回绝日本人买画的要求。

他出生农家，对大自然的一草一木都充满了热爱，他乐于用自己的绘画把这种美表现出来，让观者感受到这种美好。在他的笔下，大自然中那鲜活可爱、时与人伴的生灵，清涟中游弋的虾鱼，草丛边蜇伏的虫蚁，庭院里茁长的花叶，园圃间茂盛的蔬果；莲荷摇曳，竹叶青翠；柳阴遮掩着倦伏的耕牛，晚霞迎回了归巢的鸡鸭；顽皮的小猫，在好奇地打量着扑动翅翼的彩蝶……这种美丽平和的境界，不正体现了人类包括齐白石本人“追求美好生活的善良愿望”吗？齐白石一生画画不辍，活到老，画到老，他在95岁的高龄去世，去世的前几天仍手握画笔。他的追求早已经超越了名利，他画画是乐在其中的艺术修行，丝毫不觉得苦，他追求的是神圣的艺术。

因此，无论是从事哪种事业，只有达到“乐在其中”的境界，才能出成就。

佛思禅悟：

无论做什么事情，如果是勉强应付差事，事情一难，或稍有挫折，就

觉得苦不堪言。反之，如果是自己热衷的事，自己的兴趣所在，就会沉浸其中，忘记了时间的存在，并且坚持不懈，在这个领域做到出类拔萃。我们在就业、入学选择专业时，一定不要忽视兴趣所在，一定要考虑是否能够“乐在其中”。

苦难显才华，好运隐天资

我们都注意过这样一个现象：流水在河流中缓缓行进，在碰到有抵触的暗礁或障碍物时，缓缓的流水的活力突然被激发释放，水流的流速反而加快了。坚强的人在面对生活中的挫折和一时失利时，也是这样顽强和充满活力。

从前，在一个偏僻深山的寺庙里，有位归省禅师，他担任这座寺庙的住持已经很多年了，可谓德高望重。住持，是一寺之首，故由年高德劭的归省法师担任。虽然他地位崇高，一般不负责实际日常工作。负责日常事务的是监院，俗称“当家的”，主管全寺经济收支。在这个寺庙里，法远和尚因为善于精打细算，合理安排膳食，归省法师就任命他作监院。

平日里，寺庙的僧人们受佛教戒律的约束，过着清苦禁欲的生活。肉、蛋、葱、蒜、韭菜等，皆视为荤食，绝对禁用。饭菜品种，多为大烩菜，用植物油，杂以山药、茴子白、豆角、白菜等，并佐以金针、蘑菇、粉条等，称为罗汉菜。主食以白面、小米、莜面、玉米面为主。

有一年，遇上大旱，庄稼几乎颗粒无收，这个寺庙的生计不管怎么精打细算，还是个大问题，因为没有进项，巧妇难为无米之炊啊。平常时候，寺庙的少量土地大部分给当地农民租种，僧人也自耕自种，并且，常

有信男善女，布施钱物，寺庙僧众生活亦无困难。甚至还有余钱用于做功德善事，维修寺庙。

可是，眼下大旱时节，信徒们自己的生活都没有着落，哪还有多余出来的奉献给寺庙呢？寺里的僧人们只好每天喝能照见人影子的稀粥，吃从地里挖的野菜，个个面黄肌瘦，营养不良。还有人出现了浮肿的症状。

有一天，住持出寺化缘，法远这个当家的看众人都饿得眼睛昏花、少气无力，就召集大家拿出库里储藏的面，做起馒头来。馒头还没蒸熟，不知怎么的，刚出门的归省禅师就回到了寺庙，和尚们吓得面色苍白，支支吾吾说不出话来。归省禅师发现法远把应急的面粉都用来做馒头了，不由得发起火来："谁让你们这么干的？这日子还过不过了？都一下子做成馒头了，以后还用什么斋？"

法远见老禅师稍微平静了些，走过来说："这事是我的主意，弟子们都饿了这么多天了，面黄肌瘦，我看大家可怜，就把应急的面擅自拿出来做馒头，让大家增加些体力。我考虑不周，这样的大事没有请示您，而是擅自做主，请师父谅解。"

法远毕竟年轻，没有经历过饥馑荒年，不知道荒年应当怎么应对，老禅师却明白眼下形势的严峻，如果不勒紧腰带，恐怕难以度过难关。老禅师刚才出寺化缘，想到一般百姓也在挨饿，才半路上折转回来。所以，老禅师严厉地发话："依照戒规打二十大板，打出寺门！"

法远带着身上的伤，神情沮丧地离开了寺庙，他的身影渐远渐小，消失在了山雾中。

寺庙的僧人们继续在饥饿难耐的考验下苦熬。有一天，归省禅师偶然发现寺庙的后院墙外有个人躺卧着，起初还以为是附近的山民，走过去一看，原来是前些日子驱逐出去的法远。

原来，法远那天并没有走远，他想来想去，还是没有下山，而是悄悄回来，在寺庙后院靠墙搭了个小棚子，在一个小角落栖息了下来。无论严寒酷暑，还是冰雹雨雪，他都在诵经念佛，不曾有一日懈怠。

归省禅师看见是法远，便问他："你在这里住了多长时间了？"

"少说也有大半年光景了。"

"这里是寺庙属地，不能白住。交地租了吗？"

"没有。"

"没有交地租你就这样胆敢常住！你要在此地住下去，就赶快补交

地租！”

法远没有多说什么，他心中对老禅师充满尊敬，所以，老禅师这样吩咐了，他就努力想办法去。他托着钵默默地走向山下，走了不知多少天，到了人口密集的市镇，在那里为人诵经做佛事，得来的钱一分也舍不得花掉，都拿回来交了地租。

归省禅师看法远的行事，心中高兴，微笑着对寺庙众僧说：“法远就是肉身佛！”

后来，归省禅师圆寂后，法远继承了归省禅师的衣钵，成为了一代禅师。

所以说，生活中的挫折磨难是锻炼意志、增加能力的好机会。事情的成败以结果为断，中间的波折不足为论。

佛思禅悟：

人人都会遇到挫折，都会做错事，可是，在挫折和打击面前人们的态度大不一样。有的人十分脆弱，一次打击，就把他击垮了，从此一蹶不振；而有的人，愈挫愈勇，再鼓起勇气向前走，这样的人往往能够成功。要结出甜蜜的果实，果树不仅仅需要阳光的恩泽普照，也需要在暗夜中温度低的时候将滋养转化为糖分，白天夜间温差愈大，结出的果实越甜蜜。一个人良好品性的养成同样不仅仅需要关怀指导，也需要考验和困难的历练。

出身背景不能决定命运

在《本朝参禅录》中，有一个故事。日本江户末期，萨摩久志良村一户农家的庄稼汉，他年纪轻轻就到大阪做学徒，兢兢业业做工做了几十年，于五十三岁出家，号无三。多年的困苦生活的磨砺使他意志坚定，一心向佛。他勤修佛法，悟性大增，被尊崇为高僧。

有一天，岛津家延请无三到福昌寺当住持，并施以相当高的迎接礼。当时，以武士出身的僧人非常嫉妒，便挑唆当地的奉行刁难他。武士，在日本封建社会时期是一个社会阶层，武士一般指通晓武艺、以战斗为职业的军人。而奉行是一种职务，在日本封建社会，将军、大名、国主等非公

家机构给手下的武士赋予官位，也就是地方小官，让这些武士去处理政务。日本当时大名手下基本没有文官、武官的分别，都叫武士。一个武士，如果没什么名气，打仗又没战功，就让他去处理政务，百姓、基层官僚未必买账，所以便令其成为奉行官。

嫉妒无三当住持的僧人很看不起无三，因为无三是庄稼汉出身，在日本社会，等级森严，耕田的农民被视为贱民，连出家当和尚的资格都没有。无三禅师虽然出身于贱民，但是他一心皈依佛门，就假冒士族之姓，才实现了自己的心愿。

受到僧人挑唆的奉行看到这么宏大的迎接场面，摆起官架子，怪声怪气地问道："这样高的礼节迎接来的住持怎么是久志良村的庄稼汉呢？"迎请无三禅师做住持的欢迎仪式庄严隆重，谁也没有想到突然会有人这样责难，发生这样的事情，如何应对呢？众僧都不禁面面相觑，哑口无言。在这种情况下，谁都不敢来阻止这个人找茬儿，只好屏息噤声，静观事态的发展。仪式场上静得连一根针掉在地上都能听见，众人都为无三禅师捏了一把汗。

此时，无三禅师在法坛上镇定自如，不卑不亢地高声回答："泥中之莲花。"面对突如其来的发难，无三禅师回答从容巧妙，赢得众人的赞许，那个刁难的人也无言以对，不得不佩服无三禅师精湛的佛法修养。就任仪式继续进行，这突然的刁难并没有对仪式产生什么恶劣影响，而无三禅师的佛禅妙语，却更增加了他的威信，众人更加拥护他了。

无三禅师的"泥中之莲花"是借用周敦颐《爱莲说》之义。《爱莲说》是我国北宋学者周敦颐的一篇议论散文。他在文中表明了他对莲花"出淤泥而不染，濯青涟而不妖，中通外直，不蔓不枝，香远益清，亭亭净植；可远观而不可亵玩焉……"的精神的赞赏。

无三禅师在这里借用来表明自己"出淤泥而不染，濯青涟而不妖"以及"中通外直，不蔓不枝"的高洁的品行和不卑不亢的人生态度。莲花的根虽在低贱肮脏的淤泥之中，但花枝高洁芬芳，所以，千百年来一直受到人们的赞美。同时，泥中莲花也象征着面对困难和诱惑时的镇定。

众生平等，每个人都有追求真理的权利，面对他人的刁难，一句"泥中莲花"尽显无三禅师的真人本色，因为他处事不惊，不卑不亢，如泥中的莲花不乱心性。

人我共尊，应摒弃门户之见。每个人都有自身心性中优秀的一面，面

对世俗世袭的不公，官僚特权，裙带关系等，世人没有必要气馁和丧志，要像无三禅师那样，一心向佛，不卑不亢，绽放自身心田中的莲花以增添世事的美好。

佛思禅悟：

早在公元前209年，农民起义领袖陈胜、吴广就喊出了“王侯将相，宁有种乎？”的口号，这句口号，喊出了当时受封建统治者和贵族压迫的劳动人民心中的真实愿望，在历史上有深远的意义。我们今天所处的社会，已经比两千年前进步了不知多少倍，但仍然有一些人靠家庭背景，靠父母，靠裙带关系等谋取不当个人利益，并且，这些人极有优越感，觉得自己天生就高人一等，岂不知，连过去王侯将相的贵都是靠自己打拼出来的。俗话说：靠山山会倒，靠水水会流，靠自己永远不倒。

雪窦禅师求己不求人

在我国，云门宗是禅宗的一个小分支。北宋时期，其他禅宗派系都显得衰落，北宋的雪窦重显禅师大振云门宗风，使云门宗在北宋盛极一时，同时也开始与其他宗派相融合。历史上称为“云门中兴”。云门宗宗风陡峻，以简洁明快、不可拟议的手法破除参禅者的执著，返观自心。云门宗既不像临济那样棒喝峻烈，也不像曹洞宗那样丁宁绵密，而是以激烈言辞，指人迷津。

雪窦禅师一生慈悲为怀，诲人不倦地传播佛法真谛，让人彻悟人生的本来意义，在北宋禅林中独树一帜，标新立异。当时天下的寺庙僧侣和学人士子，无不趋之若鹜，向他切磋印证佛法。

雪窦禅师是四川人，俗姓李。从小就有大志，勤读诗书，写得一手好文章，还会绘画，爱好大自然，不喜欢世俗应酬，却以云月为友。出家后师从光祚禅师，有一天被光祚打了一棒，豁然开悟，又跟随着修学了五年。

雪窦禅师所著颂古百则，后由圜悟加上垂示、著语、评唱，成为《碧岩集》。《碧岩集》在我国佛教史上影响很大，并且，至今在日本仍被奉

为禅宗第一书。

雪窦禅师有一件轶事记于史册，至今流传。

雪窦当初学佛参禅时，曾经云游四方。有一天，他在淮水旁遇到太守曾会先生。他乡遇故知，两人都很高兴，就寒暄起来。曾会问道："你这是要云游到哪里去？"

雪窦很有礼貌地回答道："也许往钱塘，也许往天台去看看。"曾会想了想，热心地说："灵隐寺的住持禅师跟我交情很好，我给你写封介绍信，他看了一定会好好地接待你。"盛情难却，雪窦就接过介绍信上路了。

可是雪窦禅师千里迢迢到达灵隐寺时，并没有把介绍信拿出来求见住持，一直隐身于一般僧众中跟随禅师学佛理，在诵经参禅中不知不觉时光就过了三年。曾会在三年后奉命出使浙江，便顺道到灵隐寺去找雪窦，到了灵隐寺问了好几个僧人，都摇头推说并没有听说过这个人。曾会哪里会相信好好一个人无缘无故就人间蒸发了呢，便自己去云水僧所住的僧房内，在一千多位僧众中找来找去，才找到雪窦，便问道："为什么您不去见住持而隐藏在这里？是不是我为您写的介绍信丢了？"雪窦答道："我怎敢弄丢啊，只是您好意相助，可是我是一个云水僧，是来研修佛法的，不是您派来的督邮，没法替您在这里发号施令呀！"

"云水僧"就是行脚僧，是步行参禅，无一定居所，或为寻访名师，或为自我修持，或为教化他人而广游四方的僧人，当时，雪窦就是云游到灵隐寺的行脚僧。

"督邮"可不是现代意义上的邮差，督邮在古代是官名，是古代各郡的重要属吏，代表太守督察县乡，宣达政令兼司法等。督邮一职官小权力大，凡传达教令，督察属吏，案验刑狱，检核非法等，无所不管。所以，雪窦这样说，意思是自己没有那么大的权利替曾会在灵隐寺发号施令，实

际上是表白自己不想靠曾会的关系受到照顾。

雪窦从袖子里小心翼翼地拿出介绍信，原封不动地交还给曾会，双方会意，哈哈大笑起来。曾会将雪窦引见给住持，并将这件“督邮”趣事讲给住持听，住持非常感动，认定雪窦品性高洁，严格自律，是个难得的人才，所以，后来苏州翠峰寺缺住持时，就推荐雪窦任其住持。

雪窦之所以后来能够引领“云门中兴”，就是因为他在人生道路上有所执，求己不求人，不靠达官贵人的引荐，所以才创造了千古伟业，成为一代禅宗大师。雪窦禅师的成才道路不也可给当今的人们以启迪吗？成功没有捷径，只有靠真才实学才能赢得真正的尊重。

我国唐代大诗人杜甫也是这样的人。他的理想是为国家做一个忠臣，可是当时黑暗的社会中，他的才能被埋没了，只得到一个集贤院的闲职，他感到十分失落，但是，他正直诚实，不去巴结逢迎权贵，在他的诗中，有这样一句，“独耻事干谒”，干谒就是写干谒诗，这是古代文人为推销自己而写的一种诗歌，类似于现代的自荐信。一些文人为了求得进身的机会，往往含蓄地写一些干谒诗，曲折地表露自己的心迹。杜甫的心灵因为人生理想不能实现而备受折磨，但他坚决不愿不顾尊严，毫无原则地攀附权贵得到提拔。

佛思禅悟：

社会上的人常常为了一己之私嫌贫爱富，趋炎附势，可是，正如俗话所说：“有酒有肉多兄弟，急难何曾见一人。”拿金钱、权力和关系做交易换来的事业，犹如无根之木，随时都有倒下的危险。而像雪窦禅师那样，自尊自强，在参禅悟道的路上不断奋进，才得到明眼人的赏识，才能最终开创一番大事业。

今日事今日毕

日本平安朝末期至镰仓初期，由于战乱和封建制度的建立，造成社会不安，生活充满压迫和烦恼，此时，法然、亲鸾、荣西、道元、日莲等高僧相继出现，把握佛教的精神，积极入世化导。其中，亲鸾上人创立“净

土真宗”，深入中下层庶民，倡导人间化、大众化的念佛专修法门，以浅白的教义教化民众，给社会带来了希望。

亲鸾上人是京都人，俗姓藤原，幼年时，双亲相继去世，九岁依止比叡山天台宗青莲院慈圆法师出家，日常以不断念佛为功课。二十年之间，亲鸾在比叡山刻苦精进，深刻思考如何才能达到解脱后，亲鸾决定舍弃天台，选择净土法门。

亲鸾上人九岁就出家了，并且是他自已下定决心出家的，并没有人引导劝诱。当他下定决心后，他找到慈镇禅师，要求慈镇禅师为他剃度。慈镇禅师关心地问道：“你年龄这么小，怎么想到要出家呢？”

年幼的亲鸾上人回答说：“我虽然年仅九岁，但我父母双亡，在世间并无牵挂。我出家是要探明人生的道理，比如，人为什么会死，父母和我怎么样生死两忘？死后是否还能相见？”

慈镇禅师听了亲鸾上人的话，觉得他小小年纪很有思想，提的问题实际上很深奥，就赞许地说：“我明白了，你想出家是好事啊！”

慈镇禅师看天色已晚，就说：“今天太晚了，你回去再想想，等明天再说，明天要是还坚持剃度的话，我就给你剃度啦。”

亲鸾上人听了，冷静地说：“我已经下定了出家的决心，为什么要拖到明天呢？况且，今日和明天这段时间我也许会在突如其来的地震或火灾中丧生，那样，我的理想就成了泡影；在今天明天这段时间，您也可能看我年纪小，改变主意，不再给我剃度，您年事已高，所以也不能肯定到明天您还健在。”

慈镇禅师听了亲鸾上人的一番分析，连连点头，对这个九岁的孩子赞叹不已，爽快地说道：“你说得太好了，我现在马上给你剃度！”

亲鸾上人后来成为日本一代名僧，善于说法，深得日本朝野钦敬，信众很多，被后人称赞为日本人的马丁·路德。

佛思禅悟：

一个真正有理想的人，只争朝夕，不拖延和找借口。拖拉和磨蹭都是在浪费时间，是不珍惜生命的表现，也是没有进取心、事业心的表现。正如我国一首诗所说：明日复明日，明日何其多，我生待明日，万事成蹉跎。把时间无端地浪费掉，就是在浪费短暂的生命。

中国禅林藏龙卧虎

宋朝时候，日本的道元禅师年轻时曾经漂洋过海，不远万里来中国学佛。当他所乘的船只在一个港口停泊时，道元就下船到岸上观光游览，到了一个集市，他见一位年约七十岁的长者在购买木耳。道元看他身着僧衣，挑选木耳时仔细认真，就很亲切地跟他打招呼，相互交谈中知道老人法名有静，是浙江阿育王寺的典座，典座是僧寺职事名，掌管大众斋粥之事。道元见天色已晚，而这位老人又上了年纪，寺庙地处偏远，回去恐怕路上不好走，就善意地劝他同自己一起回到船上暂时待一宿，明日再走不迟。

有静和尚听完道元的话，知道他的善意，就非常礼貌地回答："多谢您的好意，不过，明天阿育王寺要用我采买的货物供养大众，今天特地出来买木耳，就是为了今天晚上就买齐，明天就刚好派上用场，所以，不方便留宿。"

道元问："要是您不回寺庙，就没有别的人替代您采买吗？"

有静和尚急切地回答："我可不愿别人代劳，我是好不容易才领到这个差事的，这是我的职责，怎么能请人代理？再说，外宿的话，应该事先打招呼，僧团的清规破不得。"

道元说："您是年高德劭的长者，本来就不该负责这种才买的杂事啊！您让年轻人去干，自己只要安心坐禅就行啦！"

有静和尚听了，笑呵呵地说："您是外国人，不了解什么是修行，不懂禅心经语也难怪。"道元正是为了学佛才费尽周折来中国留学的，被长者说是不懂禅心经语，羞愧不已，问道：那什么是禅心经语呢？"

有静和尚一字一板地说："一二三四五。"

道元又问："那么，什么是修行？"

有静和尚回答："六七八九十。"

道元初到中国，遇到了有静和尚，一个负责采买烹煮斋饭的和尚，这样的普通人都禅悟高深，这使道元认识到中国禅学丛林中真是藏龙卧虎，深不可测。道元从此在中国苦修多年，回日本后，大力弘扬佛法，成为一代开宗大师。

佛思禅悟：

一个人担当起一定的职责、义务，是一种修道，是对生命意义的追求，这种意义并不是这个职责的地位高低贵贱赋予的。职责并不是一种荣耀，而是一种坚持和责任。一板一眼地完成职责就是“发菩萨心，一向专念”。修佛的目的是为了有清净欢喜的心境，众生平等的喜乐。无论男女老少、富贵贫贱、上智下愚，个个都可能成佛，这平等是真平等。在生活中，有的人有很深的自卑感，这种自卑感会妨碍一个人尽职尽责地工作，会引起消极怠工，会使人觉得事事不如人，因此，就会生出恶念，生出报复社会的心理，所以，世俗的高低贵贱观念戕害人的心灵，只能加剧社会的不和谐。

聚财是为了散财

日本历史上的月船和尚在日本家喻户晓。他道行修养很高，并且多才多艺，尤其擅长画水墨山水和花鸟画。他的画润格——就是卖画的价格很高，并且不能赊账，一定要付现款，收到钱月船和尚才动笔。因此，有人对他很不满，说他小气吝啬的人不少。可是，因为他的绘画水平卓绝，来求画的人络绎不绝。

有一天，有一名艺妓慕名前来请月船和尚作画。月船和尚慨然应允，但是，他说：“润格可是要付时下最高的，一个子也不能少，一口价。”

这名艺妓答应按照月船和尚的要价付钱，但是，她坚持要月船和尚到她那里当面作画，因为花了大价钱，她想买到货真价实的出自月船之手的画作。

第二天，月船和尚如约到了艺妓这里，此时她正在陪侍宴会的客人。

客人们听说大名鼎鼎的月船和尚来访，就纷纷表示要亲眼目睹月船和尚作画。

月船和尚等艺妓付了润格之后，才展纸作画。只见月船和尚下笔如神，手起笔落间，栩栩如生的花鸟虫鱼就展现在人们的眼前，人们都唏嘘惊叹不已。月船和尚又追要前来作画的差旅费，艺妓就又多付了一些。

那名艺妓付了作画报酬后，对她的客人们说道："这个和尚画画是很高明，但是，作为一个僧人，他的心地实在肮脏，也不知道他是怎么修行的，只知道要钱。"

那名艺妓虽然对月船颇有微词，可是，月船的画作实在很美，她想来想去，决定趁月船还没离开，就让他再作一幅。这名艺妓对客人说："这个和尚心灵污秽，在钱眼里出不来，他这样的人作的画挂在客厅是不适宜的，只配给我的和服当点缀装饰。"

于是，她拿来一套素色和服，要求月船在和服上画松竹梅的图案作为装饰。

月船和尚听到艺妓的要求，就客气地说："我会按照你的要求作画，可是，报酬不能少。"

艺妓心中对这个和尚充满了鄙夷，她说："您随便说个价吧。"

月船和尚就又开了个高价，艺妓分文不少地付了钱，月船和尚才在和服上创作了起来。当时的社会，书法绘画都是文人墨客高雅的爱好，可是，给女人的衣服画些点缀，却是出身微贱的染坊画工才干的活，月船和尚的确是为了钱才忍辱作画的。

月船和尚忍辱作画，挣了不少钱，可是一个和尚挣那么多钱有什么用呢？后来，人们得知，月船和尚用作画得来的钱做了一件大事。月船的寺庙所在的一带地方发生了灾荒，当地的有钱人不肯捐钱捐粮周济穷苦的人，月船和尚早已经预料到了这种情况，就开仓赈济灾民。他的仓库是早已经秘密建好的，里面储存了很多米面、日用品和布匹，所花费的钱都是出自他卖

画的所得。

佛思禅悟：

一个人如果拥有一颗无私的心，便有了勇气去战胜种种困难，就不会在意旁人的非议和误解。扶危救急，固然是美事，可是，有的人把自己做的善事挂在嘴边，不断向人夸耀显示，这样的善就不是真善。真正有智慧和爱心的人，就能够摈弃这种虚荣心，他的内心因为不为名利所羁绊而感到无限的快乐。布施并不是只有腰缠万贯的有钱人才做得到，若有一份虔诚的爱心，人人都可做。

释迦摩尼是勤劳的典范

我们每个人都有一双手，有两只脚，这本来就是为了劳动而生的。如果我们不用手和脚去劳动，四体不勤，对于我们的身体健康反而不好；换句话说，经常劳动，身体必定会健康。劳动是我们人类的本分，不但是我们平常人要劳动，就是佛祖释迦摩尼也是很勤劳的。据经律记载，当初佛祖在世时，并不像人们想象的那样，有衣钵师、侍者师等人伺候，而是经常劳动。

有一天，佛祖看到地上不太清洁，就随手拿来扫帚扫地，许多弟子看到佛祖扫地，就过来帮扫，很快就扫得干干净净。扫完地之后，佛祖到讲堂说法，他说法的题目就是“若人扫地，能得五种功德”。

又有一次，佛祖和阿难在外行走，路上碰上了一位喝醉酒的弟子，这位弟子已经醉醺醺的，不省人事。于是，佛祖就让阿难抬脚，佛祖抬他的头，一直抬到井边，把人放下后，佛祖就自己用水桶打水上来，叫阿难给喝醉的弟子灌点水，让喝醉的弟子清醒过来。

佛经中这样的事不胜枚举。有一天，佛祖

看到门前的木头横楣坏了，就自己拿着工具去修补。

还有一次，佛祖发现一个弟子生病了，可是，并没有人照应他。佛祖就问："你既然生病了，为什么没有人照应你呢？"那个病弟子说："因为从前人家有病的时候，我没有发心照应人家，现在我又病了，人家自然也就不来照应我了。"佛祖听了他的叙述，就说："既然没有人照应你，那么，我就来照应你吧。"于是，佛祖就将病弟子身上的大小便等种种污秽之物清洗得干干净净，并且，还把病弟子的床铺铺好，然后才扶着病弟子上床睡下。

佛祖并不是那种专门使唤别人而自己不动手的人。在《弥陀经》中记载了佛祖这样几件事：佛祖有一个弟子双目失明，不能料理自己的生活，佛祖就亲自给他裁剪缝纫衣服，并命其他的弟子帮着做。还有一件事是一位比丘年老了，眼睛花了，想要穿针引线，可是，眼睛看不清楚针眼在哪里，嘴里叫着："谁来帮我一下，谁替我穿针？"佛祖听见，立即回答："我代你穿针。"

可见，佛祖虽然地位崇高，却是非常勤劳的。

佛思禅悟：

有的人自以为很高贵，不愿意屈身干所谓低贱的工作；有的人以为高贵就是让别人伺候，自己动手就是低贱。这些人都是内心里觉得自己比别人有价值，有地位，其实，一个人是否有价值和地位，要看他是否能给世界创造价值。一个人有工作的能力和智慧，才有魅力，才会受到人们的敬重。人生不是为了享乐，一个人的价值，应该看他贡献什么，而不应当看他享受了什么。佛祖尚且勤劳肯干，我们寻常人还有什么借口懒惰呢？

恭恭敬敬长年做职事

兜率禅师曾经拜清素禅师为师。有一次，有人给了兜率一些荔枝，兜率不舍得吃，就拿着荔枝到了清素禅师那里，他在门外说道："禅师，这是您家乡江西的特产，我弄来了一些，您尝尝。"

清素禅师听说弟子带来了家乡的特产，高兴地接过来，一边尝一边感

慨道："自从我的先师圆寂后，我就再也没吃过家乡的荔枝了。"

兜率问道："您先师是何大德？"

清素禅师无限怀念地说道："我的先师是慈明禅师。我在他座下当职事当了十三年整。"

兜率一听，不禁惊叹起来，他说："职事那样的差事又苦又累，您竟然一干就干了十三年，怪不得您能够开悟真道呢。请您一定要开示我！"

清素禅师看着手中的荔枝，想起自己的先师，泪眼婆娑。他对弟子说："我的福薄，先师嘱咐我不许传人，不许以老师自居，这都是为了我好。今天看你如此虔诚，为这荔枝之缘，我就违背先师遗嘱，为你印证一回。"

清素禅师于是把自己的开悟经过向兜率讲了一遍。接着，清素禅师开示道："世界是佛的世界，也是魔的世界，得道放下时，人要入佛的世界，勿入魔的世界。"

清素禅师又叮嘱兜率："我今天点破这些，是为了让你得大自在，不是为了炫耀我的开悟。你以后一定不要对人说，这是继承了我的观点。你要永远铭记慈明禅师才是你的老师。"

佛思禅悟：

佛法在对佛祖的恭敬中求得，在对前辈的恭敬中求得，做事求知识，也同样离不开"恭敬"。古来成大事者都是尊师重教的模范。一个人在求学时首先要懂得礼貌待人，对老师有恭敬之心，这样老师才肯用心教他真学问。反之，在人生中就容易走弯路。所以，无论是求学还是修身，一个人都有必要经常反省自己，检查一下自己是否态度言行上恭敬有礼。

枯树缘何又发芽

南岳衡山有一座福严寺，唐朝时，怀让禅师曾在这座寺庙担任住持。有一天，怀让禅师发现有一个人在庙前逡巡徘徊良久，就问道："施主，有什么事吗？"那人一看是禅师，忙跪倒在地："弟子特来投奔禅师！"

怀让禅师参禅悟道修行很高，所以名闻四方，来拜师的人很多，所以，怀让禅师并不感到特别惊讶。他扶起来人，并请他到禅房叙谈。经过

短暂的交谈，怀让禅师看出此人相貌英俊、才气横溢，并且踌躇满志，是很有经世致用之心的人，所以，怀让禅师说道：“您不是能够出家守灯过寺庙生活的人。”

可是，来人执意要出家，非要怀让禅师收留他不可。这个人不是一般的老百姓，他是当时才高八斗的诗人李泌，是唐肃宗李亨身边的重臣。当时朝廷上政治斗争非常激烈，宦官李辅国弄权，残害忠良，李泌为了避祸，就想到寺庙出家为僧。怀让禅师听他讲述了这一番遭遇，对他很同情，就让他在寺庙住下了，并成为挚友。

几年以后，唐肃宗驾崩，李辅国也暴死了，刚刚登基的新皇帝唐代宗“新官上任三把火”，希望振兴国家，于是，广招贤才，听说李泌在衡山隐居，就差人寻觅，召李泌出山，重新走马上任。

当时，怀让禅师已经年届七旬，身体衰弱，仍然率弟子在寺庙门前为李泌隆重送行。李泌在此地住了几年，对这里的山山水水都充满了感情，对庙里的一草一木都有很深的眷恋之心。当他临走时，他徘徊寺庙庭院，忽然发现一棵枯死多年的老树又长出了新芽，他问：“禅师，您看，这树死了很多年了，怎么又发芽了呢？是不是因为您长年修持，率众僧做善事感动了神灵，枯木才又死而复活了呢？”

怀让禅师说：“不是，只是因为我勤于为它浇水，它才慢慢活过来的。”李泌听了禅师这句质朴的话，大悟人世间的至理，提笔写下三个大字：“极高明。”便匆匆赴任去了。

李泌写的那三个大字后来被人镌刻在寺前的石崖上，遒劲有力，发人深省。

佛思禅悟：

清末著名大臣曾国藩曾说过：“有恒，则断无不成之事。”做事情贵在有恒心，如果有了恒心，而非一曝十寒，那么，再难的事也总能有进展。在生活中，有的人做事只是一时心血来潮，兴趣高时，熬到三更才睡，五更又起来干，可是，坚持不了多久，就兴味索然，注意力又转移到别的事情上了。花草树木尚不能一次浇透，人的进德修业更不能三天打鱼两天晒网，而要持之以恒，不断鞭策自己。

登山的信徒为何遇难

古时候，有一位信佛多年的居士，他酷爱登山观景，所以，他游历四方，登遍了名山。但就是这样一个富有经验的登山者，却在一次意外中丧生了。

事情是这样的：有一天，他在登山时，脚下一滑掉下了悬崖，在急速下落的过程中，他的身体碰巧挂在了一棵树的树枝上，上不着天，下不着地，他大声呼救，可是，许久没有人来搭救他。

于是，他就在心里默念佛祖，念了一个时辰，仍然没有效果，他就大声祈求：“佛祖！佛祖！快显灵吧！我身处绝境，生命危在旦夕！”山谷中是他叫喊的回音，当回音消失，一片死一般的寂静。

他悬在半空中，心提到了嗓子眼，要是摔下去到了万丈深渊，可是要粉身碎骨啊！他紧张得大汗淋漓，人快晕了过去。就在这个时候，一个沉静的声音说：“跳下去！”居士当时真在恍惚中，定神一看，周围还是什么动静都没有，哪里来的声音啊？这个居士心想：“是不是我听错了？”于是，他又扯开喉咙大喊道：“佛祖！佛祖！快救救我啊！”

这时候，只听那个声音又响起来了：“跳下去！”这一回居士听得真真切切，但是，他始终不敢相信这个声音。他挂在一根树枝上，无法察看这里离地面到底还有多远的距离，万一是万丈深渊，跳下去不是跟自杀一样吗？他想来想去，不敢相信这是佛祖在开示自己，始终没有勇气往下跳。

第二天，一个砍柴人发现了这个居士，他已经死去多时了，这个居士挂在树枝上太久了，夜里温度剧降，他的身体冻僵了。在这个居士的脚下，不足5米就是一片草木茂盛的草地。

佛思禅悟：

信仰是人们所必需的，什么也不信的人不会有幸福。信仰就是人们在荒漠绝境中的绿洲和甘泉，在面对困难时，我们只有拥有信仰，才有勇气克服困难，走出困境。没有信仰的人，或者信仰不坚定的人，优柔寡断，不敢承担任何风险，也就决定了他们不可能取得成功。而勇敢地承担风险，才能到达胜利的彼岸。人生的成功，不在聪明和机会，乃在专心和有恒，信心坚定。

第八篇

禅是戒贪自重的修为

金钱财富乃身外之物

《大庄严论经》中引述了这样一个古老的故事：

距今两千三百年前，印度河流域有一个难陀王朝，一国之君难陀王年轻时候很有一番作为，骁勇善战，屡次打败敌人的侵略，使他的江山稳固起来，他在全国的威望也高起来了。臣民对他十分爱戴，他的旨意总是得到很好的执行。可是，随着太平日久，难陀王渐渐生出了自满之心，他认为全国的老百姓都是靠他得到庇佑的，每一寸土地都是他出生入死与敌人血战才保住的，所以，按理说，这片国土上所有的宝物都应归他难陀王所有。就这样，难陀王的贪欲心一天比一天强烈，他不但到各处搜刮财物收于宫中，还打算死后把这些宝物带入陵墓。

难陀王的夫人很早就撒手人寰了，给他留下了一个非常美丽的女儿。以前这个女儿可是难陀王的掌上明珠，难陀王对她百依百顺，给她购买最华丽的衣裙，请全国最有学问的人来培养她，他的女儿简直就是难陀王朝最幸福的人。可是，好景不长，随着难陀王贪欲之心越来越强烈，他的爱女之心一天比一天衰竭了。他想，女儿早晚要出嫁，对她再好还是要离开自己，在女儿身上投资金钱是白白浪费财物，况且自己仆人成群，将来并不指望女儿尽孝道，榻前侍候。还不如趁现在女儿在自己身边，利用她多搜刮些财物更实惠。于是，他辞退了为女儿重金聘请的老师，想法把以前送给女儿的宝物又收回了自己手中。不久，贪欲心日炽的难陀王竟然把女儿送到了妓院。他逼迫女儿当钓饵，为他钓取更多的财宝。难陀王暗中叮嘱老鸨："一旦有人看上了我的女儿，就找个罪名把那人和他的财宝全都送到宫中。"难陀王的女儿美貌可人，如天仙一般，所以，人见人爱，就这样，没过多久，全国的财宝都被难陀王搜刮到宫中了。

有一天，有位书生被一朋友撺掇着也来妓院游玩，他一眼看上了一个风尘女子，她就是难陀王的美丽女儿，这个书生被这个女子雍容华贵、顾盼生姿的体态所吸引，爱意油然而生。可是这个书生家境贫寒，不可能拿出大笔钱来使他接近她。为此，书生整日哀叹，茶饭不思，身形日渐枯槁，心中念念不忘这个美貌女子。

这个书生的母亲年轻守寡，这个儿子是她后半生唯一的依靠，如今看着儿子枯槁的面容，萎靡不振的样子，心如刀割，生怕儿子有个三长两短，自己后半生孤苦无依。这位母亲左思右想，最后下决心变卖家产，并向亲戚邻居借钱，可是，这时候全国的财富都在国王手里，哪里也借不来。这位母亲想到儿子是自己最宝贵的财富，为儿子牺牲什么都是值得的，就狠狠心打定了一个主意。她把儿子叫来，告诉儿子他父亲去世时，口里含着一枚金币。这是当时家里唯一的一枚金币，是父亲辛苦多年攒下的。如今，为了儿子的安康和幸福，这位母亲允许儿子把这枚金币拿出。

书生听了母亲的一番话，就扛着铁锹到了父亲的墓地，墓前一番跪拜谢罪后，就开始挖掘，果真在父亲嘴里找到了那枚金币。这个书生赶忙拿着金币到了妓院，高声嚷着："我有钱了！这位天仙似的妹妹归我啦！"此时，难陀王的女儿正在垂泪，她怨恨自己的父亲，可是老鸨在身边监视着，她插翅难逃。她心中存着侥幸心理：这难陀王朝疆域不大，父王这样贪心搜刮，不久就会搜刮净尽，到那时自然就自由了。当难陀王的女儿见到这个情真意切的书生，心生感动，想离开妓院的心更强烈了。她拉着书生的手，急匆匆地到难陀王那里献金币，期盼父王发善心使她脱离火坑。且说难陀王最近正为搜不到更多财宝而烦恼，常常无端拿侍卫和宫女等出气，忽然看到女儿拉着一个年轻书生闯了进来，便问是不是有财宝可献。书生恭敬地献上金币，不想难陀王大怒："大胆刁民！这金币是哪里弄来的？"书生爱面子，不肯说是从父亲棺材中父亲口里找到的，支支吾吾说是从邻人那里借来的。

难陀王听他言语支吾，神态惶悚，顿起疑心，就厉声喝道："整个难陀王朝，家家户户的财宝都被我收到宫中了，哪里还有金币轮到你去借贷？莫不是你找到地下藏宝洞窟了？还不快如实招来！"书生被问得目瞪口呆，魂飞魄散，哪里还回答得出半句话。难陀王寻宝心切，命侍卫们对书生刑讯逼问。书生哪里受过这种折磨，就如实承认是自己掘了父亲的坟墓找到的。

难陀王将信将疑，在他的国家里并没有口含金币下葬的风俗，想必是墓主人辛苦劳作才得一枚金币，爱之心切，死时仍舍不得赠人，才带入坟墓的。难陀王就差人开棺验尸，以查证书生的话是虚是实。没过几个时辰，有人来报告："启禀陛下，小人带人打开棺材验证完毕，确实如书生所言，因为我亲眼观察到坟墓刚被掘过，尸骨的口腔部位也被撬开了。"

难陀王怔怔地坐在龙椅上，沉思默想了很久，忽有恍然大悟、豁然开朗之色，和颜悦色地交代侍卫们打开府库，把库中收藏的宝物分赐给国中的老百姓，藏富于民。

难陀王的转变是思想认识上上升到了一个新的境界，正如难陀王自己所说，书生的父亲刻意追求一枚金币，死时也要口含金币，可是终究无法带走，他作为国王，苦心积虑地搜刮天下百姓，聚敛无尽的财宝，到头来更是无法带到棺材里，财宝终究是身外之物。

难陀王最后终于明白了，自己的贪欲之心使他走了一段可怕的弯路。由于贪求财宝，使难陀王朝怨声载道，老百姓对他充满怨恨，自己的女儿也遭受了劫难，过着屈辱卑贱的生活，他空有财宝充盈府库，可是，这些财宝并不能给他的国家和家庭带来福祉，况且他死后一丁点也带不走，不如分发给国中百姓，让老百姓都感念他的恩德。

在我国历史上，生前享尽荣华富贵、作威作福的清朝慈禧太后，把无尽财宝都带进了陵墓陪葬，她以为死后仍然可以继续享用人上人的福分呢，哪知道世上风水轮流转，没过几年，到了民国时期，军阀孙殿英领着一帮人盗掘了她的陵墓，把她一生积蓄的财宝抢掠一空。据孙殿英旧部的供词，当时为了把慈禧口中所含的夜明珠拿出来，就用刺刀将其颈部切开。为了拿到垫棺材底的金银珍宝，匪兵把慈禧遗体抬出棺外，放在椁盖上。尸体就这样晾了将近五十天，据后来收尸者说，重新入殓时，慈禧尸体已经腐烂，脸上和全身长了一寸多长的白毛。

参照生前威风八面的慈禧太后的下场来看，相比之下，难陀王的觉悟和选择真是明智之举。

佛思禅悟：

我们普通人在日常生活中处处时时面临金钱的考验。财富是创造幸福的工具和手段，而不是我们追求的最终目的。在生活中，很多人犹如掉进了钱眼里，父母亲情不顾，兄弟姐妹的难处也熟视无睹，一心想为自己赚够享用一生的财富，以换取幸福的生活，到头来众叛亲离，亲友隔膜如同路人。还有很多为人父母的，只顾赚钱发展事业，不肯花时间陪伴儿女，财富是日渐增多，可是儿女却成了问题孩子，甚至走上了歧路，这岂不是得不偿失？

财富带来的不一定是幸福

《大庄严论经》中有这样一个故事：

有一天，佛和阿难在舍卫国的旷野中行走着，他们忽然发现不远处有一堆金子。佛对阿难说："这是一条大毒蛇。"阿难也对佛说："这是一条剧毒蛇。"这时，他们的对话恰好被在田里劳作的农夫听到了，他隐约听见有人说有毒蛇，就忍不住去看看究竟。他蹑手蹑脚地走到那里一看，呵！原来是一堆黄金。他喜出望外，就全都拿回家里，从此他摇身一变，成为当地一位大富翁。后来，这件事传到了国王的耳朵里，国王生活奢侈靡费，挥霍了不少国库里的钱财，所以，他正为国家财政赤字头疼。国王听说这个农夫有大堆黄金，心生嫉妒，就把他关在监狱里。

这个农夫的家人一看大祸临头，焦急万分，慌忙花大笔钱财想把农夫赎出来，通了一个关节还有一个关节，就这样，一来二去，从前所得的黄金，到这时已经用光了，但是还不能免去农夫的刑罚。家里生活因为没有人耕种，也陷入困境。到了这个时候，这个农夫悔恨极了，想到自己所受的苦都是因为听见了佛和阿难的对话才招来的，就高声诅咒起来："剧毒蛇阿难！大毒蛇世尊！"

有人把农夫的这些话汇报给国王，国王很是奇怪，这些话真是没头没脑的，什么意思呢。但一想到这个农夫也许有些神通，就传讯他："你怎么一口一个毒蛇呢？监狱里哪有蛇啊？"这个农夫对国王说道："我从前

是个庄稼汉，日子倒是安闲自在。有一天，偶然听见佛和阿难说有毒蛇，我去一看，不是毒蛇，竟然是一堆黄金，于是，不禁贪欲心起，拿回了家。今日想来，这黄金就是毒蛇啊！”

农夫越说越伤心，不禁哭泣起来。他出狱后，逢人便讲，佛语是真理，说黄金是大毒，我开始不信，可是我的亲身经历证明了此言不虚。我因钱财受了危难，才真正悟得了佛法。黄金钱财比毒蛇还要恶毒，因为受了毒蛇所咬，只是我一人受苦，可是，财宝带来的毒害，让全家人都受害。我本来还想着找到一堆黄金，这下子可发了大财，反而遭了大罪！我的苦恼都是这财宝招惹的。

有位普普通通的美国老人，经营着一个小买卖，日子过得很平静。有一天，他买了张彩票，竟然中了大奖。大奖的数目惊人，这件事被媒体报道出来，他成为了名人。一时间，不断有人上门或是打电话找他赞助或者施舍，他平静的生活被打乱了，只好东躲西藏，自己的小买卖也关门了。可是，他的六岁的小外孙女却成了敲诈勒索这个美国老人的筹码，有一天，竟然被人绑架了！警方一直未能找到他的外孙女的下落。这位美国老人痛哭流涕地告诉人们说：“都是这彩票中奖惹的祸！”他的生活反而不如以前宁静幸福了。

这样的事例不胜枚举，金钱财富带给人的不一定是幸福。

佛思禅悟：

金钱是我们达到目的的一种手段，而不是目的本身。生活中有不少人为了金钱，不惜牺牲自己的名誉地位，不顾亲情友情，这样把金钱当上帝的人，终归有一天，金钱会像魔鬼一样整治他。拥有金钱并不等于拥有幸福，一个人即使贫穷也能幸福。并且，金钱本身没有好坏，关键要看怎样得到和利用它。

放不下金钵脱不了身

元末明初有位金碧峰禅师，在五台山碧山寺当住持，他修行甚高，声名远扬。明朝朱元璋建国后，赐给他一个紫金钵，并且聘请他做国师。

金碧峰禅师的定功非常了得，以前阎王判定他寿命将尽，曾经派一小鬼来抓他，到处找不到，因为当禅师在禅定中，身心都是无踪迹的。小鬼就问菩萨："金碧峰禅师到哪里去了？"菩萨告诉小鬼禅师在房间坐禅，但是小鬼怎么也找不到。

但最近一段时间以来，自从得了那只精美绝伦的紫金钵，金碧峰禅师喜爱非常，在禅定的时候也对这只紫金钵难以断念，真是情不自禁。这一天，阎王又派小鬼来了，小鬼怕又跟上次一样抓不到金碧峰，就求菩萨给出个主意。菩萨每日看到金碧峰禅师留恋紫金钵，想给他个教训，就教小鬼一个办法，告诉他禅师最爱那个紫金钵，去敲响它就能引出禅师。

小鬼依照菩萨教他的法子敲了敲紫金钵，紫金钵发出清脆悦耳的叮当声，正在禅定的金碧峰禅师果然闻声动了念头，这念头一动，小鬼就看到了，铁链马上甩过去就将禅师绑住了。

禅师后悔不迭，求告说：麻烦你给阎王老子通报一声，过七天后再来找我，我把事情安排妥当了就走。小鬼听信其言暂且放了他。

小鬼走后，禅师思索一会儿，已经明白自己被小鬼缚住的原因，于是便把紫金钵毁弃了。当他不再为心里这一喜好之物挂念时，又像以前一样达到了无牵无挂、物我两忘的境界。

金碧峰禅师此后七天七夜大精进，七天限期到了，小鬼又来找金碧峰禅师，却哪里也找不到。小鬼寻寻觅觅，却只见禅师在墙上留给他的留言："若要抓我金碧峰，除非铁链锁虚空；若能锁得虚空住，再来抓我金碧峰。"

小鬼看到此留言，素手无策，只好空手回去报告阎王了。

只有去除物欲和牵挂，身心才能安泰。金碧峰禅师修行很深，仍然差一点就被欲念所害，丢掉性命，普通人更要慎之又慎。

佛思禅悟：

在生活中充满了诱惑，如果在诱惑面前动了心，存非分之想，起贪欲之心，天长日久，就会蜕变为诱惑和欲望的奴隶，被魔鬼的绳索套牢。不属于自己应当一丝不取，私利一点不沾，怀律己之心，戒非分之想，耐得住寂寞。只有这样，事业才能顺利发展，才能避免走弯路，入邪道。

人一生到底需要多少钱

古印度有个穷人，一心想当上富人，他经商多年却没有像他预想的那样发财致富，只不过勉强维持温饱而已，贪恋富贵荣华的妻子也抛弃了他，带着孩子改嫁了。他对生活充满了抱怨，不努力工作，却想发大财，生活越过越潦倒不堪，债务累累，家徒四壁，连床都被债主拿走了，家里只剩下一块木板，他就躺在这块木板上睡觉。

他走投无路，每天都向佛祖求告："大慈大悲的佛祖啊，要是哪一天时来运转，我定会幸福的，不会像现在这样落魄。"

佛祖听他三番五次地求告，动了慈悲念头，就给了他一个装钱的钱袋，佛祖叮嘱他说："在这个钱袋里只有一枚金币，可是，你拿出这枚金币后，袋子里还会再生出一枚金币。你开始花金币的时候，这个钱袋就不再生出新的金币了。"

这个穷人在佛祖走后，就从钱袋里拿出金币，果然，他发现还有一枚金币在钱袋里，于是，又伸手拿出了另一枚金币，就这样，金币不断生出，他就连续不断地往外拿金币，没过多久，金币就堆满了一屋子，金灿灿的，他的心里欢喜万分，他想，这一下子我的日子有救了！我要用这些金钱娶全印度最美貌的女子，我要盖最豪华的大房子！他的花钱计划越来越大，总觉得这些金币还是不够用，就又继续从钱袋里掏金币。

他饥肠辘辘，可是他舍不得花这些金币，因为佛祖有言在先，只要开始花钱，钱袋里就不再有金币生出了。所以，他没日没夜地从钱袋里拿金币，想拿到足够多的金币后，再开始花钱。那样的话，钱袋里不再生出金币也没关系了。嗯，最好是先拿出足够自己一辈子花的金币才妥当。

这个穷人一边算计，一边不停地往外拿金币。拿到够自己一辈子花的金币后，又想到将来结婚后会有儿子，儿子又会有孙子，如果有足够他们花的金币，就可以无忧无虑地享受天伦之乐了，就更加劲地往外拿金币。

到了最后，这个穷人累得胳膊都抬不起来了，但是，他还是继续不停地从口袋里掏金币，想着不久就可以开始花这些钱了，能多拿一个是一个。反正，一开始花钱，金币就不再生出了。

这个穷人就这样，再也没有走出他的屋子。人们发现他时，他已经死去多时了。他的房间里堆满了金币。

他对金钱无休止的追求和贪欲要了他的命。

佛思禅悟：

我们中国有句俗话说，若要生活好，勤劳、节俭、储蓄三件宝。就是要靠自身的力量过日子，而不是靠天上掉馅饼。即使富人把金钱放在你手中，也不要对这点恩惠太看重，因为勤劳得来的财富更可贵。如果过于关心钱财而不会恰当处理自身与钱财的关系，钱财就会成为痛苦的源泉。“黄金本无种，出自勤俭家。”勤劳才是最可靠的财富。有的人会认为自己没有致富的才干和走向成功的能力，其实，他们缺少的是勤劳的意志。

木匠夫妇害人害己的贪念

从前，有一个地方由于大旱，粮食颗粒无收，就发生了饥荒。有一位僧人，背了一袋米前去救济无力度荒的穷人，路过一个村子，看天色已晚，就在这个村子找个人家投宿了。这个人家主人是做木匠的，夫妻二人膝下有一子，已经十四五岁的样子，身体健壮，已经可以帮家人干些活了。

木匠因为在荒年没有人用工，所以闲在家里。今天遇到这个和尚，还背着一袋米，心中忽然生出歹心。木匠和妻子商议这事，妻子因为贪恋那一袋米，就答应天黑一起动手杀死这个和尚。可是，他们没有对儿子提这件事，他们想，儿子还年幼，要是说出去，就大祸临头了。儿子见来了个

和尚，慈眉善目的，说话和气可亲，就跟和尚闲聊，等夜深的时候，儿子还不愿离开这个和尚，想听和尚讲更多因果报应的故事，就这样，夜里，两个人躺在一张床上睡下了。

到了二更时分，木匠拿着利斧蹓进了和尚落脚的房间，在黑暗的掩护下，他悄悄摸到和尚的床边，隐隐看见一个人正睡得香甜，木匠手起刀落，把那人的头砍下来了。木匠急忙叫妻子过来看，妻子举着蜡烛，过来定睛一瞧，一下子晕过去了，原来，那人不是和尚，是自己的儿子！

和尚因为在木匠家吃了不洁的东西，半夜起来拉肚子，刚好躲过了一劫。当和尚后来在审问时明白这个凶杀案是为了自己背的一袋米时，不住地摇头叹息："贪念一起，害人害己！"

佛思禅悟：

中国人传统的信条就是"害人终害己"，"己所不欲，勿施于人"，而中国佛教信徒也坚信"天理昭昭，循环相报"，这并不是迷信，而是有其哲学上和科学上的根据。什么事都是互相关联的，有作用力，就会产生反作用力。阴阳相互影响，事物相互关联，因此古人强调"修身、齐家、治国、平天下"。害人害己，善恶相报，是天理循环的原理，"害人之心不可有！"就是因为"害人终害己"。所以，我们绝不能有害人之心，我们想的应该是如何才能帮别人一点，授人玫瑰，手有余香，能够帮助别人是一件快乐的事情！

奸商的算计

有个年轻人跟他的舅舅一起四处做买卖。有一天，他们到一个乡村去看货，前面是一条大河，挡住了去路。

舅舅说："你先在这里看着行李，我趟过河去看看。"舅舅到了对面河岸，是一处小村落，河口有一个妇女和一个小女孩，这个妇女正在浆洗衣服。一看到有做生意的人来，小女孩就对母亲说："妈，咱们家柜子里有只花瓶，放在那里也没什么用，要是能换一个金戒指，多好啊！"

母亲想了想，庄户人家每天对着青草田野，野花多的是，要个空花瓶

做摆设的确是多余，不管值不值钱，拿出来让人看看，估个价！”

母亲就小心翼翼地从柜子里拿出了那只花瓶，这商人定睛一看款识，竟然是雍正年间的，并且是官窑里烧制的御用品。再看成色，白底青花，图案构思精美，简直是完美无缺！俗话说：“无商不奸。”这个商人心里已经知道今天碰到了好货，这一下子自己就发大财了，以后干大生意的本钱都够了，再也不用做小买卖了。可是，他并不表现出来，表现出来的是一脸鄙夷的表情，他不屑地说：“这土里土气的瓷瓶能值多少钱？看在你们母女可怜的份上，我就给你们二两银子吧。”

母女俩看换个金戒指是没有希望了，就犹豫着没答应。这个奸商想，过一会儿再来跟她俩讲价，反正这荒野山村也没什么别的买主。这样想着，就回去找自己的外甥了。

这个年轻人看舅舅迟迟没有回来，就自己扛着行李也过了河。他也遇到了这母女二人。母女二人正在为花瓶换不来金戒指而沮丧，看又来了个商人，小女孩就撺掇母亲再问问。母亲怕遇到刚才那样的尴尬，就说：“敝帚自珍，家里这花瓶咱就留着吧。”可是，女儿执意要问，母亲也就依着她的性子，又叫来这个年轻人看瓷瓶。

这个年轻人一拿到这个瓷瓶，盯着看了半天，什么话也说不出来，又仔仔细细地把题款、图纹等再看了一遍，就非常有礼地对这母女说：“想不到小山村还有这样的稀世珍宝！”他问了这个瓷瓶的来历，母亲告诉他是祖上传下来的，已经不知道放了多少年了。年轻人爽快地说：“这是非常贵重的瓷器，只有宫廷里才有的宝贝东西。这样吧，我把我身上带的这做生意的二百两银子一分不剩地给你们，你们要觉得不够的话，以后还可以再要，我给你们留下我的家里的地址。”

母女俩一听这话，都高兴得不得了，这一下子，不但买金戒指的钱够了，家里的房子也可以再多盖几间了。

且说这个年轻人的舅舅没找到外甥，心里惦记着这里的瓷瓶，就折转回来，对母女俩说：“刚才给你们二两银子，你们嫌少，我想到你们日子过得艰难，就算做个人情，再多添二两银子，那瓷瓶给我吧。”

这母女俩不屑地看了一眼这个奸商，说：“我们的瓷瓶已经出手了。你来晚了。”

这个商人一听，顿时急火攻心，一口气没上来，吐血死了。等到外甥找到舅舅时，舅舅已经咽气多时。

这个年轻人痛哭着说："舅舅啊，为了钱财就这样送了命，多不值得啊！"

贪欲就是这样的一把利刃，一不小心就会致人死命。

佛思禅悟：

世界上大人物有大的贪心，小人物有小的贪心。几乎每一个人都有贪心。这都是物质的引诱造成的。如果人人都用尽心机、绞尽脑汁、不择手段地敛财，社会焉能安宁？人要注重精神上的修养，而不要只追求物质的享受。贪欲在世间的危害，说到底，最终危害的是我们自己。

贪婪者被人牵着鼻子走

古时候，有一个波罗奈国。有一次，这个小国的一个小城举行大型祭天活动，众多的人们在广场、路边等空地上摆着鱼肉等许多食物，还放置着很多碗筷和酒坛，酒坛里盛满了酒。

有一只豺，半夜里趁人们熟睡、酒肉无人看管之机，偷偷地享用起酒肉来，酒足饭饱之后，踉踉跄跄地想要回到自己的洞穴中，可是，因为饮酒过量，这只豺晕头晕脑的，脚爪无力，怎么也走不动路了。豺是狡猾的动物，它即使在醉酒的时候，仍然有着敏捷的思维。它想，反正走不回去了，不如找个稳妥的地方躲一躲。它一头钻进了路旁的灌木丛中，呼呼大睡到了天亮。阳光照进了灌木丛，豺睁开惺忪的睡眼，立刻意识到自己处境的危险：我平日偷鸡摸狗，作恶多，人们对我恨之入骨，如果被人发现，我死无葬身之地。不行，现在绝对不能出城。

正在这个时候，豺瞅见一个婆罗门在附近的水塘边洗脸，灵机一动："人们大多是贪财好利的，我如果用钱财来引诱这个人，这个人肯定愿意想尽办法搭救我。"

于是，豺马上拿腔作调地模仿人的声音说："尊敬的婆罗门！"

婆罗门听到叫声，环顾四周，却没有发现一个人影，他纳闷地问道："谁在说话？"

"是我，尊敬的婆罗门！"豺用温柔的语气解释道。

"是你，你有什么事？大白天胆敢在人面前招摇，小心你的小命！"婆罗门一看是只豺，心生厌恶。

"尊敬的婆罗门啊！我存有两百个金币，如果你将我抱在怀中，藏在衣服中，使我平安出城，我就告诉你金币在哪里藏着。"

这个婆罗门非常贪财，一听有二百金币，顿时来了精神。他一口答应帮助豺逃出城去，帮豺脱险。就这样，婆罗门怀抱这只豺，平安无事地走出了城。又走了一段路，婆罗门问："金币藏在哪里？快说啊！"

豺说道："请再往前走！"

婆罗门又问了几次，又走了很长一段路，豺还是这样回答。最后，他们走到了一处大坟场，豺说道："金币就在这里，我们到地方了。你把我放下吧！"婆罗门就把豺放在地上，豺指了指一棵大树，说金币就在大树的底下。婆罗门一听此言，兴奋得忘了一路的辛苦疲惫，立即动手挖起来。趁婆罗门专心致志地掘地三尺找金币的时候，豺悄悄地溜进坟场的小树丛，无影无踪了。

婆罗门挖金挖得虚汗淋漓，可是，连金币的影子都没看见。这时，只听这棵大树发出了声音："我是菩提转世，是这棵树的树神，请不要再挖了。"

婆罗门一听，惊呆了，一动不动，静听菩提说法。菩提说了一首偈语：

贪财婆罗门，竟信偷酒豺。

懒惰不修佛，一心想发财。

佛思禅悟：

见小财起意，见免费的东西大起意，见他人之物也起意等等都是贪小便宜的表现。我们要不断提高自己抵御各种诱惑的能力，用素质和情趣抑制贪欲之心。因为贪图小便宜不但不能给人带来财富，而且带来灾祸。骗子要骗人，总是会抛撒一点小诱饵，去换取大额利润。对方抛出小便宜，

肯定是为了谋求更大利益，是以小谋大。意志薄弱的人就会被这小诱饵牵着鼻子走，最后落得贪小便宜吃大亏。

能诱使人变坏的魔鬼

一位居士有一天向老禅师问道："究竟是什么因素使人从善转向恶呢？人变坏的媒介是什么？"

老禅师听了，稍作沉思，给这位居士讲了这样一个故事：

有个老魔鬼看到世间的人们过得幸福美满，就想去扰乱一下，他嘟嘟囔囔地说道："要是人们都那样快乐幸福，还要我们魔鬼做什么？"

老魔鬼就是这样不甘心，所以，他先差遣了一个小魔鬼去试探着扰乱一下农夫，因为老魔鬼最看不惯一个农夫每天辛勤工作，所得甚少，可是，仍然知足常乐，笑口常开。

小魔鬼接到任务，就思忖着怎样把农夫变坏。小魔鬼先把农夫的田地变硬，土质板结，农夫耕耘的时候，费了九牛二虎之力才把田地弄好。但农夫好像并没有什么怨言，而是任劳任怨地苦干，把辛苦劳作看成自己的分内事。小魔鬼一看，此计不成，就一拧鼻子打道回府了。

老魔鬼于是又派了第二个小魔鬼去，这个小魔鬼想，农夫既然非常勤劳，就不怕土地板结不好耕耘，要是把他拥有的东西拿走，可能农夫就会变坏。想到这里，小魔鬼就悄悄地把农夫当做午餐的米饭团和水都拿走了。小魔鬼得意地想：农夫干农活这样辛苦，又拿走他的午餐，又累又饿，还不暴跳如雷？人一发怒，免不了干坏事啊。

农夫干了半天活，又饿又渴，要歇息歇息、吃点东西的时候，发现米饭团和水不见了！农夫大吃一惊，可是，转念一想：也许哪个饥肠辘辘的可怜人走过，忍不住拿走吃了，要是那些东西能填饱他的肚子，我也满足了。农夫是个心地善良的人，他这样想着，说服着自己，心平气和起来。小魔鬼一看，跟自己预料的结果完全相反，拔腿就溜了。

老魔鬼听完这个小魔鬼的汇报，也犯了难。到底用什么办法才能让农夫变坏呢？第三个小魔鬼自告奋勇地站出来了，他说："我有办法，你们看我的！"

这个小魔鬼第一步先跟这个农夫交朋友，农夫也很希望多个朋友，所以，一拍即合。小魔鬼有一定的预见能力，就事先告诉农夫：“明年会有大旱，你把稻种撒在地势低洼的湿地。”农夫听朋友这样说，就照着做。果然，第二年大旱，别人家都歉收，只有这个农夫获得了大丰收。粮食歉收的年景，粮食就卖得贵，所以，这个农夫一下子富裕起来了。

小魔鬼就这样接连三年教农夫哪块田种什么，预先告诉他旱涝的信息，这个农夫从中受益匪浅，变得非常富有起来。小魔鬼接着又教农夫除了农业生产外，再搞点副业。小魔鬼教农夫用米酿酒的方法，农夫就把自家酿的酒拿到市场上去卖，这样赚钱更多了。渐渐地，这个农夫不再干农活了，靠着做买卖，他已经能够赚大钱了。

有一天，老魔鬼前来察看小魔鬼的工作成效，小魔鬼附耳对老魔鬼说：“您看啊！这农夫现在血液里已经有猪的性质了。”老魔鬼定睛观察，只见农夫正在大办宴席，大腹便便的富人们都来了，喝着最好的酒，吃着最精美的糕点，有成群的仆人在一旁侍候。这些富人大吃大喝，醉得摇摇晃晃，口吐脏话，简直跟猪一样愚蠢痴呆。

小魔鬼又悄悄对老魔鬼说道：“您还会看到他们这帮人身上有狼的凶狠。”正在这时，一个仆人端着一个大盘子，盘子里是几杯葡萄酒，这个仆人一不小心被脚下的什么东西绊了一跤，摔倒在地，盘子里的葡萄酒撒了一地，这个农夫就开始骂他：“你这个饭桶！”这个仆人一边道歉，一边说：“主人，我们忙到现在还没吃一点东西，饿得浑身无力，所以，一不小心就摔倒了。”农夫厉声说道：“客人还没走，就想吃饭！哼！”

老魔鬼见了这个场景，深信小魔鬼的工作卓有成效，高兴地对小魔鬼说：“你这小鬼真有两下子！到底怎么办成的？”

小魔鬼呲牙咧嘴地狞笑着说：“唯一的窍门就是让他得到比他本身需要的更多。这剩余的东西，就引发了他的贪婪。”

老禅师给居士讲完这个故事，居士也不禁叹息：“世上的事确实如此，是贪婪和无止境的欲望使人变坏，走向了恶。”

佛思禅悟：

莎士比亚有一句诅咒金钱的名言：“金子，黄黄的，发光的，宝贵的金子！只要一点点儿，就可以使黑的变成白的，丑的变成美的，错的变成对的，卑贱的变成尊贵的，老人变成少年，懦夫变成勇士…”金钱就是这样使人转变，好像有魔力的指挥棒一样。实际上，如果人们用正当手段获得金钱，善用金钱，那么，金钱就会成为表达爱心的工具，而不是使人变坏的媒介。在当今社会中，我们希望尽快达到小康，在追求物质上的不断丰富的同时，我们要加强精神上的修养，不要让人性的弱点靠近自己，不要忘了自己的最初的本心。

老妇护人财物的回报

从前，有一个妇人，总是说：“我什么东西也不丢。”

她的儿子把她的戒指扔到水里，然后，跑去问妈妈：“您的戒指在哪里？是不是丢了？”

这个妇人回答：“我从来不丢失东西。”

过了几天，这个妇人请大迦叶尊者吃饭，需要一条鱼做菜，差遣人到集市上，买了鱼回来，在鱼的肚子里发现了这个妇人的戒指。

妈妈于是对儿子说：“你看，我没有丢失东西吧。”

儿子看到这个奇异的现象，心中很欢喜，又很惊奇。他就去拜访佛祖，向佛祖问道：“我妈妈从来不丢失东西，这是什么缘故？”

佛祖向他说道：“从前，有一个贵族后裔的家族部落住在一座山的山北，到了阴寒的冬天，人人都搬移到山南去了，那时候有个独居的老妇

人，因为贫穷不能跟着一起搬移，就一个人留下来为别人看护盖藏家什器物等不能搬走的东西。春天的时候，天气转暖，人们又都回来了，这个老妇人就把看管的东西一一都还给了主人，众人都高兴极了。”

佛祖说：“那个独居的老妇人就是你的妈妈，因为你的妈妈前世悉心看护了众人的财物，就在今世得到了这个从不丢失东西的福气。”

佛思禅悟：

这则故事虽然是在宣传佛教的轮回思想，但对世人来说，其中的道理也不无可取之处。故事中的老妇人孤苦贫穷，在他人人去财物在的情况下，能够节制自己的欲望，诚实地为他人看护财物，并不是一件容易的事。在我们的社会上，有多少人公私不分，中饱私囊，甚至监守自盗，信奉“近水楼台先得月”的自私自利人生哲学？为他人真诚付出，自己同样会有所得。善行换来善报。

鸽子纵情贪欲陷牢笼

从前，菩萨化身为鸽子王，率领着五百多只鸽子。它们飞到一个国王的宫苑里觅食。国王看见了，就派人来张网捕捉它们。结果这些鸽子都被捉住了，没有一个逃脱。国王就令人把它们关在鸟笼子里，给这些鸽子喂食粳米肥肉等，负责供应膳食的太官打算等这些鸽子养肥了以后，杀了给百官做美味盛馔。

鸽子王被抓到鸟笼之后，就一心念佛，忏悔自己的罪过，对别的鸽子慈爱照顾，祈祷众鸽子们早日得到解脱，脱离这个劫难。

鸽子王向鸽子们说法：“佛经中的戒律中，戒贪排在首位。依靠贪婪获得荣华富贵的人，就像饥饿的人饮鸩止渴一样，虽然一时得志，但是荣华富贵就如电驰一般不能长久。贪婪的人受贪婪之苦不得脱这样的事从来如此，亿万年都变不了。你们千万不要吃粳米肥肉这些美食，不吃才能保全你们的性命！”

鸽子们说：“我们都落到这个地步了，处在牢笼之中，还有什么希望啊！”

鸽子王说："违背佛教教谕，纵情贪欲的人，都逃不脱丧失生命的下场。"鸽子王就独自率先绝食，原本丰满的鸟身渐渐消瘦下来，终于有一天，鸽子王从鸟笼的间隙中逃生了，它飞出来以后，回头对仍然关在笼子里的鸽子们说："你们要戒贪，不要吃美味的粳米肥肉，就可以像我一样，重新获得自由。"说完，就飘然飞走了。

佛思禅悟：

这则故事暗喻人们贪心一起，就等于进了牢笼，不得自由。贪欲是人性的致命弱点。古今中外，多少人因为贪欲身陷囹圄，身败名裂。然而，尽管有前车之鉴，仍然有不少人前赴后继，重蹈覆辙。金钱财物并不像平常所说的那样，是一切邪恶的根源，唯有对金钱过分的、自私的、贪婪的追求，才是诱人失去自由的网罗和囚笼。

不断升级的贪念结局

《六度集经》中讲述了这样一个故事：

从前，有五百商人到海上采集海石上的蛤蜊，其中有一个智者叫弥兰，他是众人的首领。大海里有一只神龟，叫摩竭，把这些商人的船撞坏了，这些商人都随着沉船葬身海底，只有弥兰抓住一块木板，才得以逃生。

弥兰随着风漂流到了叫鼻摩的岸边。他上岸转了一圈，然后就坐下

来休息。后来，他发现有一条小路，就顺着这条小路走了进去。远远地看到有一座银色的城堡，那里有一条清澈的小河绕城而过。正在他看得发呆时，从城堡里袅袅婷婷地走出来四个容貌端庄的女子，亲切地对他说：“您经过长途跋涉来到这里，真是辛苦了！非常欢迎您的到来。我们这里叫银城，这个城堡是用黄金、白银、水晶、琉璃、珊瑚、琥珀等建成的殿宇，我们四个人是专门来侍候您的，从早到晚都会听从您的吩咐，只是希望您安心待在这里，不要往别处去了。”

弥兰就进入城堡，在七宝殿里安下了身，过起随心所欲，想要什么就有什么的舒心日子。时光就这样过了一千多年，弥兰开始想：“这四个女子不让我走出城堡，难道有什么缘故吗？”他等这四个女子睡着以后，就偷偷地一路小跑溜走了。

弥兰在逃跑途中，远远地望见一座金城，从金城里袅袅婷婷地走出了八个年轻美貌的女子，她们说的话跟以前银城的女子说的一样，然而，这八个女子的姿色又较前四个女子更胜一筹。这个城堡中的宝殿叫屑末，由明月珠宝造就，华丽超过以前的殿宇。在这里住了上万年后，他又开始疑心这八女不让他走的用意，窥伺到八女都熟睡的时机，悄悄地溜出了城堡。

他走着走着，又望见了一座水晶城堡，有十六个美丽窈窕的女子出来热情地迎接他。她们说的话跟以前的女子们说的一样，这些女子邀请他居住七宝殿，城堡里和大殿里宝物众多，这些女子容貌姿色比以前的那些女子更加妩媚迷人。弥兰在这座城堡居住了上万年，日久生厌，就又等女子们熄灯入睡偷偷溜走了。

他走着走着，远远望见一座琉璃宝城，琉璃在太阳的照耀下熠熠发光，整座城堡好像仙境一样。有三十二名美丽异常的女子出来，跪请弥兰进城，所说的言辞与最初的四个女子所说的一样。弥兰被邀请居住在七宝殿，殿名叫爵单，里边有众多宝物、歌伎乐队、甘美的食物等，女子的美貌又远胜过从前的那些女子。弥兰又在里边居住了上万年，然而，日久生厌，他又开始怀疑这三十二个女子挽留他不要去别处的用意。趁她们熟睡之际，悄悄不辞而别了。

他走着走着，远远望见一座铁城。但是，等了很久，也没有人出来迎接他。弥兰心想：“银城有四个女子迎接我，金城有八个女子，水晶城有十六个女子，琉璃城有三十二个女子，她们都光彩照人，虔敬对我相迎。

这座城堡怎么没有人迎接我呢？是不是因为此处女子比别处的女子更美丽，身份地位更高贵呢？”

他绕着这座铁城走了一圈，有一个小鬼出来开了门，米兰进了城堡，迎面遇见一个叫做俱引的鬼。这个鬼的头上赫然有个火轮在碾轧他的头。专门看守罪人的鬼从那鬼头上取下火轮安置在弥兰头上，旋转着的火轮把米兰的脑浆都碾轧得流出来了，弥兰浑身焦黑。

到了这个时候，弥兰悔之晚矣，他不禁流泪叹息道：“从四个美女到八个，又从八个到三十二个；从一个大殿到另一个更豪华的大殿，我一直不满足，总想着得到更好的。正是因为欲望永不满足，才落得现在这个下场。我现在怎么才能摆脱这个灾祸呢？”

看守罪人的鬼说：“铁轮在你头上碾轧的年数跟你活的年数一样，年数到了，就放了你。”就这样，火轮在弥兰头上碾轧了整整六亿年才被鬼取走。

佛思禅悟：

弥兰的福气不可谓不大，从银城到金城，又从水晶城到琉璃城，可是，他对自己的好运一点也不知感恩，视为理所应当，毫不顾忌善待他的那些女子的感受，更没有想过那同船的五百商人死后其家人的生活有无着落，只是放纵自己无休止的欲念，最终落到了鬼门铁城。我们也应当反省一下自己，是否贪念随着生活水平和境遇的不断改善而不停地膨胀，是否在欲念的不断引诱下走上了歧路？